髙橋則雄　Takahashi Norio

パリ・コミューンにおける
人民主権と公教育

La souveraineté populaire et
l'instruction publique
sous la Commune de Paris

パリ・コミューンにおける
人民主権と公教育

— 327 —

RÉPUBLIQUE FRANÇAISE
N° 182   LIBERTÉ — EGALITÉ — FRATERNITÉ   N° 182

MAIRIE
DU 3ᵉ ARRONDISSEMENT

ÉCOLES LAÏQUES

CITOYENS,

Ce que vous réclamiez avec nous depuis si longtemps, ce que les
hommes du 4 Septembre nous avaient refusé ;

L'INSTRUCTION PUREMENT LAÏQUE,

est un fait accompli pour notre arrondissement.

Par notre sollicitude et les soins de la Commission d'enseignement,
la direction des trois écoles congréganistes des rues Ferdinand-Ber-
thoud, Neuve-Bourg-l'Abbé et de Béarn, est, à partir de ce jour,
confiée à des instituteurs LAÏQUES.

Nous espérons, pour l'avenir de notre pays, que ces instituteurs
formeront des citoyens instruits de leurs droits et de leurs devoirs
envers la République.

Paris, le 23 avril 1871.

Les Membres de la Commune,

Ant. ARNAUD, DEMAY, Clovis DUPONT, PINDY.

IMPRIMERIE NATIONALE. — Avril 1871.

パリ第 3 区、非宗教化教育の学校設置を知らせるビラ
(1871 年 4 月 23 日) (*M.P.F.*, 第 2 巻, 327 頁)

politique des travailleurs. En un mot,
l'Égalité Sociale — Désormais, plus
de patronat, plus de prolétariat, plus
de classes. — Il reconnaît le travail
comme la seule base de la Constitution Sociale
travail dont le produit intégral doit appartenir
au travailleur.

Dans le monde politique, il place la République
au-dessus du droit des Majorités ; il ne reconnaît
donc pas à ces Majorités, le droit de renier le
principe de la Souveraineté populaire, soit
directement, par voie plébiscitaire, soit indirectement
par une assemblée, organe de ces Majorités.

Il s'opposera donc, au besoin, par la force,
à la réunion de toute Constituante ou autre
prétendue Assemblée nationale, avant que
les bases de la Constitution actuelle de la Société
aient été changées par une liquidation
révolutionnaire politique & sociale.

En attendant que cette révolution se soit
produite, il ne reconnaît aucun Gouvernement
de la Cité que la Commune Révolutionnaire
provenant de la délégation des Groupes
Socialistes Révolutionnaires de cette même Cité

Il ne reconnaît comme Gouvernement du
pays que le Gouvernement de Liquidation
politique et Sociale produit par Délégation
des Communes Révolutionnaires du Pays et des
principaux Centres Ouvriers —

Il s'engage à combattre pour ces idées et
les propager en formant là où ils n'existent

「共和政を多数派の権利よりも上位に位置付ける。従って、直接的な国民投票によろうが、間接的な議会決定によろうが、多数派が人民主権原理を否定する権利を認めない。」
監視委員会合同総会における決議（1871年2月20、23日）
国防省文書館所蔵第4軍法会議配布資料

目　次

刊行にあたって　*5*
序　言　*9*

第1章　議会、教育委員会 ……………………………………*19*
第1節　コミューン議会の発足　*21*
第2節　教育委員会の迷走　*26*
　　　第一次教育委員会　*27*
　　　教育非宗教化の実情　*32*
　　　第二次委員会への改編　*35*
　　　公安委員会をめぐって　*41*
　　　教育改革の進展　*46*
　　　代表委員ヴァイヤンと地域の力関係　*50*

第2章　区行政組織、区教育委員会 ………………………*55*
第1節　区行政組織　*57*
　　　地域の動向　*59*
　　　公的扶助のために　*62*
　　　コミューン議会と区行政の権限　*64*
第2節　区教育委員会と学校　*66*
　　　第3区　*67*
　　　第7区　*69*
　　　第8区　*71*
　　　第12区　*78*
　　　第17区　*79*
　　　先行研究の諸見解　*80*

第3章　民衆組織 ………………………………………………*85*
第1節　民衆組織の発足　*88*
　　　帝政下の公開集会　*89*
　　　臨時国防政府期の民衆組織　*92*
　　　民衆組織の運営　*95*
　　　民衆組織の構造強化　*99*
　　　国民議会選挙をめぐって　*101*
　　　国民衛兵の拡大と民衆　*103*

第2節　民衆組織の展開　*103*
　　　　第3区　*107*
　　　　第8区　*109*
　　　　第11区　*114*
　　　　第14区　*119*
　　　　プロレテール・クラブの活動　*124*
第3節　民衆と公教育　*131*
　　　　就学・就労・地域差　*131*
　　　　識字率と職業・社会階層　*132*
　　　　地域の初等教育の実態　*136*

第4章　女性組織 ……………………………………………*143*
第1節　「女性同盟」の成立　*148*
　　　　「女性同盟」前史　*149*
　　　　「女性同盟」の展開　*151*
第2節　組織構造と規約　*155*
　　　　第7区の規約　*155*
　　　　区委員会　*157*
　　　　中央委員会　*158*
　　　　区独自の女性組織　*161*
第3節　女性組織と公教育　*163*
　　　　女子学校の設置状況　*164*
　　　　自立を求めた女性たち　*168*

結語 ………………………………………………………*171*

附、フランス革命期の公教育検討とパリ民衆組織の省察 ………*175*
──モンターニュ派国民公会期（1793～1794年）を中心に──
第1節　国民公会と議員による公教育案　*176*
第2節　民衆組織による公教育構想　*201*
第3節　残された課題　*215*

参考文献　*219*
仏文梗概　*233*
史資料編　*245*
あとがき　*273*
人名索引　*274*
事項・団体・機関名索引　*279*

刊行にあたって

　私は、大学で図書館職員として勤務するかたわら、パリ・コミューンを研究してきた。図書館では、主に外国語文献の整理にたずさわってきたが、パリ・コミューンに関する小さなコレクションを図書館が購入したことが契機となって、1970年代から90年代の約20年間と、その後も日常的な時間のなかで、研究を続けた。史料と内外の研究文献を師として研究をすすめたことは、図書館で働く者としてごく自然なことだった。

　その後、大学職員を辞して、大学院で研究に専念する幸運に恵まれた。パリに数次にわたって短期間滞在し、国防省文書館をはじめ、パリ市文書館、国立図書館、パリ市歴史図書館、警視庁文書館、国立公文書館等で、念願の史資料を閲覧することもできた。本書は、これらの調査と研究の成果をまとめたものである。

　私がパリ・コミューンに関心をもつ契機となったのは、目録作成という作業を通じて知った当該史料の意義であった。ここで、簡単に目録作成という仕事について説明すると、著者（史資料の作成者）や書名（史資料のタイトル）、物理的形態（枚数、ページ数、大きさ、挿絵などの付属物、再生手段の種類）を記述すること、分類（主題による仕分け、配置）する作業である。誰が、何のために、何を、いつ、書いた（作成した）のかを確定するという作業を史資料の一点ごとに確認し、それを目録という形式で記述するのである。著者や書名はもとより、当該史資料の内容を共通の基準（国内であれば、日本十進分類法NDCや個別機関の特殊分類法など）をもとに分類するために、場合によっては、関係の研究書を参照することになり、結果的に、学術的な史資料研究と同様のプロセスを経験することになる。

　そのような作業のなかで、特に関心を引いたのは、パリ・コミューンがなぜ、どのように起きたのか、というごく基本的な疑問であった。パリ・コミューンに関する評価はさまざまな視点から下されているが、内外の左

翼と左翼政党による紋切り型の見解がふたつある。そのひとつは、民衆たちがパリ・コミューンを成立させた理由は「労働者の政府の樹立を求めた闘いだった」という解釈。もうひとつは、「十分な準備もなく、組織全体を統率する党組織をもたなかったために、敗北した」という、成立から崩壊までに至る解釈である。

　最初の疑問は、「労働者」や「労働者の政府」という民衆とその政権の具体的な姿についてである。19世紀後半におけるパリの労働者は、どのように生活の糧を得て、どのような暮らしをし、どのような社会的結合関係をもっていたのかということを明確にしたかった。ひとくちに、「労働者」といっても多種多様な労働形態が考えられるからである。大きな工場で働く工員たちと家内制工業の従事者、ひとりひとりが独立して仕事を請け負っている職人たちとは、大きな違いがあるはずであり、パリの人口構成と産業構造についての、しかるべき統計資料がそれを明らかにするだろうと考えた。そして、パリ・コミューンといえば、ふたこと目には引き合いに出される「労働者の政府」ということばについても、パリ・コミューンは、フランス全体からすれば、パリというひとつの自治体の公権力の奪取とその執行を図ったものであることは明白であり、パリがフランス全体を代表するなどということはあり得ない。それにもかかわらず、「労働者の政府」すなわち国家権力の獲得と執行を目指し、しかもその一部を実行したとさえ評価されてきたのはなぜなのだろうか、という疑問である。

　二番目の疑問は、パリ・コミューンの崩壊後に、ドイツやロシア等の社会運動において、社会主義革命を目指す革命組織が自己肯定を目的として、理由づけをおこなったものが、上記の解釈ではないのか、パリ・コミューンの正統的な後継者として、あるいはその時代その地域、国家における運動を自ら正当化するための、革命運動組織によるご都合主義的な解釈ではないかという懐疑である。同時に、党という組織がないなかで、民衆たちはどのように活動し、どのような組織を形成していたのか、という疑問も生じた。

　そして、もっとも基本的な疑問は、このパリ・コミューンを成立させることによって民衆たちは何を実現しようとしたのか、ということである。

「労働者の政府」とは何か？　それを樹立するとは、何を意味したのか、という問いである。

　これらの疑問に答えるためには、実際に存在したはずの、民衆運動の具体相を確認する必要があると思われた。いつ、どこで、何について、誰と、民衆たちが活動したのかという記録を探り、その中に、さまざまな事実を確認し、明らかにすること。そして、活動家の経歴や主義主張などが複雑に交錯するなかで成立したパリ・コミューンの権力構造についても、分析することにした。

　具体的な課題としては、民衆運動のなかに示された公教育と女性組織をテーマとして取り上げることにした。国民の圧倒的な多数である民衆を対象とする公教育は、フランス革命以来、共和政体にとってもっとも基本的な姿勢が示される政策のひとつであり、ここにコミューン権力と民衆運動の接点とせめぎ合いが出現しており、その結節点において、民衆の意思が示されていたはずだからである。同様に、女性たちの組織と活動に注目した。女性たちは、社会における政治的・社会的権利だけでなく、性差による差別という二重、三重の差別構造の中に置かれていたことに注目したからである。

　翻って、今日のわれわれを取り巻く教育問題や女性問題を顧みれば、その核心においては、パリ・コミューンの当時に提起された問題が継続しており、公教育における貧困格差や教育行政における教育を受ける側の不在、政治や経済、社会現場における女性差別など、これらの問題は日々頻発していることに気づくはずである。

　パリ・コミューンという歴史上のフィルターを通してみると、民衆は地域を基盤にしてこれらの問題を解決しようとしたことがみえてくる。女性に対する差別や格差は、当時の社会通念上黙認されていたとはいえ、それでもなお、女性たちは男性とともに、場合によっては男性以上に改革に力を注いだのである。

　その原動力はどこにあったのだろうか。

　私は、民衆と女性たちを動かしたのは政治イデオロギーでもなく、社会改革を唱える知識層の指導でもなく、民衆たちが互いに信頼でつながった

共同性を共有していたからではないかと、史料を調べながらつくづく感じた。民衆たちは、自由や平等といった概念を、地域社会の中で政治的あるいは経済的課題として実行に移し、それを制度として確立しようと試みたのである。パリ・コミューンの意義は、そこにあると思う。

　本書を、永い歳月をともに歩んでくれた妻、光子に捧げる。

序　言

　パリ・コミューンといえば、まず最初に思い浮かべるのは社会主義運動、そしてそこから連想する労働者政府やプロレタリア独裁といった言葉ではないだろうか。パリ・コミューンは一面、それほどまでに政治的で定式化された概念に結び付けられてきた。その原因のひとつに、パリ・コミューン後に展開した社会主義運動の過程において、多くの活動家たちが革命の成功や権力の奪取を目的としつつ、パリ・コミューンを神格化し、それを一種のプロパガンダとして利用してきたことがあげられる。

　そのため、パリ・コミューンは、時代状況に応じてその時々の特定の党派によって教条主義的に評価、解釈されてきた。すなわち、社会主義あるいはプロレタリア独裁との関係性においてとらえようとするために、その姿は一定の型に当てはめて単純化されてきた。そして、この社会主義モデル化、単純化は、多くの事実を闇のなかに埋もれさせることになった。

　他方、パリ・コミューンが実行しようとした社会改革の多くは、発展史観的な解釈の枠内にとどめられてきた。第二帝政（1852-70）下において進められた施策や共和派の改革運動をも継承していたことから、帝政から第三共和政（1870-1940）へ移行する時期の過渡的で、一時的な運動の役割を果たしたに過ぎないと、みなされたからである。

　さて、パリ・コミューンとは何をさすのだろうか。歴史上の事件としてよく知られている反面、その定義はそれぞれの観点によって大きく異なっている。もともと、コミューンという言葉は、フランス語で自治体を示す意味をもっているが、パリは、第二帝政下において自治権を与えられていなかった。しかし、フランス革命期まで遡ると、1792年8月にパリの民衆は市内の各地域（セクション）と連盟兵（革命の防衛を目的として、地方から連盟して集結した義勇兵）からなる反乱コミューンを結成し、革命議会と市議会に対抗した（1792-94年）。それから約80年を経て、第二帝政の崩壊時、プロイセンによって攻囲されたパリにおい

て、民衆組織が国防政府と拮抗するなかで求めた自治組織を、革命的な
コミューンと呼んだのである。それは、ごく自然な記憶の再生であった
ともいえる。

　そのような記憶の継続と再生は民衆たちの職業と無縁ではなかった。
仕事の形態や社会的結合関係の伝統を引き継いだ社会だったからであ
る。この時期のパリの職業統計をみても、企業の平均被雇用者数は 4 人
である。1860 年の雇い主の統計では、101,711 人の雇い主のうち 10 人
以上を雇っていたのは 7,492 人に過ぎず、2 〜 10 人が 31,480 人、自
分自身かひとりを雇っていた者が 62,199 人にのぼっていた。近代的な[1]
労使関係や階級闘争という労働世界観とは大きく異なることがわかる。
全部で 20 の区から構成されるパリ市内でも、中心部を離れると、まだ
農業に従事する人口が第 13 区、15 区、20 区を中心に、わずかながら
(0.4％) 残っていた。[2]

　また、地方の動向をみると、反政府運動による自治権力の奪取が一時
的にせよおこなわれた。1871 年 3 月 26 日のパリ・コミューン選挙によ
るコミューン議会の成立以前にも、マルセイユ市庁舎占拠 (1870 年 8 月)、
リヨンとマルセイユの共和政宣言 (同年 9 月)、南仏同盟の結成 (同) があっ
た。パリ・コミューン議会の成立と前後して、リヨン (3 月 22 日〜 25 日)、
マルセイユ (3 月 23 日〜 4 月 4 日)、トゥールーズ (3 月 23 日〜 27 日)、
ナルボンヌ (3 月 24 日〜 31 日)、サン・テチエンヌ (3 月 24 日〜 28 日)、
ル・クルーゾ (3 月 26 日〜 27 日) でもコミューンが宣言された。しかし、
いずれも短命に終わっている。

　本書では、パリ・コミューン期の教育運動に焦点をあてる。パリ・コミュー
ンの議会、委員会、区行政、民衆組織、女性組織等の構造的分析を通して、
この運動に果した民衆の役割を確認し、パリ・コミューンの解釈に新たな
視座を提供する。併せて、その公教育観が、フランス革命期における公教
育の検討過程でみられた民衆の活動と通底していたことを考察する。

---

(１) Chambre de commerce et d'industrie (Paris). *Statistique de l'industrie à
　　 Paris: résultant de l'enquête faite... pour... 1860,* Paris. 1864, p. IX.
(２) T. LOUA, *Atlas statistique de la population de Paris*, Paris, 1873, p. 59.

ここで、関連するフランス教育史をふりかえってみたい。

　パリ・コミューンに先だち、初等教育を支配していたのは、第二共和政末期に成立し第二帝政期を通して施行されていた「ファルー法」[3]である。「ファルー法」は85か条から構成されており、初等教育については37か条を充てている。

　同法第23条で初等教育の内容を、「初等教育は、次のものを含む。すなわち、道徳および宗教教育、読みかた、書きかた、フランス語の基礎、計算および法定度量衡法。これに加えて、次のものを含むことができる。すなわち、実地の演算に応用される算術、歴史と地理の基礎、日常に応用できる物理と博物の概要、農業・工業・衛生についての基礎的教育、測量・水準測量・用器画、唱歌および体操」[4]と定め、幅広い科目を含んでいるが、「宗教教育」は必修科目として位置づけられているのに対し、実務的な基礎科目や理数系の科目は選択科目に位置づけられている。

　初等教育の義務制、無償制については、第24条で「その代金を家族が支払うことのできない子どもたちには無償で与えられる」[5]とされている。しかし、これは経済的条件を付加した「無償制」であり、本来の無償制とは異なる。また、第36条で、それぞれの地方で「それ自体の財源により支弁するという条件で、一校または数校の完全無償学校を維持する権利を有する」[6]とされているが、これも同様に、真の無償制とはいえない。義務制についての条項は存在しなかった。女子を対象とする初等学校も同様に、人口800人以上のコミューンで「それ自体の財源でまかなうことができる場合に、少なくとも一校の女子学校をもたなければならない」[7]（第51条）とされており、これも財源次第の規定となっている。

　注目すべきは、初等教育の監督と道徳上の指導は、聖職者たちの手に委

（3）ルイ・ナポレオン（Louis Napoléon、後のナポレオン三世）が大統領に当選し、組閣したO.バロ（Ballot）内閣で公教育大臣に任命されたのがA.ファルー（Falloux）である。1846年にブルボン派の議員として、メーヌ・エ・ロワール県から選出された。この法律の正式名称は、「1850年3月15日の法律」である。
（4）Henry Michel, *La loi Falloux, 4 janvier 1849-15 mars 1850*, Paris, 1906, p. 494.
（5）*Ibid.*, pp. 494-495.
（6）*Ibid.*, p. 500.
（7）*Ibid.*, pp. 507-508.

ねられていたこと（同第44条）である。そのため、「授業の始まりと終わりにはお祈りが課せられ、宗教教育用テキストの採用にも教会が全面的にかかわる」ことになっていた[8]。それだけではない、初等教育教員の資格には、教員養成課程の修了や試験に合格することが必要とされていたが、聖職者の資格によってその代わりとすることができるとされていた（第25条）のである。つまり、「聖職者の資格がそのまま初等教員の資格たりうる」[9]ということだった。その結果、聖職者の息のかかった教育行政によって恣意的な教員の処遇がおこなわれるようになり、「ファルー法」はカトリック教会による初等教育の支配をいちだんと強化する武器となった。1849年から1851年にかけて少なくとも3,000名〜4,000名ちかくの師範学校出身の初等教育教員がなんらかの懲戒処分を受けたと見積もられており、当時の師範学校出身の教員数がおよそ9,200名であったことを考慮すると、初等教育に対するカトリック教会の影響力の大きさを理解できる[10]。ちなみに、パリ市文書館には市内公立初等学校の視学官への月別報告書が収蔵されているが、宗教教育の実施状況を報告する欄の記載は修道会系公立学校と非宗教系で、内容、量ともに大きく異なっており、後者が詳しく、量も多い。非宗教系公立学校への管理は厳格だったことが記録されている。

　その後、ナポレオン三世は公教育大臣にV.デュリュイ（Duruy）を任命（1863年）[11]し、初等教育の現状を明らかにすべく、広範な調査を実施した。その結果は、学齢児童500万人のうち、90万人が未就学であり、就学して

（8）谷川稔『十字架と三色旗』（山川出版社、1997年）167頁；F. アリエス『「教育」の誕生』（中内敏夫、森田伸子訳　藤原書店、1992年、233頁）では、この様子を、「ここに1863年の教師の義務の一覧表がある。〈子供たちに祈りのことばをフランス語とラテン語で教えること。授業の最初の数時間はカテキズム（教理問答）にあて、すべてが完全に理解されなければ先に進まないようにすること。年長の子どもたちには、週に何回か聖歌を教えること。毎朝五時に御告げの鐘をならし、ものごとがきちんと整えられるようにし、それからミサに仕えること。宗教上の祝祭があるときは、授業を中止し、生徒たちを教会へつれて行き、彼らの礼拝を指導すること。ミサの聖歌隊に加わり、日曜日の晩課を唱えること。常に司祭の命に従うこと〉」と述べている。

（9）梅根悟監修『世界教育史体系10 フランス教育史II』講談社、1975年、88頁。

（10）谷川、前掲書、167-168頁。

（11）Victor Duruy (1811-1894) 第二帝政期の公教育大臣（在職1863-1869）、歴史家、反教権主義者。

いてもその34%は年に6ヵ月足らずしか出席しておらず、就学後も13%の児童は読み書きさえできないこと、26%の児童は読み書きしかできないことが判明した (1866年)。このような初等教育の状況は当然、社会にも反映しており、既婚者のうち夫28%、妻44%が自分の名前さえサインできないということも明らかになった。ちなみに、隣国のプロイセンで自分の名前をサインできない夫婦は、わずか2、3%に過ぎないといわれていたことを勘案すると、フランスにおける初等教育の遅滞、すなわちカトリック教会の影響下にある初等教育の不備が明瞭となった[12]。そして、プロイセンに対する敗戦の原因のひとつが教育制度であることに、やがて気づくのである[13]。

　パリ・コミューンが教育委員会を設置し、改革を進めようとした背景には、このような初等教育の実態とカトリック教会の影響下にあった教育行政、教育制度が存在していた。それゆえ、パリ・コミューンにおける教育運動を論ずるにあたって、コミューン議会の下に設置された教育委員会の動向に注目した。

　公教育は、新たに発足した第三共和政にとっても、パリ・コミューンにとっても共通の課題でありながら、この時点では非宗教性 (ライシテ laïcité) をめぐって前者にとっては政権内部の党派間の課題であり、後者にとっては地域の教育活動家と連携しつつ強力に推進する政策のひとつであった。

　パリ・コミューンとその参加者に関する研究の多くは、コミューン議会やその委員会、区行政組織などの活動に関心が集中してきた。しかし、これらの組織はいずれも、ほぼ全員が男性によって構成されていた。パリ・コミューンが成立するにあたって、女性たちには選挙権も被選挙権もなかったのである。さらに敷衍するならば、この時期、女性の権利は民法上、未成年者とほぼ等しく[14]、パリ・コミューンにおいても、女性たちの政治的

---

(12) 梅根、前掲書、99頁。この時期、反教権主義の立場から教育改革運動を提唱した、J. マセ (Jean Macé, 1815-1894) の「教育同盟」Ligue de l'enseignement は大きな影響力をもった。(G. Duveau, *La pensée ouvrière sur l'éducation pendant la seconde République et le second Empire*, Paris, 1948, p. 41.)。

(13) 小山勉「教育闘争と知のヘゲモニー」『九州大学法政研究』、61 (3.4上) (1995年) 767-768頁。

(14) 1860年代のフランス民法が規定する女性の法的地位は、未成年者として子供なみの権利以上は認めず、ほぼすべてが夫に委ねられていた (第213条、214条、373条、1421条)。

権利は顧みられず、コミューン議会で審議されることもなかった。

　本書は、四つの章と結語、および「フランス革命期の公教育検討とパリ民衆組織の省察」から構成される。

　第1章では、パリ・コミューン（1871年）の成立過程を考察することによって、パリ民衆が求めていたものは市政の自治であり、新しい国家体制ではなかったことを明らかにする。そのうえで、民衆たちの行動を分析し、その行動原理が人民主権にあったことを確認し、それを教育問題における民衆の活動の中で考察する。さらに、教育活動を軸にして展開された中央と地域の関係が親和的あるいは上下の構造的ヒエラルキーを有していたという、先行研究における見解を訂正する。中央と地域それぞれの活動を比較し、地域ごとの活動を分析した結果からは、そのような単線的な構造ではなく、地域における多様な活動の存在が浮かび上がってくるからである。パリ・コミューンにおける「公教育制度」とは、中枢組織である教育委員会が主導する「公教育体制」と各区における地域独自の「公教育体制」という二重構造を有していたのである。すなわち、教育委員会による教育施策とは別に、各区の教育行政、地域の教育活動家たちが独自に教育活動をおこなっていたことこそが、パリ・コミューン期の教育運動の特徴といえる。これは、パリ・コミューンが命令的委任という任務を負った各区からの議員によって構成されていたことに深く起因している。

　第2章では、教育をめぐる中央と地域、コミューン議会や教育委員会と地域の区行政や教育現場における活動の関連を確認し、パリ・コミューンにおける人民主権が議会と地域行政、民衆組織、女性組織の間で、どのように実行されようとしたのか、その具体相を明らかにする。第1節では、パリ市内各区の権限をめぐるパリ・コミューン議会と区当局における動向を、議会議事録と第17区文書史料により対比し、検討する。同第2節では、区教育委員会と学校の関係について論じる。パリ・コミューンの発足から3週間が過ぎようとしていた時期、市内各区、地域では区行政の一部として、「教育委員会」commission d'enseignement という名称をもつ行政組織を形成し、教育改革に取り組んでいた。その経緯を、第3区、第7区、第8区、第12区、第17区の5区を事例として、組織上の特色、学校現

場の状況について分析する。ここから、パリ・コミューン議会と各区行政の関係は、市議会の下に区行政を置くといった上下関係のヒエラルキーではなかったこと、各区における教育行政はその形式こそ様々だが、それぞれの区の事情に応じて着実に教育改革を進めていたことを明らかにする。

　第3章では、地域社会における教育に対する意識や取り組みを、民衆組織の自律的な活動を中心に検討する。第1節では、帝政下の第20区メニルモンタン地区で開催された公開集会と臨時国防政府期・臨時政府期（1870年9月〜71年8月）の第7区で活動したプレ‐オ‐クレル・クラブの議事録を引用し、民衆組織において教育問題が課題となっていたことを確認し、帝政末期から臨時国防政府期における公開集会やクラブの開催状況について、開催テーマや集会の運営方法を考察し、パリ・コミューン下の民衆組織へとそれらが継承されたことを確認する。具体的には、監視委員会や民衆クラブにおける集会について、その議題や運営方法などについて比較、分析し、その実態を考察する。同第2節では、パリ・コミューンが成立した後の民衆組織について、第8区、第11区、第14区を例にとり、それぞれの社会・経済的事情に応じた、区ごとの多様な活動の実態を明らかにする。第8区では監視委員会が区行政の主導権を握りつつ、コミューン議会から派遣されたという形式をとる区選出の議員と連携し、学校改革を含む区行政を着実に進めていたことを指摘する。第11区では、国民衛兵第11師団を母体とする武力集団がアンブロワーズ教会にプロレテール・クラブを置き、『プロレテール』紙を発行して民意の集約を図りながら、公教育に対する意見の醸成に努め、区行政を進めたことを指摘する。第14区については、同区の監視委員会に所属する委員が、警視という警察権力を執行する立場から、どのように公教育の現場から聖職者たちを排除したのかという状況を確認する。さらに、コミューン議員全体における監視委員会委員の人数の割合を数表にし、コミューン議会に占める監視委員会委員の実態を示す。同第3節では、保護者の職業、経済状況、識字率、児童の就学状況の分析を通じて、地域における公教育の実態と民衆の公教育観を包括的に考察する。これによって、保護者が社会のなかで体験している賃金の格差や子どもたちに教育を受けさせる動機を考察し、さらにそ

れを、第5区における公立の宗教系男子学校と非宗教系女子学校の生徒の進級状況と両親の職業や公教育観との関係性の中で明らかにする。当時施行されていた教育法令（ファルー法）による初等教育教科科目と第10区で区当局により発表された初等教育教科科目とを比較し、対照する。

　第4章では、パリ・コミューンと女性たちの活動について述べる。女性たちの活動は、コミューンの成立によって始まったのではなく、前年9月とそれ以前からの活動がコミューン成立後も継承されることによって「女性同盟」が発足し、先行していた女性組織と併行しておこなわれたことを指摘したうえで、「女性同盟」がインターナショナル派の影響を受けつつ、パリ・コミューン期の女性組織を指導したという従来の見解を批判的に論じる。さらに、帝政下はもちろんのこと、パリ・コミューンの成立過程においてもなお、選挙権もなく、政治の権力構造から排除されていた女性たちが、自身と家族の生活を維持し、労働の、公教育の、職業教育の改革に臨んだことに言及する。同第1節では、「女性同盟」の成立過程を精査することを通じて、女性たちによる労働の組織化や社会変革の活動は、「女性同盟」から始まったのではないこと、そしてインターナショナル派と呼ばれた女性たちについても、女性同盟中央委員会執行部のE.ドミトリエフたちと第13区選出の中央委員会委員O.タルディフたちとは必ずしも一枚岩の活動をしていなかったこと、これらはパリ・コミューンにおける女性運動を特徴づける重要な側面であることを明らかにする。同第2節では、「女性同盟」の諸規約を精査し、さらに議会議員、区行政委員の行動規範となる規則等を対照し、その差異や特徴を確認する。これによって、「女性同盟」を含む女性組織が地域の行政組織、民衆組織（監視委員会、クラブ等）と密接な関係（区委員会内規第2条）を保持しつつ、コミューン議会とその各種機関に対して請願などにより民意を示していたことを組織と構造面から示す。女性同盟は各区の自立性は確保しつつも、中央委員会への求心力は規則上（区委員会規約第1条、第8条、第10条）、明確だった。それは、男性と異なり、参政権が保障されていなかった女性たちによる、直接形式をとる政治行動、人民主権の行使のひとつの形態でもあった。同第3節では、女性組織と公教育について述べる。教育運動を、1860年

代の女性解放運動にまで遡上して概観し、帝政崩壊にともなって設立された「女性委員会」の活動内容や「戦争犠牲者の救護協会」の活動が、女子教育や労働、社会的権利と密接に関連していたことを指摘し、設立された非宗教系教育施設を列挙する。さらに、第18区では女性監視委員会が女子職業学校の開設を目指して、コミューン議会へ請願したことを、L. ミシェルの手稿史料から明らかにする。

　加えて、「省察」では、モンターニュ派国民公会期の公教育案を代表する「ルペルティエ案」と「ブキエ案」の検討過程における議会と議員たちの公教育に対する姿勢と彼らが抱く「民衆像」について確認し、さらに民衆組織においても公教育が検討されたことを再確認する。これは、革命期において公教育が検討されたものの、政府と国家による公教育という位置づけなのか、民衆たちが自らの必要と要求によって実現しようとした公教育なのかという、二つの交錯する立場が革命中において結論がでることなく、議会、議員たちが徐々に民衆たちから離反し、やがてはテルミドールの反動によって凋落を迎える過程において、人民主権の棄却と革命の終焉とともに、これらの課題がその後の共和派の運動に受け継がれ、パリ・コミューンにおける民衆運動を支えた思想と通底していくことを明らかにする。

　巻末には、関連する年表、史資料解説等から成る資料編を付した。

　なお、組織名称や原典の表現など、原文の意義を正確に伝えるために、本書の論述の随所にフランス語の原文を付した。やや読みづらくなるとの惧れもあるが、読者の皆さんには諒とされたい。

第1章　議会、教育委員会

パリ市役所（第4区）におけるコミューン宣言（*L'Illustration* 1871年4月8日号）

LA GUILLOTINE BRULEE. — (Voir le *Courrier de Paris*, page 217.

ギロチンの焼却(パリ第11区)(*L'Illustration* 1871年4月15日号)

パリ・コミューンの性格と構造を明らかにするためには、コミューン議会の発足から教育委員会が設置されるまでの経緯や教育委員会の活動と各区の行政組織との関係、民衆組織の動向を考慮に入れながら、議会と教育委員会、各区の行政組織や民衆組織の関係を共時的ならびに通時的な観点により分析することが必要となる。

　パリ・コミューン期の公教育に関する研究は、従来、中枢機関である各種の委員会等における意志決定に関心が集中してきた。しかし、パリ・コミューン議会が、命令的委任という任務を負って、各区から選出された議員によって構成されていたことを勘案すれば、各区における民衆の意志と選出された議員たちの関係を明らかにすることが重要な鍵となる。

第1節　コミューン議会の発足

　1870年9月の帝政崩壊にともない、共和政が宣言され臨時国防政府が樹立されると、パリでは市議会選挙の実施を要求する民衆の動きが始まった。しかし、政府保守派はこの要求を受け入れず、区長選挙の実施という対抗策で応じた。そして、翌年2月8日には国民議会選挙をおこない、ボルドーに議会を招集した。パリを含むいくつかの地方では共和派が多数の議席を獲得したが、全体としては保守派の勝利に終わった。それを背景に、政府はパリに対する最終的な決断を下すことになる。

　3月18日早朝、政府は正規軍を動員して、反政府勢力の手中に陥りつつあったパリの国民衛兵の武装解除を実施したのである。[1]しかし、この作戦は失敗に終わり、政府はヴェルサイユへ逃亡。国家権力の空洞化を生み、市内における権力は、国民衛兵中央委員会 Garde nationale, Comité central が掌握することになった。最初にとりかかったのは、帝

（1）パリにおける公的な武装組織は、軍隊（正規軍）、国民衛兵、警察で構成されており、治安は国民衛兵と警察が中心になって担当していた。対プロイセン戦争開始後は、戦況の悪化と兵力増強のために国民衛兵制度を労働者地区へ適用せざるを得ず、そのため、国民衛兵の規模も拡大していった。1871年3月には、大隊の数は260へと大幅に増加し、3月3日にはパリ全20区を結ぶ国民衛兵の連合組織が結成され、15日には中央委員会が成立していた。

政下で認められていなかったパリの自治権を回復するための市議会選挙の準備である。

翌日の3月19日、国民衛兵中央委員会は国民衛兵たちに対して、「諸君は、パリおよび市民の権利の防衛を組織するという任務をわれわれに課してきた」と述べたうえで、「市議会（コミューン）選挙を準備し、ついで施行されたい。そして、われわれが望んできたただ一つのものをわれわれに与えてもらいたい。つまり、諸君たちが真の共和国を樹立するのを見ることである」と告げ、「それまで、われわれは、人民の名において市役所を維持しよう」という声明を出した(2)。

国民衛兵中央委員会は、市議会（コミューン）選挙の実施を前提とした、人民による「共和国の樹立」を将来に望みながらも、あくまでパリ市の自治の確立に向けて市議会選挙を実施することを目指す姿勢を示した。そして、そのために市役所の安全を確保すると宣言したのである。従って、この時点においては、国民衛兵中央委員会がフランス全土を対象とした国家的規模での権力の掌握を能動的に目指すものではなかったことを、最初に確認しておきたい(3)。

3月22日に、国民衛兵中央委員会が発した文書では、(4)

（2）『コミューン官報』*Réimpression du Journal officiel de la République Française sous La Commune,* Paris, 1871.（以下、官報または *J.O.* と略記）, p. 5. (le 20 mars, 1871).

（3）杉原泰雄は、この宣言において、「人民主権」が表明されたという意義を強調する一方で、その主権の範囲が国全体に及ぶものなのか、パリ市に限定されているのかという言及はしていない（杉原泰雄『民衆の国家構想』（日本評論社、1992年）60, 61頁）。一方、同日（3月19日）の夜に開かれた国民衛兵中央委員会では、インターナショナル派の E. ヴァルランが「われわれの欲するのは市議会の選挙だけでなく、(中略) 合法政府としての共和制の宣言」であると述べている（P.O. リサガレー（喜安朗・長部重康訳）『パリ・コミューン』、上、下（現代思潮社、1968年、1969年）、以下、リサガレー『パリ・コミューン』と略す、145頁）。また、柴田三千雄は、この E. ヴァルランの発言を引用しつつ、「衛兵中央委は反乱も社会革命も意図しておらず、ただパリの権利を擁護するだけである。(中略) しかし、その自治権の内容は民主的共和国であり（後略）」（柴田三千雄『パリ・コミューン』（中央公論社、1973年）110頁）と述べ、国民衛兵中央委員会の意向とインターナショナル派の E. ヴァルランの主張とは必ずしも一致していなかったことを指摘している。

（4）*J.O.*, p. 39. (le 25 mars, 1871).

パリは君臨することを欲せず、自由でありたいと思う。パリは地方に実例を示すという独裁以外のいかなる独裁をものぞまない。(中略) 自分たちの自由を築きつつ他の都市の自由を準備する。[5]

と表明している。ここでは、3月19日の声明の内容をさらに確認するかのように、その行動はパリに限定していることを自ら強調し、地方とは「連携」という関係を保とうと述べているのである。

　3月23日の夜にはインターナショナル (国際労働者協会) Association Internationale des Travailleurs のパリ支部連合評議会 Conseil fédéral des Sections parisiennes と労働組合会議 Chambre fédérale des Sociétés ouvrières が共同声明を出している。[6] ここでは、

各コミューンの自立性は、その要求から一切の抑圧的な性格をとり去り L'autonomie de chaque commune enlève tout caractère oppressif à ses revendications、共和政を最高の形で実現する et affirme la République dans sa plus haute expression。(中略) われわれは、なにを要求したか。(中略) 無償で、非宗教的で、総合的な教育。(中略) 市行政の観点に立つ au point de vue municipal、警察、軍隊、衛生、統計などの役務の再編。そして、外部から権力によって押しつけられる一切の行政官 administrateur、首長 président を拒否するであろうように、願望と無縁の政府によって押しつけられる一切の県知事 tout préfet、市長 tout maire を拒否するであろう。

と述べている。このように、労働者組織も、パリを含む各地のコミューン(自治体) は共和主義に基づく市政体であることを求めると同時に、それに反して政府が任命する県知事、市長を拒否する姿勢を明らかにした。

　選挙の実施を所管とするべき内務省に相当する「内務省派遣委員」

───────────

(5) 柴田はこの文書を3月22日の官報に掲載された国民衛兵中央委員会によって発せられた文書であると述べている(柴田『パリ・コミューン』、108頁)が、実際には、3月25日付けの官報に掲載されている。

(6) J.O., p. 66. (le 27 mars, 1871) ; 杉原泰雄『人民主権の史的展開』(岩波書店、1978年) 372-374頁。

délégués à l'intérieur という職務名の下、3月25日に発出された文書では、[7]

> 3月18日革命を生み出した正義の要求に基づいて出現した中央委員
> 会は、市役所に居を構えたが、それは政府としてではなく、人民によ
> る見張り役であって、(中略)最後に、コミューンの独立と自治を確保
> し、保証するように、中央政府 gouvernement central と市との関係
> を交渉すべきであろう。

と述べており、選挙を所轄する組織の文書においても、明らかにパリの
市としての自治権の確立を目指していたことがわかる。中央政府（ヴェル
サイユ側）との関係については、声明の文言にもあるとおり、「拒否」では
なく、「交渉」の姿勢で臨もうとしていたのである。[8] また、同日付けで発せ
られた選挙に関連する第19区の議員数に関する文書も、冒頭の見出しは[9]
内務省 Ministère de l'intérieur と記されており、末尾に「パリ、1871年
3月25日、内務〔省〕派遣委員 délégués de l'intérieur, A. アルヌール、
Ed. ヴァイヤン」という職務名と氏名が記されている。翌日（3月26日）
に実施されるパリ市議会選挙にむけて、「内務省」Ministère de l'intérieur
という職務名を使用していたのである。なお、この選挙に適用する法律は
「1849年の法律」、選挙人名簿は前年に実施された選挙の選挙人名簿に基
づくものとされた。[10]

　3月26日、パリ市議会選挙の当日、二十区共和主義中央委員会はパリ・
コミューンの基本構想を発表した。[11]『クリ－デュ－プープル』紙（3月27日

（7）*J.O.*, pp. 38-39. (le 25 mars, 1871).

（8）*J.O.*, p. 39. (le 25 mars, 1871).

（9）*J.O.*, p. 47. (le 26 mars, 1871). この文書にも同様に、内務委員 A. アルヌール*、
　　E. ヴァイヤン** の署名がある。*Antoine Arnould (1833-1895). 元公務員、第4区
　　選出コミューン議員、第二次教育委員会追加委員、インターナショナル会員（以下「イ
　　ンター会員」と略記）(J. Maitron (dir.), *Dictionnaire biographique du mouvement
　　ouvrier français*, 6 vols., Paris, 1961-1971（以下、*D.B.M.O.F.* と略記）, t. 4, pp.
　　136-137）。**Edouard Vaillant (1840-1915). 医学博士、第8区選出コミューン議員、
　　第二次教育委員会代表、インター会員（*D.B.M.O.F.*, t. 9, pp. 251-257）。

（10）G. Bourgin et G. Henriot, *Procès-verbaux de la Commune de 1871*, 2 vols.,
　　Paris, 1924, 1945. (以下、*P.V.C.* と略記)、t. 1, pp. 64-68.

（11）*Le Cri du Peuple*, no. 26. (le 27 mars, 1871), p. 3.

付）に掲載された無署名の「二十区委員会マニフェスト」[12] Manifeste du Comité des 20 arrondissements には、パリ・コミューンと中央政府との関係を、

> 国民を構成している他のすべてのコミューンまたはコミューンの結合体と連盟することができるし、また連盟しなければならない。（中略）自由および人民主権 souveraineté populaire と両立しうる唯一の政治形態である共和政をコミューンの理念として掲げている。（中略）一般支出および公役務についてパリの分担金を留保して、パリ市にその予算をその内部で自由に処理することを認めかつ法と衡平に従い受けたサービスに応じて納税者に負担を配分する財政組織。（中略）子どもの信仰の自由、利益、諸権利 liberté de conscience, les intérêts, les droits と家父の諸権利・自由 droits et la liberté de père de famille とを調和させる、非宗教的な総合的 intégral、職業 professionnel 教育の普及

と記している。

このマニフェストでも、コミューンを成立させる目的は明らかである。すなわち、パリを一都市として、人民主権と共和主義的な理念に基づいた自治権を認めさせることであった。と同時に、概念上の中央政府とは、各地方のコミューンが連盟して成り立つものであり、財政的にも分担した分をコミューンが自由に使用できることを保証することと想定していたのである。[13]

また、人民主権という理念とともに、「自治」を回復したパリ市政、すなわちパリ・コミューンは前記のマニフェストのとおり、家父の諸権利・自由と子どもの「信仰の自由と両立する、総合的 intégral で、非宗教の、職業教育の普及」という教育改革を掲げていた。4月1日には、「新教育協会」

---

(12) *Ibid.* J. ルージュリはこの宣言を、3月26日の同紙に掲載された記事としているが、J. ルージュリによる誤記と思われる。(J. Rougerie, *Paris libre 1871*, Paris, 1971, p. 136)

(13) 3月29日に設置された各委員会のうち、外務委員会 Commission des relations extérieures の任務には、国内の各自治体と連合を組むことにより友好関係を築くことが含まれていた (*P.V.C.*, t. 1, p. 44)。「外務」という言葉が、一般的に想定される諸外国だけではなく、フランス国内の他の自治体を含むことに注目すべきである。

が子どもたちの教育は父母の義務であるとの請願をするが、ここでは一律に義務的公教育という制度をとらず、家父による教育の権利（私教育）を留保していたことに注目しておかなければならない。[14]

第2節　教育委員会の迷走

　3月28日、国民衛兵中央委員G.ランヴィエ（Ranvier）がパリ市庁舎[15]広場で、パリ・コミューンを宣言した。同時に、この日は初めてのコミューン議会が開催された日でもある。夜9時に開始した最初の議会では、国民衛兵中央委員会の宣言、選挙結果の報告、次回議会の予定議題の確認がおこなわれた。予定議題として、専任事務局の任命やパリの行政にあたるべき委員会の設置等をあげていたが、最重要課題となるべき市政に[16]関する基本的な方針等は明らかにされなかった。しかし、その翌日、3月29日（昼間）に開かれた議会では、執行体制について具体的検討に入っている。

　議事の最後に「執行委員会」commission exécutive の設置が議題にあがり、それに続いて新市政の骨格となる「特別委員会」une commission spéciale について議論され、全部で10の委員会の設置を決定し、それぞれの委員を選出した。議事録には、執行委員会を除く9の委員会の設置[17]をめぐる議論の内容がまったく記載されておらず、その経緯は不明である。そして、4月1日の官報には、これら委員会 commission とそれぞれの委

---

(14) 巻末の史資料編「A2. 新教育協会声明」を参照。

(15) Gabriel Ranvier (1828-1879). ラッカー装飾絵師、装飾棚絵師、フリーメーソン、ブランキ主義者、インター会員、国民衛兵司令官、第20区選出コミューン議員、軍事委員会に所属 (*D.B.M.O.F.*, t. 8, pp. 283-284)。

(16) *P.V.C.*, t. 1, p. 26.

(17) *Ibid.*, pp. 35-36.　10の委員会とは、教育委員会 (Commission de l'enseignement) とあわせて、執行委員会 (Commission exécutive)、財務委員会 (Commision des finances)、軍事委員会 (Commission militaire)、司法委員会 (Commission de la justice)、保安委員会 (Commission de la sûreté générale)、食糧委員会 (Commission des subsistances)、労働・産業・交換委員会 (Commission du travail, industrie et échange)、外務委員会 (Commission des relations extérieures)、公役務委員会 (Commission des services publics) である。

員会を構成する委員の名前が公にされた。⁽¹⁸⁾

　こうして、教育委員会が発足するが、その後の情勢の変化にともない、4月20日の議会で委員会の再編が決定され、新たな教育委員会が設置された。以下、最初の委員会を「第一次教育委員会」、再編された委員会を「第二次教育委員会」と呼ぶことにする。第一次委員会の委員の一覧表(資料1)を、次の頁にあげる。

第一次教育委員会

　さて、この第一次教育委員会 Commission de l'enseignement の任務は、3月29日(昼間)の議会議事録によれば、「公教育を分掌し、教育の改革を担当すること」、「教育を無償、義務、とりわけ非宗教(ライシテ laïcité)とするための布告の草案を作成」し、「リセにおける奨学金の額を増加すること」⁽¹⁹⁾とされ、パリ市役所内の第五左側会議室を執務場所として割り当てられた。⁽²⁰⁾

　このように、議会が教育委員会に与えた具体的な任務は、教育改革案を作成するという、まさに「委員会」という名称に相応しいものであった。

---

(18) この官報の発行日付は、Première Année, No. 1er, Jeudi 30 Mars 1871 とされている。直前号が Troisième année, no. 88, Mercredi 29 Mars 1871、翌日号が Troisième année, No. 90, Vendredi 31 Mars 1871 と印刷されている。官報の発行日付をめぐって、コミューン内部で何らかの意見の調整と修正があったことの証左である。従来どおりに Troisième année, no. 89 とすべきか議論されたことが推測される。教育委員会は、Commission de l'enseignement, Jules Vallès, Docteur Goupil, Lefèvre, Urbain, Albert Leroy, Verdure, Demay, Docteur Robinet と記されている。官報31日号には、J. ミオの名前が遺漏されていたことを注記している(J.O., p. 110)。G. ルフランセ(Lefrançais)の『1871年のパリにおけるコミューン運動の研究』Étude sur le mouvement communaliste à Paris en 1871 (Neuchâtel, 1871)では、委員として J. ミオの名前が欠落している。『クリ－デュ－プープル』紙(1871年3月31日号)では、R. ユルバンの名前が欠落しており、代わりにブランシェ Blanchet (Jean Baptiste Pourille、通称 Blanchet、第5区選出)と J. ミオの名前が委員として掲載されている。このように、刊行物によって収録されている委員の名前が異なっており、錯綜した情報源の存在を示唆している。

(19) P.V.C., t. 1, p.44. 任務に関する、この記述は官報には掲載されていない。一方 G. ルフランセの前記著作には、「教育委員会は公立学校男性教員、女性教員の任命、公立学校の管理、教育方法の検討、等を任務とする」(Lefrançais, Op.cit., p. 194)との記載があり、議事録とは異なる。リセの奨学金についての記述は皆無である。

(20) Ibid., p. 47.

【資料１】 第一次委員会委員（定員９名）在任期間：1871年３月29日〜４月20日

委員	出身区	地元（区）との関係	党派	教育運動との関係	職業	年齢	備考
ドメ A. Demay	3区	二十区共和主義中央委員会第3区代表	インター派 ジャコバン派	なし	彫刻職人	49歳	なし
グピル E.A.Goupil	6区	国民衛兵第115大隊司令官（第115大隊は第6区の国民衛兵大隊）	穏健共和派	なし	医師	33歳	委員会代表 委員を辞任（4/11）パリ市の自治の実現を目指していたという意図と中央委員会の動向とが異なるので辞任したと声明
ロビネ J.F.E.Robinet	6区	第6区区長	急進共和派	なし	医師	46歳	辞任(3/30)
ルロワ A.Leroy	6区	第6区助役、6区教育委員（1870.9〜71.3）	穏健共和派	第6区教育委員	不明	不明	辞任(3/30)
ユルバン R.Urbain	7区	初等学校教師（第7区）、Pré-aux-Clercs Club（第7区）活動家、二十区共和主義中央委員会 3月18日は第7区役所を国民衛兵として占拠	ジャコバン派	第7区初等学校教員	教師	35歳	なし
ルフェーヴル E.Lefèvre	7区	なし	急進共和派	なし	ジャーナリスト	不明	辞任(4/6)
ヴェルデュール A.Verdure*	11区	第11区民衆クラブ活動家	インター派 ジャコバン派	第11区「教育友の会」で活動する娘M.Verdureをもつ	会計 ジャーナリスト	46歳	La Marseillaise経理係 流刑地にて死亡
ヴァーレス J.Vallès*	15区	なし	インター派 少数派	なし	ジャーナリスト	39歳	
ミオ J.F.Miot*	19区	第19区の集会所(salle Marseillaise)、民衆クラブで活躍	インター派 多数派 （とくに強硬派）	なし	薬剤師	62歳	民衆クラブで活躍

＊ A. ヴェルデュール（Verdure）と J. ヴァーレス（Vallès）、J.F. ミオ（Miot）の３名は再任され、第二次委員会の委員となった。

それは、教育改革を担当するものの、行政組織として教育改革を実行するという任務ではない。委員会の発足当初は、教育改革の方法や手段についての明確な方針は示されぬままであった。

　先行研究ではこれらの委員会について、例えば杉原泰雄は「人民の受任者からなるコミューン議会は、立法と執行を同時に担当する機関であったが、3月29日、執行を具体的に担当すべく、コミューン議会議員からなる10の専門委員会を創設した。(中略)執行委員会を除いた9つの委員会は、従来の省に対応するものであった」と説明し、「委員会」は「省」に相当する組織であったと述べている。[21]

　また柴田三千雄は、3月29日に発足したパリ・コミューン下の行政の体制を、「議員は区長にかわって、各自の選出区の行政責任者となる」[22]と述べ、さらに、

> 労働・工業・交換委員会を中心とする社会的な諸方策や軍事委員会の活動は後であらためてみるが、少数の人数で通信業務を再開・維持したインター派のテイスの活躍は特筆されなければならないし、医師のヴァイヤンを中心に詩人のクレマン、文学者のヴァレスのくわわった教育委員会の無償・義務・非宗教的教育の努力は、後の第三共和制の方針を先取りするものであった。(中略) こうして、各委員会は放棄された諸官庁の業務を再開させるため献身的な努力をした。[23]

と説明している。これら「委員会」が「諸官庁の業務を再開させるため献身的な努力をした」というのである。柴田の論述に従えば、パリの自治を確立するための市議会選挙によって選出された議員たちが、フランス政府の諸官庁業務を担おうとし始めたことになる。

　しかし、実際には、前述したように、29日の議会において教育委員会に与えられた任務は、政府の教育行政の業務の再開どころか、市の教育行

---

(21) 杉原『民衆の国家構想』、98 頁。
(22) 柴田『パリ・コミューン』、116、124 頁；*P.V.C.*, t. 1, p. 71. ここでは une commission を各選出区に置くことができると定められている。
(23) 同上書、124-125 頁。

政ですらどこまで着手すべきか、明確ではなかった。教育改革草案の作成を任務とすることが確実であったに過ぎないのである。

　このような状況の下、4月1日、「市民グピルは、教育委員会の代表委員として、公教育の業務の管理をおこなうこと」が決定され、「市民グピルは、毎日午後2時から4時の間、公教育省 Ministère de l'instruction publique へ通って、教育委員会宛ての連絡を受け取ること」にした、という記事が官報に掲載されている。つまり、この時点で公教育省（政府）と教育委員会(市)は組織概念上、上下関係にあったことが示唆されており、「委員会」が「省」の代わりに、その機能を果したという杉原や柴田の上記の説明とは明らかに異なっているのである。

　では、選出された教育委員会のメンバーたちはどのような人物たちだったのだろうか。第一次教育委員会の9名の委員の経歴をみると、旧区長経験者など旧体制に近い人物をあえて委員として選任したことが推測される。すなわち、共和派右派の傾向をもちヴェルサイユ政府側にも近く、むしろ共和派左派やインターナショナル派などと政治信念上の確執が生じやすい人物である。委員会は、3月29日に発足したものの、その翌日（30日）には2名の委員（J.F.E. ロビネ、A. ルロワ）が辞職し、さらに4月6日に E. ルフェーヴル (Lefèvre) もこれにつづき、代表を務めていた E.A. グピル (Goupil) も4月11日に辞職した。第6区出身の委員3名（E.A. グピル、J.F.E. ロビネ (Robinet)、A. ルロワ (Leroy)）は、全員が辞任する結果となった。委員会の約半数の委員が辞任したのである。残ったのは、A. ドメ (Demay)、R. コ

---

(24) *J.O.*, p. 127. (le 2 avril, 1871).

(25) Ernest Lefèvre (?–?). ジャーナリスト、第7区選出議員、急進派 (*D.B.M.O.F.*, t. 7, p. 85)。

(26) Edmond Alfred Goupil (1838-1920). 内科医、第6区選出コミューン議員 (*D.B.M.O.F.*, t. 6, p. 222)。

(27) Jean François Robinet (1825-1899). 産科医、第6区選出コミューン議員 (*D.B.M.O.F.*, t. 9, pp. 10-11)。

(28) Albert Leroy (?–?). 経歴不詳、第6区選出コミューン議員 (*D.B.M.O.F.*, t. 7, p. 135)。

(29) Antoine Mathieu Demay(1822-1884). 彫像彫刻工、第3区選出議員、第一次教育委員会委員、インター会員、二十区共和主義中央委員会第3区代表 (*D.B.M.O.F.*, t. 5, p. 302)。

ルバン (Urbain)[30]、A. ヴェルデュール (Verdure)[31]、J. ヴァーレス (Vallès)[32]、J. ミオ (Miot)[33] の 5 名である。

　辞任の理由について、委員会の代表を務めていた E.A. グピルは「コミューンが市政の運営体であることで支持してきたが、中央委員会が"広範で行き過ぎた範囲"、つまり、ヴェルサイユ側に対する攻撃や出版の自由、聖職者への抑圧へと進んでしまったので支持をやめる」と述べている[34]。折からのパリ・コミューンとヴェルサイユ側の和解調停が不調に終わり、その後の激しい争いを危惧したことも、辞任を選択した理由と思われる。4 月 2 日にはヴェルサイユ側と軍事的衝突が始まり、A. ティエール (Thiers)[35] たち政府閣僚を相手どり、パリ・コミューンはパリに対するこの武力攻撃について裁判所に告発をおこない (4 月 2 日)[36]、E.A. グピル自身が所属していたフリーメーソン団体のヴェルサイユ側との調停が失敗した (4 月 10 日) ことも背景にあったであろう。

　こうして、第一次教育委員会は活動開始直後から混乱に陥った。そのため、この委員会には、特にこれといった活動の足跡を示す記録はなく、委員会名による事務的な発表を除くと、第一次教育委員会の名の下に発令された布告、声明等は 1 件もない。

---

(30) Raoul Urbain (1837-1902). 教師 (パリ第 7 区)、第 7 区選出議員、ジャコバン派、プレ-オ-クレル・クラブ (Pré-aux-Clercs Club、パリ第 7 区) 活動家、二十区共和主義中央委員会　3 月 18 日は第 7 区役所を国民衛兵として占拠 (*D.B.M.O.F.*, t. 9, pp. 247-248)。

(31) Augustin Joseph Verdure (1825-1873). 元教師、会計、ドゥエ師範学校卒、学校長歴任、フリーメーソン、インター会員、第 20 区監視委員会委員長、第 11 区選出コミューン議員、教育委員会を担当、妻と娘が孤児院の設立と運営にあたる。流刑地にて教育施設の設置を願い出た。第 11 区民衆クラブ活動家 (*D.B.M.O.F.*, t. 9, pp. 292-293)。

(32) Jules Louis Vallès(1832-1885). ジャーナリスト、小説家 (代表作『子どもたち』1879 年刊、『反乱者』1886 年刊)、第 15 区選出議員、インター会員 (*D.B.M.O.F.*, t. 9, pp. 264-266)。

(33) Jules François Miot(1809-1883). 第 19 区選出議員、インター会員、第 19 区民衆クラブ活動家 (*D.B.M.O.F.*, t. 7, pp. 371-372)。

(34) *D.B.M.O.F.*, t. 6, p. 222.

(35) Adolphe Thiers (1797-1877). 歴史家 (代表作『フランス革命史』1823、24 年刊)、政治家、国防政府首班としてパリ・コミューンを鎮圧、第三共和政初代大統領。

(36) K. マルクス (木下半治訳)『フランスの内乱』(岩波書店、1952 年) 266-267 頁。

教育非宗教化の実情

　一方、発足した議会に対する、民衆たちの期待は大きかったようである。4月1日付の『ペール・デュシェーヌ』紙[37]には、「コミューン議員たちが坊主どもの優遇を禁止するよう、本紙は力強く提案する。(中略)同様に、コミューン議員たちが遅滞なく、これを実行することを求める」という記事が掲載された。この記事は、教育における教会勢力の排除をコミューン議会に対して求めたもので、教育に大きな影響をもっていた宗教界を批判したものである。

　私立の修道会系学校はともかくも、市の公的な財政で支えている公立の修道会系学校へ通う児童の割合は、同じく公立の非宗教系学校へ通う児童より多かった。パリにおいては、それが特に顕著であった。

　この時期のパリ全体の初等教育を概観すると、公立初等学校に通う児童の52%（37,411名）が修道会系公立学校に通っており、非宗教系公立学校に通う児童の方がやや少なく、48%（34,379名）であった。それ以外に、修道会等が経営する私立の学校に通う児童が87,500名おり、全体として児童の多くの教育が聖職者の手に委ねられていたことになる。なお、パリ市は、修道会系公立学校に年間1,595,253フランもの公的財政支援をしていた[38]。ちなみに、1856年の統計によると、パリ第10区の初等教育公立学校では修道会系公立学校数6校に対して非宗教系公立学校数が5校であった。1857年の統計によれば、パリ第12区では公立学校男子学校では児童数の比率は修道会系60%に対して非宗教系40%、女子学校では修道会系68%に対して非宗教系32%であった。一方、フランス全体の初等学校児童数の状況は、非宗教系の初等学校児童数の割合が高く、約67%である。これらの数字からも、パリにおける初等教育の状況は歴然としていた。財政的にも、教育体制からみても、パリにおいては教会勢力が初等教育に多大な影響力をもっていたのである。

　このような状況の下で、新たに発足した教育委員会は、公教育の非宗教化という議会が打ち出した方針の下[39]、教会や聖職者教員とどのように対峙

---

(37) *Le Père Duchesne*, no. 17. (le 1 avril, 1871) , pp. 1-3.

(38) E.Laveleye, *L'instruction du peuple*, Paris, 1872, p. 219.

(39) *P. V.C.*, t. 1, p. 44.

したのだろうか。

　4月9日の官報には、教職を求める人びとに対して、応募書類を持参の[40]うえ市役所の教育委員会で受け付けているという記事がある。教育委員会の任務は非宗教の公教育をおこなうための布告の草案を作ることとされていたはずだが、このような事務的な業務も担当していたことになる。なお、この募集には応募資格として非聖職者教員か聖職者教員かの言及はなかった。同様の記事が、1週間後の官報にも掲載されている。

　一方、この日（4月9日）の議会では、議員A.E. ビリオレ（第14区選出）[41]が修道会によって運営されている学校の廃止と非宗教系の学校の設置を提案した。この案に議員B. マロン（Malon、第17区）[42]とJ. マルトレ（Martelet、第14区）[43]が賛成したが、議員P. ランジュヴァン（第15区）[44]、P. グルセ（第18区）[45]、J. アリクス（第8区）[46]は特にそのための立法措置は必要ないと発言している。このような発言とともに、注目すべきこと[47]は、公教育の非宗教化は、教育委員会に任務として与えられた主要なテーマのひとつであり、目の前で議題となっているにもかかわらず、教育委員会に所属する議員は誰ひとりとして、発言した記録がなかったことである。

---

(40) *J.O.*, p. 202. (le 9 avril, 1871) ; A.Decouflé, *La Commune de Paris (1871)*, Paris, 1969, p. 265.

(41) Alfred Édouard Billioray (1841-1876). 画家。第14区選出議員（*D.B.M.O.F.*, t. 4, pp. 300-301）。

(42) Benoît Malon (1841-1893). ジャーナリスト、インター会員で、インターナショナル・パリ支部創設者の一人、第17区選出議員（*D.B.M.O.F.*, t. 7, pp. 230-234）。

(43) Jules Martelet (1843-1913). 装飾画家。インター会員、第14区教育委員、第14区選出議員（*D.B.M.O.F.*, pp. 270-271）。

(44) Pierre Langevin (1843-1913). 金属旋盤工。インター会員。第15区選出議員（*D.B.M.O.F.*, pp. 13-15）。

(45) Paschal Grousset (1844-1909). 文筆家、ジャーナリスト、『タン』紙、『フィガロ』紙に寄稿、帝政末期には『マルセイエーズ』紙主筆となった。第18区選出議員（*D.B.M.O.F.*, t. 6, pp. 252-253）。

(46) Jules Allix (1818-1897). 自称体育教師、第8区選出議員（*D.B.M.O.F.*, t. 4, pp. 107-110）。

(47) *P.V.C.*, t. 1, p. 154. この日の議会の議事録には、J. ヴァーレスの名前がみられる。このことから、教育委員会に所属する議員が最低1名は同席していたことは確かである。しかし、J. ヴァーレスを含め、教育委員会の議員が発言した記録はない。

4月16日の官報には、コミューン議員と教員たちに対して、「初等教育」[48]
という見出しをつけて呼びかけた記事が掲載されている。ここでも、募集
する教員の資格として非聖職者教員か聖職者教員かの言及はない。一方、
コミューン議員に対しては、それぞれの区において非聖職者教員の需要が
あれば、それを教育委員会へ連絡するよう依頼している（4月9日）ので
ある。なお、この官報と同じ記事が、4月18日付の『クリ - デュ - プープ
ル』紙にも掲載されている。[49]

4月18日の官報には、公立の初等学校と幼稚園の校長に対して、各自[50]
の経歴書、担当している施設の状況について報告するよう通達した旨の記
事が掲載されている。これも、4月9日の議会における議員たちの発言と
の関連が推測される。

この日（4月18日）の議会では、フランス国内の地方へ向けた声明文の
作成を審議していた。「フランス人民への宣言」である。このなかで、地方[51]
自治体（コミューン）の権限、機能について述べた個所があり、教育につい
て各自治体は「初等教育の独占的指導 la seul direction de l'enseignement
primaire」をおこなうという案が浮上した。これに対して、議員 G. ルフラ[52]
ンセ（Lefrançais）がこの字句の削除を要求したことが議事録に記録されてい[53]
る。そして、最終的にこの宣言は、単に「教育の組織化 l'organisation de l'[54]
enseignement」という字句で発表された。修正前の原案が、直面している
初等教育に関して各自治体による関与を行政面から決定的に深めるという
案であるのに対して、修正された案では教育一般の組織化という抽象的な
表現に落ち着いている。4月9日と同様に、この日の議会でも教育委員会の
委員がこの件について発言したという記録はない。議会、議員そして肝心の

---

(48) *J.O.*, p. 276.(le 16 avril, 1871). 教員の募集では、幼稚園が追加され、応募の受
　　　付は教育委員会の事務局 secrétariat と記されている；Decouflé, *op.cit.*, p. 266.

(49) *Le Cri du Peuple*, No. 4. (le 18 avril, 1871), p. 2.

(50) *J.O.*, pp. 302-303.(le 18 avril, 1871).

(51) Bibliothèque Nationale (以下 B.N.), Collection de Vinck (以下、*C.V.* と略記), P46073.

(52) *P.V.C.*, t. 1, p. 278.

(53) Gustave Lefrançais (1826-1901). 教師、第4区選出コミューン議員、民衆クラ
　　　ブで活動、インター会員 (*D.B.M.O.F.*, t. 7, pp. 90-93)。

(54) *P.V.C.*, t. 1, p. 282.

教育委員たちの姿勢が積極的ではなかったのである。先に引用した民衆新聞
『ペール・デュシェーヌ』紙（4月1日付）の論調とは大きな隔たりがみられた。

第二次委員会への改編

　このように、第一次教育委員会は委員会あるいは委員として何らの決定
や命令を発出することもなく、意見の表明すらしていない。その後、第一
次教育委員会は再編されることになり、新委員会（第二次教育委員会）が
発足した。第二次教育委員会の代表委員として任命されたE. ヴァイヤン
は、それまでと一転して、委員会名あるいは代表委員名の下で次々と布告
や声明を発した。それだけではなく、地域の教育活動家や女性解放運動家
たちの協力を得て特別委員会を組織し、女子職業教育を含むさまざまな公
教育施策の推進を図った。

　E. ヴァイヤンが、教育委員会の代表として選出されたのは、教育委員
会を含む各委員会の改編がコミューン議会で議題とされた、4月20日の
ことである。その翌日には、5名の教育委員が新たに任命され、第二次教
育委員会が発足した。第二次教育委員会の委員の一覧表（資料2）は、次
頁のとおりである。

　この再編の原因は何か。杉原は、「議員の仕事が過重であったうえに、四
月に入って軍事的な失敗やその他もろもろの混乱が加わった」ために、「執行
体制はうまく機能できなかった」ので改編に至った、と述べている。しかし、
これまで考察してきた第一次教育委員会の仕事ぶりをみる限り、「過重な」業
務や軍事的な影響等のせいとは思えない。確かに、「その他もろもろの混乱」、
つまり委員の大量辞任が混乱を生じさせたことは、想像に難くない。

　では、このような事態に至ったことへの反省は、どのように第二次教育
委員会の発足に活かされたのだろうか。4月20日の議会においては、この
委員会制度についてさまざまな議論がおこなわれ、その記録が残されてい

---

(55) *Ibid.*, p. 330.

(56) *Ibid.*, p. 355.

(57) 杉原『民衆の国家構想』、98頁。柴田の論述「議員たちは過重な任務におしつぶ
　　されそうになり、いきおい機構は乱れざるをえない」（柴田『パリ・コミューン』、
　　123頁）と同様の説明がなされている。

【資料2】 第二次委員会委員（定員6→7名） 在任期間：1871年4月21日～5月28日

委員	出身区	地元（区）との関係	党派	教育運動との関係	職業	年齢	備考
クールベ G.Courbet	6区	なし	プルードン主義少数派	なし	画家	52歳	コミューン発足後 Le Cri du Peuple 紙に寄稿
ヴェルデュール A.Verdure	11区	第11区民衆クラブ活動家	インター派多数派	第11区「教育友の会」で活動する娘M.Verdureをもつ	会計	46歳	La Marseillaise 紙 経理係 流刑地にて死亡
ヴァーレス J.Valles	15区	なし	インター派少数派	なし	ジャーナリスト	39歳	Le Cri du Peuple 紙編集長
クレマン J.-B.Clement	18区	第18区国民衛兵監視委員会民衆クラブboule noire所属	多数派	なし	作詞家 銅製品工場労働者	35歳	Le Cri du Peuple 紙編集委員
ミオ J.F.Miot	19区	第19区の集会所(salle Marseillaise)、民衆クラブで活躍	インター派多数派（とくに強硬派）	なし	薬剤師	62歳	民衆クラブで活躍
ヴァイヤン Ed. Vaillant	8区	なし	インター派ブランキ主義者	なし	エンジニア医師	31歳	委員長
アルヌー A.Arnould	4区	第4区助役	インター派少数派	前公教育省職員 父はパリ大学文学部教授	公務員	38歳	La Marseillaise 紙の創刊に協力 5月4日に追加就任

る。P. グルセは、「連日のように繰り広げられている権限をめぐる争いを終わらせ、またそれを終わらせるためには根本的な再編が必要」であり、「コミューンの新たな委員を委員会に参加させることが適切」であることから、[58]

第1条　コミューンのすべての委員会を、ただちに改組し（seront immédiatement refondues）、その権限を定義する。

第2条　各委員会は、その委員会が関係する業務の指揮をとるために、委員から1名を指名し、その直接の指導のもとで、コミューンに対して責任を負う。

第3条　執行委員会は委員会の代表委員による会議により構成される。

と提案した。

---

(58) *P.V.C.*, t. 1, p. 312.

さらに、J.L. アンドリュー (Andrieu)⁽⁵⁹⁾ が、各委員会の他に「管理委員会 (Commission administrative)」を設置すべきとの意見を述べた⁽⁶⁰⁾。各委員会で決定したことを、周知するための委員会という趣旨である。これらの意見について、この議題の直後に第二次教育委員会の代表に指名される E. ヴァイヤンが、「私は、これら二点について賛成する。われわれにこれまで欠けていたもの、それは組織である。これまでは良く機能してこなかった」と発言した⁽⁶¹⁾。

このように、議員たちは 3 月 29 日に設置された各委員会について、組織上のさまざまな問題があったことを指摘し、その解決を目指して、委員会の再編をおこなった。

特に、前記の議会提案の第 2 条で言及された、「その委員会が関係する業務の指揮をとるために、委員から 1 名を指名し、その直接の指導のもとで、コミューンに対して責任を負う」という役割を担う代表委員 (délégué) をおくことにしたが、その権限をめぐって多くの議員が発言し、最終的には Ch. ドレクリューズ (Delescluze)⁽⁶²⁾ が提案した以下の案が承認された。

1．執行権力が、9 つの委員会の各代表者に、仮の資格として委ねられる。これらの委員会について、コミューンは業務 (travaux) と行政上の権限 (attributions administratives) を振り分けた。
2．代表委員は、コミューンにより多数決で任命されるものとする。
3．代表委員は、毎日集まり、それぞれの部局の管轄事項についての決定を多数決でおこなうものとする。
4．代表委員は、毎日、コミューンの秘密委員会において、決定または実施した措置について説明し、コミューンがこれを裁決するものとする。

---

(59) Jules Louis Andrieu (1820-1884). ラテン語教師、インターナショナル同調者、第 1 区選出コミューン議員、公役務委員会、執行委員会 (*D.B.M.O.F.*, t. 4, p. 121)。
(60) *P.V.C.*, t. 1, p. 312.
(61) *Ibid.*
(62) Charles Delescluze (1809-1871). 自称公証人、国民議会議員、第 11 区選出コミューン議員、外務委員会、執行委員会、軍事委員会 (*D.B.M.O.F.*, t. 5, pp. 285-286)。

続いて、委員会を構成する人数についても議論がおこなわれ、F. ジュルド (Jourde) の提案である 5 名を最終案とし、挙手により決定した。さらに、各委員会の委員については、投票の末、それぞれ決定した。[64]

このように、各委員会に新たに代表委員をおき、強力な執行権力が委任されたのである。そして、これら代表委員が集まる執行委員会 (Commission exécutive) は、行政上の具体的な職務範囲と権限、そして具体的な実行方法を決定する組織として定義され、秘密委員会の設置により内部情報の漏出防止を図った。第一次教育委員会から第二次教育委員会への改編は大きな転換点であった。すなわち、パリ・コミューンの性格の大きな変更を意味していた。より効果的で、迅速な決定が可能となることとの引き換えに、少数の人物へ権限を集中することになったのである。

こうして、教育委員会 Commission de l'enseignement は教育代表委員会 Délégation à l'enseignement と改称され、所在地もパリ市役所（第 4 区）から帝政時代の旧公教育省（官公庁が集中する第 6 区グルネル街）へ移転した。[65]

これらの措置は、人民から命令的委任を付託された議員によって議会を構成するというコミューン議会の大前提の否定であり、特定の議員個人へ権限を集中させることを意味した。コミューン議会が本来のコミューンとしての機能（市自治）から政府機能（国家権力）への転換を目指した最初の歩みだとみることも可能だろう。パリ・コミューンの各委員会が単なる「委員会」ではなく、「省」としての機能を備えた組織であったという杉原や柴田の説明は、この時点から現実に近づくのである。それは、

---

(63) François Jourde (1843-1893). 公証人、銀行員、市公務員、第 5 区選出コミューン議員、財務委員会 (*D.B.M.O.F.*, t. 6, pp. 403-404)。

(64) *P.V.C.*, t. 1, p. 354.

(65) これらの委員会の設置場所とは別に、5 月 10 日の議会ではパリ・コミューンの議場について G. クールベの報告がおこなわれ、そこではチュイルリー宮を候補としてあげる。これに対して、賛否両論が展開され、G.L. アルノール (Arnold)＊ はリュクサンブール宮を候補にあげる。現状のパリ市庁舎を主張したのが、A. アルヌールであった。彼は移転の必要性はないと主張し、これに J.B. クレマンも同調した。結局、この議論の結論は出なかった (*P.V.C.*, t. 2, pp.313-315)。＊Georges Léon Arnold (1837-1912). 建築家、国民衛兵中央員会書記、第 18 区選出コミューン議員。

社会主義運動の記念碑として永い間扱われてきた、「歴史上初めての労働者による政府」であり、しかし同時に、反「人民主権」の政府という性格をもたざるを得なかった。

これらの委員会の変化を踏まえれば、第二次教育委員会が発足するとすぐに、代表委員 E. ヴァイヤンが、自分の署名のない教育関連の命令は無効であるという以下の声明を唐突に出したこと（4 月 22 日）[66]も肯ける。

フランス共和国第 187 号　自由、平等、友愛
パリ・コミューン　教育代表委員会
教育に関わる事柄は、コミューン議員である市民 Ed. ヴァイヤンの署名が無いものは、いかなる命令も有効ではない、これまでの命令は有効性をもたない。
各区当局は、この実施について議員 délégué と接触し、できるだけ早急に各区における教育の詳細な状況についての報告をおこなわれたい。
すべての業務は、グルネル＝サン‐ジェルマン街 110 番地の旧公教育省に最終的に集中化される。
本日より、教育行政 l'administration に関することはすべて、市民 F. ペパン[67]へ連絡してもよい。
総合的職業教育 enseignement intégral et professionnel の問題をこれまで研究してきたすべての者は、その改革案を書面をもってパリ・コミューン教育委員会へ提出されたい。
　　　　　　　　パリ、1871 年 4 月 22 日　教育代表委員 Ed. ヴァイヤン
　　　　　　　　　　　　　　　　国立印刷所　1871 年 4 月。

なお、この声明を、ヴェルサイユ側への対抗措置と解釈する先行研究もある。川口幸宏は「ヴァイヨン（ママ）は la commune de Paris における教育に関するすべての権限は彼にあることを周知させた。これは、直接的には、国民議

----

(66) *Les murailles politiques françaises*, Paris, 1874,（以下、*M.P.F.1874* と略記）, t. 2, p. 334；*C.V.*, P46134.
(67) F.Pepin について、*D.B.M.O.F.*, t. 8, p.122 には、「Ed. ヴァイヤンの命により、旧公教育省に関するすべての事項を任されていた」人物との記載がある。

会において教育法の改定審議が進められており (Dupanloup 法案)、また la commune の教育改革が無効であるとの「政令」がヴェルサイユ側広報紙に広報される、などの教育改革阻止の動向という現実に対応するためであった。あわせて初等学校における視学官制度を排し、教育の監督権を la commune の教育委員会に移した」と述べている。しかし、現実的にはパリ・コミューンが発足した後、第一次教育委員会がイニシアチブをとって進めた教育改革に具体的な実績はなく、その影響力が学校現場に及んでいたとは到底考えにくい。ヴェルサイユ側が危惧するような、コミューン側による「教育改革」がおこなわれている状況ではなかったはずである。第一次教育委員会が発足した 3 月 29 日に、委員会の任務としていくつかの課題が与えられただけで、その後は消極的な姿勢に徹していたことはすでに考察したとおりである。そのような第一次教育委員会の実態を前提にすると、ヴェルサイユ側の「la Commune の教育改革が無効である」という政令とそれへの対抗措置としての E. ヴァイヤンの声明が発せられたという解釈の根拠が希薄なのである。

4 月 27 日の議会では、医学校の医師免許許可書について、J. ミオと J. ヴァーレスが改訂の提案をおこなった。この二人はともに、第一次教育委員会から第二次教育委員会の委員として留任した委員でもある。この日、J. ミオは「教育委員会の委員として comme membre de la Commission de l'enseignement」、提案をおこなうと述べている。そして、「議会はこの提案を教育委員会へ送致することになった la Commune décide le renvoi de cette proposition à la Commission d'enseignement」、と議事録に記録されている。

教育委員会の名称を教育代表委員会 Délégation à l'enseignement に変更し、すべての権限を、自らが務める代表委員に集中したと E. ヴァイヤンが各区宛てに声明を発した直後 (5 日後) の議事録に、このように旧名称が使用されていた。教育代表委員会の内部では、代表委員 (E. ヴァイヤン) と一般の委員 (J. ミオ、J. ヴァーレス) との意識が乖離し、議会内部

---

(68) デュパンルー (Dupanloup) 法案。Félix Dupanloup (1802-1878) はカトリック神学者で、カトリック教育の擁護者としてファルー法を推進した。

(69) 川口幸宏「la Commune de Paris 1871 における近代公教育三原則の成立に関する研究」(2)『学習院大学文学部研究年報』49 輯、2002 年、273 頁。

(70) *P.V.C.*, t. 1., pp. 519-520.

でも不統一性を露呈していたのである。

　このような状況の下、A. アルヌール（Arnould）の教育代表委員会への追加任命が5月4日の議会で承認された。この日の議事録では、A. アルヌールは「私は、教育委員会に参加するために、食糧委員会の委員を辞任する。教育委員会で、より多く奉仕できるからだ」と就任の希望を述べ、その場で議場に諮り承認されている[71]。なお、他の議員 H.L. シャンピ（Champy）が同様に、食糧委員会への就任を求め、承認されている[72]。

公安委員会をめぐって

　この翌日、4月28日の議会においては、公安委員会 Comité de salut public という、フランス革命への追憶とも結びつく組織の設置を求めた提案がなされ、激論の末、採択が翌日にもちこされた[73]。この議事をめぐって、パリ・コミューン内部は大きく分裂したといわれる。議会内多数派と少数派の分裂である。

　この公安委員会の設置をめぐる教育委員会委員たちの発言をみてみよう。公安委員会の設置をめぐる議論は、人民主権に対する姿勢の表れでもあり、委員たちがどのような態度をとったのか明らかにしておきたいからである。

　そもそも、公安委員会の設置を提案した議員は、他でもない、教育代表委員会委員の J. ミオである。彼は、前述したとおり、第一次教育委員会から第二次教育委員会までを通して委員を務めた3名の委員のうちの一人だった[74]。いわば、ほとんど機能しなかった第一次教育委員会の経験者でもあった。平均年齢が40歳に達するかどうかというコミューン議員のなかでは年長者の一人（62歳）であり、地域の民衆クラブにおける活動家と

---

(71) *Ibid*., t. 2., p. 118.　E. ヴァイヤン（委員長）と A. アルヌールは前年11月頃の二十区中央委員会の中枢における活動家として旧知の間柄であった。

(72) Henry Louis Champy (1846-1902). 婦人服仕立て屋、貴金属細工職人。第10区選出議員。議会議事録（*P.V.C.*, t. 2）には、この就任が承認されたという記録はない。しかし、*D.B.M.O.F.*, t. 5, p. 53 には、食糧委員会委員として活動したという記述がある。

(73) *P.V.C.*, t. 1, p. 552.

(74) 第一次、第二次を通して継続した教育委員は、J. ミオ、A. ヴェルデュール、J. ヴァーレスである。

しても有名な人物であった[75]。その人物が、「状況の重大性と緊急性を踏まえ、もっともラディカルな諸方策をとるべき必要性にかんがみて」、次のように布告することを提案したのである。すなわち、

> 公安委員会がただちに設置される（第1条）。
> この委員会は、コミューンによって個別投票 scrutin individuel で任命される5名のメンバーによって構成される（第2条）。
> この委員会には、すべての委員会にわたる最大限の権限が与えられ、この委員会はコミューンにのみ責任を負う（第3条）。

というものであった。特に、議論が集中したのは第3条であった。議員たちは、有権者からの命令的委任を受けて選挙されたのである。その議員によって組織された公安委員会が、有権者に対して責任をとらず、「コミューン（議会）」にのみ責任を負うと規定されていたからである。

　先行研究では、公安委員会の設置をめぐるコミューン議会と議員たちの行動について、もっぱら多数派と少数派の論議に収斂してきた。すなわち、ジャコバン的少数独裁論とサン‐キュロット的人民独裁論の対立とする見方に固定化されてきたのである。

　杉原はこの点について、「パリ・コミューンは、フランス革命に80年も遅れながら、革命政府の問題については、「バブーフの陰謀」のレベルに到達することもできなかった[76]。コミューン議会は、ロベスピエール型の「少数独裁論」か「人民主権」・「人民独裁」の貫徹かをめぐって内部分裂してしまった[77]」と述べている。また、公安委員会の設置が承認された結果、そ

---

(75) J. ミオは、第19区の民衆クラブ（マルセイエーズ・クラブ）の主要な発言者だった。このクラブでは、4月21日に公営肉屋の設置を決議し、それがコミューン議会で翌日には承認されている。4月28日の公安委員会設置の提案についても同様だった。J. ミオの民衆クラブでの発言は直接的にコミューン議会とつながっていた。

(76) 「バブーフの陰謀」とは、フランス革命期総裁政府の転覆を企てた反乱事件（1796年）で、1793年憲法の実施、平等主義、共産主義を運動の理念とした。本事件の推移に関しては、専修大学が所蔵する M. ベルンシュタイン文庫に約70点の史料が収録されている。バブーフ自身の著作、研究書、肖像画、裁判関連記録等である。

(77) 杉原『民衆の国家構想』、108頁；A. Soboul, 〈De la Révolution française à la Commune de 1871〉, *La Pensée*, no. 158, 1971, pp. 16-21.

れに反対した議員たちが少数派を名乗り、議会をボイコットした動き（5月15日）について地域の集会で批判されたことを、「この民衆の反応の仕方は何を示しているか。彼らは、基本的には民衆運動を重視する少数派に親近感を示しつつも、同時に、その議会活動を見すてた行動を、「命令的委任の放棄」とうけとった。彼らがコミューン議員にのぞむものは、民衆運動の尊重であるが、それへの同調ではなく、あくまで民衆の願望を強力迅速に実行することであった」という柴田の論述を引用している。

しかし、この引用とともに重要なのは、柴田が同書の同じページで引用した『プロレテール』紙（5月19日付）の論説記事である。ここには、こう述べられている。

> 人民の名において、そして人民にかわって判断し決定することを急ぐな。単なる使用人であるという諸君の役割の分を守り、伝達すべく諸君に課せられている情報を、人民に提供することで満足せよ。人民の奉仕者たちよ。主権者という誤った振舞をするな。それは諸君たちにとってよりも、諸君がとってかわった専制者たちにふさわしいことなのだ。多数派か少数派かが、われわれにとって何の意味があるというのか。所詮、諸君はコミューンの秤のなかであまり重みをもってはいないのだ。人民は救済者たちにうんざりしている。今後、人民は救済者たちの行為を討議に付したいと思っている。

『プロレテール』紙の筆者は、議員たちが声高に「ジャコバン主義」や「少数独裁主義」という議論をしていることの不毛を見抜いていたのである。事実、少数派も「公安委員会」という名称とは異なるが、権限を集中した、新「執行委員会」案をこの時、提出していたのである。ヴェルサイユ側か

---

(78) この立場を、自ら「少数派宣言」として公表した（*P.V.C.*, t. 2, pp. 373-374）。

(79) 柴田『パリ・コミューン』、171 頁。

(80) *Le Prolétaire*, no. 3. (le 19 mai, 1871), p. 1. *Tribune des égaux, la carte de civisme.*

(81) *P.V.C.*, t. 1, pp. 557-563 (le 28 avril, 1871), p. 587 (le 30 avril, 1871), t. 2, p. 21 (le 1 mai, 1871)；柴田三千雄「パリ・コミューンにおける内部分裂について」（岡田与好編『近代革命の研究・下巻』 東京大学出版会 , 1973 年、所収）267–281 頁。

らの軍事的圧力という、外部から迫りくる危機に対して、多数派と少数派は大同小異の議論を重ねていることを、民衆たちは区選出の議員や官報等の情報で知り得ていたことは容易に推定できる。

　主権の行使は議会がおこなうのではなく、人民自身がおこなうのである。多数派も、少数派も意味はなく、人民自身が日常の生活のなかで実践すると主張しているのである。

　そのような観点から、教育委員会に所属する議員たちの発言と行動を考察してみよう。再度、この4月28日の議会をふり返ってみると、議長はJ.ヴァレスが務めており、彼はこの時期の教育委員会（第二次）の委員でもあった。この日の発言者のなかにE.ヴァイヤン（第二次委員会代表）もいたが、彼はこの公安委員会の設置については慎重にすべきであるとの意見を述べた。その結果、この日は結論を出さず、審議を継続することになった。

　4月30日に開催された議会は、午後3時半に開会されたが、一度閉会し、秘密委員会として午後5時に再開された。議長は、それぞれブランシェとL.メイエ（Meillet）だった。この議会で、公安委員会をめぐって最初に議論となったのは、この委員会の名称である。

　票決では、同数だったため決定は翌日に持ち越されたが、その投票の内訳をみると、J.B.クレマン（第二次教育委員会委員（以下、「第二次委員」と略す）、インターナショナル派）とJ.ミオ（第一次教育委員会委員（以下、「第一次委員」と略す）、インターナショナル派）は「公安委員会」に投票し、これに対して、A.アルヌール（第二次委員、インターナショナル派）、G.クールベ（Courbet、第二次委員、プルードン派）、E.ヴァイヤン（第二次委員、

---

(82) *P.V.C.*, t. 2, pp. 527, 556, 557.

(83) Léo Meillet (1843-1909). 代訴士事務員、インター会員、第13区選出議員（*D.B.M.O.F.*, t. 7, pp. 317-318）。

(84) Jean Baptiste Clément(1836-1903). ジャーナリスト、作詞家（「さくらんぼの実のなる頃」）、銅製品工場労働者、第18区国民衛兵、監視委員会、民衆クラブに所属、『クリ-デュ-プープル』紙の編集委員、第18区選出コミューン議員、公共委員会（第一次）、食糧委員会（第二次）、教育委員会（第二次）を担当（*D.B.M.O.F.*, t. 5, pp. 125-127）。

(85) Gustave Courbet (1819-1877). 画家、第6区選出コミューン議員、第二次教育委員会委員（*D.B.M.O.F.*, t. 5, pp. 187-188）。フランスの写実主義の代表的存在。

インターナショナル派）、J. ヴァーレス（第一次、第二次委員、インターナショナル派）、A. ヴェルデュール（第一次、第二次委員、インターナショナル派）は「執行委員会」に投票した。このように、教育委員会委員のあいだでも意見は分かれていたのである[86]。ただし、この両グループには、それぞれ共通点がある。「公安委員会」に賛成した J.B. クレマンと J. ミオは、民衆クラブにおける活動拠点をもっていたことがあり、「執行委員会」に賛成した全員が第二次委員であったことである。また、G. クールベ以外は、全員がインターナショナル派であった。

5月1日の審議では、委員会名称について「公安委員会」賛成が 34 票、「執行委員会」賛成が 28 票で、「公安委員会」に決定。この後の包括的な賛否の採決では投票者 68 名のうち賛成 45、反対 23 で、公安委員会の設置が決まった。教育委員会委員の発言をみると、第一次委員の R. ユルバンが賛成意見を述べ[87]、G. クールベ、A. アルヌール、J. ヴァーレスが反対意見を述べた[88]。そして、最後に設置に関する包括的賛否について投票をおこない、決定した。これによれば包括的賛成に E. ヴァイヤンが加わっていることがわかる[89]。これに対して、一貫して公安委員会の設置に反対し、第二次委員だった画家 G. クールベは、その反対理由について、

> 私は 1789 年と 1793 年の革命に属する称号や言葉はその時代だけに適用すべきだと願う。今日では、それらはもはや同じ意味をもたず、また、もはや同じ正当さもち、同じ意味において使用されることはできない。われわれが代表しているのは、われわれを特徴づけ、われわれの体質そのものを際立たせる、1793 年から 1871 年のあいだに過ぎ去った歳月である。

と述べ[90]、「公安委員会」という呼称を使用することに対し、フランス革命への追憶と憧憬を示すものとして批判するのであった。

---

(86) *P.V.C.*, t. 1, p. 587.
(87) *Ibid.*, t. 2, p. 33.
(88) *Ibid.*, p. 34.
(89) *Ibid.*, pp. 35–36.
(90) *Ibid.*, pp. 36–37.

以上のように、第二次教育委員会の委員たちは議会内で積極的な発言を
おこなっていたことがうかがわれる。委員たちはそれぞれに、議員として
は積極的な姿勢をもっていたのである。しかし、教育委員会の委員として
の発言はほとんどみられなかった。それは、教育委員会そのものが活動を
しておらず、従って内部における議論もなく、それに基づく委員会あるい
は委員としての表明などはあり得なかったからではないだろうか。

教育改革の進展

　一方、公安委員会をめぐる以上のような議会の混乱の最中にも、教育改
革は進められていた。この間に、声明等により新設が予告された公立学校
は、9の区に19校を数えた。[91]

　4月29日の官報には、初等教育と職業教育、教育の非宗教化の
実現のために、「教育組織委員会」Commission d'organisation de
l'enseignement [92] が、教育代表委員 E. ヴァイヤンの名のもとの布告（4月
28日付）により設置されるという記事が掲載されている。この委員会は、
教育委員会を「手伝う aider」ための委員会とされ、E. アンドレ以下5名
の委員で構成された。[93] これら5名の委員はいずれも、コミューン議員で
はなく、地域の教育活動家たちであった。この直後、5月3日のコミュー
ン議会では、ジェズイット教団の施設の扱いが話題になる。この議会に出
席していた E. ヴァイヤンは、「コミューンがそれを教育施設として確保す
ることは是非とも必要である」[94] と発言し、職業学校として使用するために、

---

(91) 巻末の史資料編「A.1　コミューン下の設立学校一覧」を参照。

(92) *P.V.C.*, t. 2, p. 99 では、Commission pour l'organisation de l'Enseignement
　　と記されている。

(93) *J.O.*, p. 412.(le 29 avril, 1871) によれば、委員会は、E. アンドレ (André)*、E.
　　ダコスタ (Dacosta)**、J. マニエ (Manier)***、J. ラマ (Rama)****、E. サング
　　リエ (Sanglier)***** で構成された。*Eugène André (?–?). チュルゴ校の数学教
　　師 (*D.B.M.O.F.*, t. 4, p. 119)。**Eugène Dacosta (1818-88). 数学教師、国民
　　衛兵主計将校を務める。***J. Manier (? - ?). 第10区居住。****Joanny Rama
　　(1828?-?). さまざまな職業を経験、新教育運動に参加、主に第17区の教育行政
　　にかかわる (*D.B.M.O.F.*, t. 8, p. 279)。*****Eugène Sanglier (1826-?). ワイン
　　仲買人、インター会員、第16区区委員会委員。

(94) *P.V.C.*, t. 2, p. 96.

教団の施設を接収することになった。そして、この教育組織委員会は、5月6日には、第5区ローモン街に職業学校の開校を宣言し、併せて同校の教員を募集している。[(95)]

パリ・コミューンにおける教育施策は、これを機に積極的になる。これ以降、E. ヴァイヤンは地域の教育活動家たちを組織化し、実質的な教育施策を打ち出す。議員を主体とする委員会制度による教育改革路線から大きく方針を転換し、代表委員 E. ヴァイヤンの意の下に動くアドホックな組織による教育改革の実現へと向かうのである。

5月17日の官報には、一般の市民へ向けて職業教育の教師の募集をおこなう記事が掲載されている。[(96)]この時の募集は G. クールベが委員長を務める「芸術家連盟委員会」の協力の下に進められた。この記事には、

> 教育の再編に協力し、デッサンと塑像の教師の職を得ることを希望する市民は、今月19日、20日、21日の正午から2時に、芸術家連盟委員会（旧美術省、リヴォリ街）へ、証明のための資格書類と作品を持参して来訪してください。必要に応じて、教育に関する簡潔な論述と方法についてコメントをしていただきます。
>
> 芸術家連盟委員会　パリ・コミューン議員、教育代表委員 délégué à l'enseignement エドゥアール・ヴァイヤン
>
> パリ、1871年5月16日

と記されている。また、同じ日の官報によれば、音楽関係者との意見交流もおこなわれたようである。[(97)]この記事には、「音楽コンセルヴァトワールの市民教師は、今月20日土曜日2時に、本機関の改革について、教育代表委員会 délégation à l'enseignement 委員との相互理解のため

---

(95) *M.P.F.1874*, t. 2, p. 438 ; *C.V.*, P46374 ; *J.O.*, p. 487 (le 7 mai, 1871) ; *P.V.C.*, t. 2, p. 95には、《18, rue Lhomond, où la délégation à l'Enseignement se proposait, quant à elle, d'établir la première école professionnelle. (Voir, à ce sujet, une note de la Commission pour l'organisation de l'Enseignement, contresignée par Éd. Vaillant, Journal Officiel, 7 mai)》と記されている。

(96) *J.O.*, p. 585.(le 17 mai, 1871).

(97) *Ibid.*, p. 586.(le 17 mai, 1871).

に、コンセルヴァトワールに集合されたい。(教育代表委員会 Délégation à l'enseignement) パリ、1871 年 5 月 15 日」と記されている。

　それに続いて、前記ローモン街の職業学校の開校を 5 月 6 日に宣言した委員会は、5 月 22 日から授業が始まること、未登録の青年の追加募集をおこなっていること、これら青年の徒弟修業 apprentissage を指導する労働者を募集しているという記事が、官報に掲載されている。[98]

　一方、女子教育についても、具体的な取り組みが開始された。5 月 12 日には、女子のための職業学校として、既存のデッサン学校を改編し、女子職業工芸学校として第 6 区デュピュイトラン街に開校することを発表、生徒を募集している。この声明は「パリ・コミューン教育代表委員会」という見出しのもと、パリ・コミューン教育代表委員 Ed. ヴァイヤンの署名で終わっている。[99] さらに、女子教育に関する地域の教育運動家たちを組織化する試みが進められた。この時期、女子の職業教育に対する地域の熱意は、男子のそれに比べて劣らないばかりか、より強かったのである。「パリ・コミューン教育代表委員」という見出しの下に、アンドレ・レオ (André Léo) 以下 5 名の女性委員から構成される「女子学校における教育を組織し、監督するための委員会 Commission pour organiser et surveiller l'enseignement dans les écoles des filles」の設置を布告したのである。[100]

　これら職業教育や初等教育、女子教育に共通する教育理念は非宗教化（ライシテ）であった。[101] 5 月 11 日の声明は、公教育のための施設から宗教

---

(98) *Ibid.*, p. 632.(le 22 mai, 1871).

(99) *M.P.F.1874*, t. 2, p. 486；*C.V.*, P46511；*J.O.*, p. 543.(le 13 mai, 1871). 同日（5 月 12 日）の議会では、法務委員会代表委員 L. プロト (Protot) が、「[夫との] 別居を望む女性のための、食事つき宿舎の設置についての法案」を提案し、承認されている (*P.V.C.*, t. 2, p. 366)。

(100) *J.O.*, p. 631.(le 22 mai, 1871). 委員は、アンドレ・レオ (André Léo)*、A. ジャクラール (Jaclard)**、ペリエ (Périer)***、E. ルクリュ (Reclus)****、サピア (Sapia)***** で構成された。*André Léo, 本名 Léonide Béra (1832-1900) 女性解放運動活動家、文筆家；**Anna Jaclard (1844-1887) ロシア生まれで、ブランキ主義者の夫で第 18 区助役の V. ジャクラールをもつ。第 18 区の女性活動に参加。André Léo と新聞 *La sociale* を刊行；***Périer (?-?) 経歴不明；****Elie Reclus (1827-1904) André Léo、A.Jaclard と教育運動を展開；*****Sapia(?-?) 経歴不詳、二十区中央委員会活動家 T.E.Sapia の妻。

(101) *Ibid.*, p. 531.(le 12 mai, 1871).

的シンボル、偶像を除去し、非宗教化を図ることを区当局と教師に求めたもので、「教育代表委員会」という見出しと、末尾にはパリ・コミューン議員、教育代表委員 Ed. ヴァイヤンという署名がある。この声明は、パリ・コミューンの発足と同時に、公教育の非宗教化を任務とした教育代表委員会が設置されていたにもかかわらず、一カ月以上を経ても、実際にはその実現が進んでいなかったことを示唆している。いまだに、多くの公立学校では、十字架や聖母像が教室から撤去されていなかったのである。この３日後、５月14日には、区当局と公安委員会に対して、非宗教化施策への協力を求めるとともに、公教育施設における聖職者たちの取締りを求めている。ここでは、「区当局と一般公安委員はこの方針を早急かつ精力的に行動に移し、教育委員会委員 délégation à l'enseignement とそのために相互理解を深めることが求められる」と記されている。こうして、教会勢力の公教育からの排除に努めた。しかし、それでもなお、学校現場の非宗教化は E. ヴァイヤンの思いどおりには進まなかったようである。さらにその３日後、５月17日の議会でも宗教界による公教育への干渉について発言しているからである。この議事録だけでは、その実態はわかりにくいが、区当局との不整合もあったのだろう。それが、５月18日の区当局への強制的な「決定」にあらわれている。この決定には、「教育代表委員会 délégation à l'enseignement からの提案に基づき、コミューンは次のように決定する。48時間以内に、コミューンの命令に反し、いまだ聖職者の手にある教育施設すべてに関する報告書の作成を命じる。非宗教化に至っていない教育施設に関するコミューンの命令が実行されていない区のコミューン議員の氏名を毎日、官報に公表する。パリ・コミューン　パリ、1871年５月18日」と記されている。同じ日の『ペール・デュシェーヌ』紙にも、聖職者を教育現場から排除することを主張する記事が掲載されて

---

(102) *Ibid.*, p. 574.(le 16 mai, 1871). 本書の第２章第２節において、第８区における公安委員会と監視委員会の協力による宣誓拒否者の取締りについて論述する。

(103) *P.V.C.*, t. 2, pp. 402 − 403.(le 17 mai, 1871).

(104) *J.O.*, p. 602.(le 19 mai, 1871). 本書の第３章第２節において、第14区の聖職者の取締りについて論述する。

(105) *Le Père Duchesne*, no. 64, p. 8.(le 18 mai, 1871).

おり、E. ヴァイヤンについて、「教育代表委員は、愛国者のためにとても理解のある人」であり、「子どもたちを教育するための布告を発し、(中略)それが、教育代表委員がやろうとしていることだ」と解説し、教育代表委員への支持を読者に訴えている。

この他、教師の給与において男女間の差別を撤廃し、平等の賃金とすることを決定したことも、パリ・コミューン教育委員会の大きな功績とされている。[106]

代表委員ヴァイヤンと地域の力関係

これらの一連の活動からは、新しい教育委員会（第二次教育委員会）によって、パリ・コミューンの教育体制の立て直しに努める E. ヴァイヤンの熱意が伝わってくる。同時に、強引な手法を用い、ややもすると現状を軽視することにより、誤った判断に陥りかねなかったこともうかがわせる。

日付は少し戻るが、5 月 13 日には旧視学官の解任と教育委員会がそれに代わる権限をもつという宣言をおこない、区当局に対しても管理下にある学校の教員の実態を提出するように迫っていたこともひとつの象徴的な出来事であった。[107]

この宣言の主な目的は、聖職者教員数を把握することだったのだろう。しかし、視学官の権限を教育委員会に委ねるとはどのような意味をもつのだろうか。教育委員会が設置された当初の任務は、教育改革にあったはずである。学校における教育の監督を任務とする視学官という職務は、教育委員会の設置目的とは異なり、行政上の一業務である。それゆえ、E. ヴァイヤンのこの宣言は、命令を受けた区行政担当者との間で、うまく整合性

---

(106) *Le Cri du Peuple*, no. 81, p. 2. (le 21 mai, 1871) には、「花月 29 日金曜日の議会において、次のように決定した」との記事がある。ただし、Archives Historiques du Ministère de la Guerre (以下 A.H.G.), Ly27 の文書（手稿）によると第 7 区では、男性校長の年収は 2,400 フラン、女性校長は 1,200 ～ 1,800 フラン、男性教頭は 1,400 ～ 1,600 フラン、女性教頭は 1,000 ～ 1,400 フランという給与支払い明細書があり、5 月 9 日の段階では男女教員の間に格差をもうけていたことになる。この点について、拙稿「パリ・コミューンにおける公教育の検討」『専修史学』第 57 号、2014 年、96-98 頁で論述した。

(107) *J.O.*, p. 557.(le 14 mai, 1871). 声明そのものは 5 月 13 日付となっている。

第 1 章　議会、教育委員会　　*51*

がとれたのかという疑問が生ずる。第一次教育委員会から第二次教育委員会へ改編された教育委員会の権限上の変化を、区当局等の関係部署は受容していたのだろうか。前述した、学校現場の非宗教化が遅々として進まなかった理由は、宗教関係の教育施設の抵抗もさることながら、コミューン議会側に立つはずの区当局がコミューンの教育代表の強引な手法に接して戸惑ったのではないかという懸念が残る。

　E. ヴァイヤンのこのような行動は、市井の教育運動家に対してもみられる。その一端を示す書簡が、パリ市文書館の文書群に含まれている[108]。この書簡で E. ヴァイヤンは、第二次教育委員会の事務局長 C. マルタン (Martin)[109] を通じて、当時教育運動家として第 17 区で活躍していた J. ラマ (Rama) に対して、彼の意を伝え、「女子学校における教育を組織、監督するための委員会」の委員として、教育活動家サピア夫人 (Mme. Sapia) の任命を控えるよう、働きかけているのである。書簡には次のように記されている[110]。

　　1871 年 5 月 14 日、パリ
　　市民ラマへ
　　市民 E. ヴァイヤンは、私が貴方に対して、女性市民サピアを任命しないよう要請するようにと伝えてきました。

　　　　　　　　　　　　　　　　　　　　　　　コンスタン・マルタンより

　5 月 22 日に同委員会が発足し、その委員会の委員としてサピア夫人が含まれている。それを前提にすると、パリ・コミューンにおける E. ヴァイヤンと J. ラマとの関係の一端を、この書簡からうかがうことができる。すなわち、公にされた布告からみると、この委員会の設置は教育委員会代表である E. ヴァイヤンが設置したことになっているが、この委員会の委員の人選にあたっては、J. ラマが何らかの実質的な影響力をもっていたこ

---

(108) Archives de Paris (以下、A.P. と略記) , VD3-0015.

(109) Constant Martin (1839-1906). 使用人、インター会員、コミューン教育委員会事務局で活動 (*D.B.M.O.F.*, t. 7, pp. 276-277)。

(110) この書簡には、「Commune de Paris, Délégation à l'enseignement」というスタンプ印が押されている。

とになる。さらに、E. ヴァイヤンの意向に反して、サピア夫人が委員として就任していることから、E. ヴァイヤンの意向を J. ラマが無視したのか、あるいはその他の力が働いて、結果的にサピア夫人の就任が実現することになったのか。どちらにしても、教育委員会代表である E. ヴァイヤンの意向が反映されず、その他の力によって人事が決定したということになる。パリ・コミューン教育代表委員会の代表委員と区行政、地域の教育活動家との力関係において、必ずしもパリ・コミューンの中枢組織が主導権を独占していたわけではなかったのである。E. ヴァイヤンが議員として、政治家として、あるいは社会主義者として、教育改革に取り組む熱意と、各区にあって地域に根ざして教育改革運動を担った民衆組織のエネルギーとの間隙を乗り越えることは容易ではなかった。

　以上、パリ・コミューンの権力構造を分析し明らかにしてきたが、コミューン議会内部における多数派と少数派の争いについての先行研究の見解は、とかく公安委員会の設置とその権限をめぐる論争という点に収斂されがちであった。公安委員会への権限の集中の是非という政治的課題として扱われてきたのである。そして、この政治論争が不毛な内輪もめであったというような批判にもつながってきた。
　この点について、柴田は「この公安委員会をめぐる対立を、コミューン以前の二潮流とまったく無関係とみなす解釈は適切ではない。（中略）ジャコバン国家論と連合主義国家論という 60 年代の抽象的な議論は、民衆革命という新たな現実のまえで一つのコミューン論に現実化したのである。その意味で、コミューン議会の分裂は、二つのコミューン論の対立ではない」[111]と述べている。しかし、柴田の指摘はここにとどまっている。パリ・コミューンにおける「民衆革命」を、具体的諸相として提出することも、人民主権との関係も説明していないのである。それまでの先行研究のように、パリ・コミューンの権力構造をめぐって、もっぱら議会内部の意見の相違についての解説者という立場から免れていない。

_____

(111) 柴田『パリ・コミューン』、160-161 頁；同「パリ・コミューンにおける内部分裂について」、269-270 頁。

A. ソブール（Soboul）も、「人民独裁か少数の前衛の掌中への権力の集中か。フランス革命は、19世紀に革命国家の問題を遺していた。相矛盾する諸傾向—そのうちあるものは歴史を猿まねしていた—に四分五裂して、パリ・コミューンはそれをはっきりと解決しているとは思われない」と述べ、パリ・コミューンにおけるネオ‑ジャコバン派のフランス革命への追憶を「猿まね」と批評した。さらに、E. ヴァイヤンのことばを引用し、「革命的な権力の手本であるべきコミューンは、その考えと行動、精力を統一することなく…」と続けて、二十区中央委員会やクラブが行動よりも議論に熱中していたと指摘した。しかし、問題はこの議論自体とその内容ではないだろうか。パリ・コミューンが民主的な選挙によって生まれ、民衆の付託を受けた議員たちによる、民衆の自立や生活の保障の実現のための政体であったことを勘案すると、切迫するヴェルサイユ側政府による軍事的圧力を考慮したとしても、民衆たち自身がどのようにそれぞれの地域で共同体を形成し、最低限の生活を保障する自治政府を確立するために、地域の民衆たちや議員たちが議論することは不毛で、意味のないことだったのだろうか。

　議会における論争も、地域の民衆組織における議論も、その根底には、人民主権の具体的な実行にともなう課題、つまり個人から形成される地域とその自治をどう保障しつつ公権力を打ち立てるかという基本的課題が横たわっていたはずである。小山勉が、A. トクヴィルの主張を引用しつつ、「共同性から考え行動する自己、すなわち相互信頼、政治参加、団結、公共精神、公的な事柄に目覚めた自己」を「国家の公共性の独占に対する防波堤」とし、その要として「市民の共同性」を定置しているのは示唆的である。[113]

　その観点に立てば、4月下旬に各種委員会を再編することによって、パリ・コミューンを「歴史上初めての労働者による政府を成立」させる段階に至らせ、ついで公安委員会を設置したことが、むしろ人民主権の否定へ

---

(112) Soboul, 〈De la révolution française à la Commune de 1871〉, p. 21.
(113) 小山勉「トクヴィルの公共精神論」『福岡大学法学論叢』第49巻3・4号、574頁、2005年 ; Alexis de Tocqueville, *De la democratie en Amerique*, 2. In Oeuvres complètes, t. 1, v. 2, Paris, 1961, p. 109.

と向かう第一歩を意味していたことになる。

　また、公教育の非宗教化という施策の実施にあたって、修道会系教育施設の廃止については、それが修道会による私的教育施設をも含む廃止なのか、市財政によって運営されている公立の修道会系教育施設の廃止なのかという範囲をめぐり、コミューン議会内部では必ずしも意見が統一されていなかったことも、現場において混乱を生む契機となった。

第 2 章　区行政組織、区教育委員会

公設食堂（ポワソニエ大通り、第 2、9 区）（*The Illustrated London News* 1871 年 2 月 4 日号）

RÉPUBLIQUE FRANÇAISE

LIBERTE — EGALITÉ — FRATERNITE

COMMUNE DE PARIS
17me ARRONDISSEMENT

COURS PUBLICS ET GRATUITS
POUR LES JEUNES FILLES
Par Mlle Louisa LAMOTTE

Séance d'Ouverture le Dimanche 30 Avril 1871, a une heure ; elle commencera exactement à une heure et demie.

Ces Cours seront faits, à partir du 1er Mai, dans une SALLE DE L'ECOLE COMMUNALE DE FILLES de la rue des Batignolles.

Ils commenceront à huit heures précises du soir, et ils se succéderont dans l'ordre suivant :

LUNDI.	Langue Française.
MARDI.	Arithmétique.
MERCREDI.	Histoire et Geographie Historique
JEUDI.	Sciences Naturelles.
VENDREDI.	Morale et Pédagogie.
SAMEDI.	Géographie.

Paris, le 22 Avril 1871.

Le Délégué à l'Instruction Communale.

RAMA

VU ET APPROUVÉ :
Le Membre de la Commune.
Officier Municipal du 17e Arrondissement.

R. MALON.

Imp. LEGOMTE, 26, rue des Bons...

女性向け無料公開講座(第17区、バティニョル街女子学校)のビラ
(パリ市文書館所蔵)

第2章　区行政組織、区教育委員会　　57

　本章では、地域における行政と民衆の関係を明らかにするために、コミューン議会と各区との関係がどのように位置づけられていたのかを議会の議事録や官報、区行政組織に関わる文書等により考察し、区行政と地域の教育活動、教育現場と民衆たちの行動をみていく。

第1節　区行政組織

　3月30日のコミューン議会は、午後4時と夜10時と2回開催された。2回目の午後10時の議会は多数の欠席者がいたという。

　午後4時の議会では、F. オスタン (Ostyn)[1]が、区における行政の組織化を求めて、区行政委員会 Commission de la municipalité を設置する案を議会事務局に提出した。パリ・コミューンの成立以前にも存在した、市議会と区行政の関係の再構築である。しかし、この提案は他の議案の審議もあり、この議会では結論が出なかった。そして、同夜に再開された議会で、再度 F. オスタンの提案がおこなわれた。これに対して、S. ドルール (Dereure)[2]が「各区に、1名のコミューン議員 délégué と2名の身分吏 officier d'état civil を任命し、3名でコミューンの決定を執行する」という案を提案した。これに続いて、J. フリュノー (Fruneau)[4]がドルール案に賛成だが、区行政委員会 Commission municipale の設置には反対であると発言。この後、長い審議を経て、「現時点では区の代表者を選挙することは危険であり、二重権力構造 dualisme になることを避けるために、コミューンが区行政権力を実質的には保持する」ことにし、以下の案が承

（1）François Ostyn (1823-1912). 旋盤工、第19区選出コミューン議員、インター会員（*D.B.M.O.F.*, t. 8, pp.67-68）。

（2）Louis-Simon Dereure (1838-1900). 皮革職人、第18区選出コミューン議員、インター会員（*D.B.M.O.F.*, t. 5, pp. 314-316）。

（3）戸籍管理を担当。第二帝政下において、戸籍管理は区長業務のひとつに数えられていた（平野宗明「第二帝政期におけるパリ市議会の機能」『人文学報』385、2007年、33頁）。

（4）Julien Fruneau (1827- ?). 大工、第12区選出コミューン議員、3月31日議員を辞任。同時に、第12区の小委員会委員に就任。インター会員（*D.B.M.O.F.*, t. 6, p. 105）。

認された⁽⁵⁾。ちなみに、この件の審議で発言した議員のうち、教育委員会委員（第一次、第二次）は、E. ヴァイヤン、A. アルヌール、R. ユルバン、A. ドメ、E.A. グピルの5名である。

> 第1条　コミューン議員はその選出区の行政管理の指揮をとる。
> 第2条　コミューン議員は、自ら選任し、責任をもって業務を遂行するための委員会の協力を得ることが許可される。
> 第3条　コミューン議員のみが戸籍簿 actes de l'état civil の処理をおこなう資格を有する。

　ただし、条文の第2条は、議事録では Ils sont autorisés à s'adjoindre, … と記載されているので、「…協力を得ることが許可される」と訳出したが、官報では Ils sont invités à s'adjoindre と掲載されており、若干ニュアンスが異なる⁽⁶⁾。議事録では「許可される」のに対して、官報では「求められる」という表記に変わっているのである。「許可される」の場合は、区への派遣議員の裁量次第で、委員会の協力を求める必要はないとも解釈できるが、「求められる」は、婉曲的な強制表現であり、委員会の協力を求めなければならない。官報に掲載する際、区の行政担当者が読むことを前提に、彼ら（区側）の存在を尊重するような表現に改変したのか、それは不明である。そして、「許可される」とは、区当局者の観点からすれば、コミューンという上部の権威によって許可されるというニュアンスが含まれているのに対して、「求められる」とは、下部に組織された区当局者の協力を得なければならないという、まったく正反対のベクトルを意味する。一語（autoriser / inviter）の表記ではあるものの、権力の行使、言い換えれば、主権のあり方をめぐってコミューン中央と地域行政（区行政）との間で、

（5）*P.V.C.*, t. 1, p. 71.
（6）*J.O.*, p. 108. (le 31 mars, 1871) に命令 décret として記載されている。パリ市文書館には、この官報（*J.O.*）と同じ文面の手稿文書（A.P., Vd 3 14, ms.）が所蔵されている。Notification というタイトルで、パリ・コミューン事務局 C. アムルー（Amouroux）* の名の下、第13区の議員に宛てた4月19日付文書（3月31日発令、4月1日公告）である。*Charles Amouroux (1843-85). 帽子製造職人、インター会員、第4区選出コミューン議員。

極めて重要な葛藤が生じていたのである。このような議事録の官報への掲載上の表記をめぐる議論は度々あった[7]。

　こうして、「議員は区長にかわって、各自の選出区の行政責任者にもなる[8]」ことが決定され、コミューンと区行政を一元化した権力構造の確立を目指すことになった。前年11月の区長、助役選挙によって選出された共和派を主体としつつも、国防政府の息のかかった区行政の体制を一新しようとしたのである。

　その後、4月13日の議会では、国民衛兵の中央委員会とコミューンの間で権限の分担をめぐる摩擦が生じて議論がおこなわれた折に、G. ルフランセが前記の3月30日に承認した第3条を改訂することを提案した。F. オスタンとE. ヴァイヤンは、これに賛成したが、A. クレマンス（Clémence）[9]、B. マロン、J. マルトレが反対し、否決された[10]。この改訂案というのは、「各区の区行政委員会 commission municipale de chaque arrondissement の1名を、当該区のコミューン議員が任命し、その監督と責任の下に、その委員が身分吏 officier d'état civil の職務を果たす」というもので、区行政側の権限を拡大することが意図されていた。それは、とりもなおさず既存の区行政への配慮であり、地域（区）の民衆（国民衛兵等）が要求した自治への譲歩だったはずである。それがコミューン議会で否決されたことになる。これに対して、地域ではどのように対応したのだろうか。

地域の動向

　第12区では、コミューン議会におけるこの決定と同時に、区行政委員会委員 membres de la Commission Municipale の選任を知らせるビラを作成している。「フランス共和国、自由 - 平等 - 友愛、パリ・コミューン、第12区」という見出しに続けて、前述した3か条を記し、さらに、「第12区コミュー

（7）*P.V.C.*, t. 2, p. 417.

（8）*Ibid.*, t. 1, pp. 60, 62, 70-71.(le 30 avril 1871) ; R.Bidouze, *La Commune de Paris telle qu'en elle-même*, Pantin, 2004, pp. 94-102;柴田『パリ・コミューン』、123頁。

（9）Adolphe Clémence (1838-1889). 製本工、第4区選出コミューン議員、インターナショナル・パリ支部創設者のひとり（*D.B.M.O.F.*, t. 5, pp. 122-124)。

（10）*P.V.C.*, t. 1, p. 198. (le 13 avril, 1871).

ン議員は、区行政委員会委員としてオードベール (Audebert)[11]、コンスタン博士 (Dr.Constant)、ダンドヴィル (Dandeville)[12]、J. デカン (Descamp)[13]、M. デュブルイユ (Dubreuil)[14]、フランコニ (Franconi)、J. フリュノー、ガトー (Gateau)、ゴワゼ (Goizet)、O. ラカット (Lacatte)[15]、A. リアズ (Lyaz)[16]、L. マゴ (Magot)[17]、マガン (Maguin)[18]、N. ソヴァージュ (Sauvage)[19]、トニー・モワラン (Tony Moilin)[20] を任命する」と連記されていた。なお、前述した「3か条」のうち第2条の表記は「求められる」invité と記載されており、官報の表記に従っている。前日（3月30日）の議会で承認された区行政における委員会発足の件について、早くも委員を選出して区内に向け発表したのである。このように、第12区ではコミューン議会における決定を、3月31日の時点では肯定的に受け止め、住民に周知した様子がみえてくる。

　一方、第17区では、「第17区区役所委員会規則」 Règlement de la Commission communale du XVIIe arrondissement という区行政をおこなう

---

(11) Baptiste Audebert (1840-?). 活字鋳造工、インター会員、国民衛兵第12師団委員会でコミューン選挙のために活動 (*D.B.M.O.F.*, t. 4, p. 152)。

(12) Charles Dandeville (?-?). 商業雇用人 (*D.B.M.O.F.*, t. 5, p. 224)。

(13) Jacques Descamps (1834- ?). 家具職人、第12区区行政委員会 Commission municipale 活動 (*D.B.M.O.F.*, t. 5, p. 21)。

(14) Michel Dubreuil (1811-?). 骨董、壁紙職人、第73大隊中央委員会代表 (*D.B.M.O.F.*, t. 5, p. 386)。

(15) Onésime Lacatte (1828-?). 文房具商、第12区区行政委員会 Commissionn municipale で活動 (*D.B.M.O.F.*, t. 6, p. 438)。

(16) Ambroise Lyaz (1815-1891 ?). 弁護士、二十区中央委員会委員、コミューン議員ノ／リッブ／の片腕として活躍、教育問題、反教権運動で活動した (*D.B.M.O.F.*, t. 7, p. 204)。

(17) Louis Magot (1819-?). 宝石細工職人、第12区役所委員会 Commission communale、クラブで、妻とともに活動 (*D.B.M.O.F.*, t. 7, p. 214)。

(18) マニャン。Jean-Baptiste Magnin (1821-?). Maguin は誤り。フィリップを補助して同区食糧事務所で活動、ベルシー地区の教会、区役所の放火にかかわったとされる (*D.B.M.O.F.*, t. 7, pp. 213-214)。

(19) Nicolas Sauvage (1841-?). 第12師団委員会、第12区共和主義委員会、第12区行政委員会 Commission municipale で活動 (*D.B.M.O.F.*, t. 9, p. 96)。

(20) A.H.G., Ly 27, ms. によれば、区行政委員会委員として任命された委員には、この日（3月31日）に議員を辞職した J. フリュノーがおり、同日に区委員会委員に名を連ねている。議員から区委員会委員への鞍替えともとれる行動は、区委員会におけるイニシアチブを J. フリュノー（インターナショナル派）が握ろうとしたとみなされる行動である。

委員会の規則を定め実施した[21]。この規則には、3月30日に審議され承認され
たコミューン議会と区行政の件についての直接的な記述はない。しかし、規
則の内容はコミューン議会で審議された区行政のための委員会組織そのもの
についての規則である。全部で7か条と補則、付記事項より構成されている。

　第1条では、区役所の主要業務を11に分類し、それぞれに責任者名を定
めている。公教育 (Instruction communale) は、この第1条の第8項に定
められており、担当者を J. ラマとしている。第2条では、委員会の議長を
コミューン議員が務めることになっているが、不在の場合は委員同士の互選
で議長を選ぶことができるとされている。第4条ではコミューン議員はいつ
でも委員会を召集する権利があること、補則では、コミューン議員は交代で
区役所に宿直することを定めている (4月13日決定)。第3条と第6条は委
員の義務を定めたもので、委員会への出席、受け持ち業務に関する文書によ
る報告義務について述べている。第5条では、委員はそれぞれの受け持ち業
務について、コミューン議会に対して義務を負うとされている。

　このように、第17区では委員会の運営が、区において選出された委員に
一定程度委ねられていた反面、その業務はあくまでもコミューン議会から
委任されたものであること (第5条) を明記し、区行政が住民に対して直接、
責任を負う体制をとっていない点が注目される。パリ・コミューンにおける
人民主権とは、行政を担当するすべての公務員の住民 (人民) に対する有責
性とリコール制の保障を担保とするものであることを謳った「コミューン綱
領、フランス人民への宣言」の見解[22]と矛盾しており、しかもインターナショ
ナル派が中心となって区行政を推進した区が第17区だったからである[23]。

---

(21) J. Rougerie, 〈L'A.I.T. et le mouvement ouvrier à Paris pendant les événements
　　 de 1870-1871〉in *1871, Jalons pour une histoire de la Commune de Paris*,
　　 Assen, 1973.; A.H.G., Ly27, mss. には第17区のこの規則についての警察調書と
　　 して、Bozier 文書と Martine 文書があり、その内容は細部において若干異同があ
　　 るが、ルージュリの論述は、Bozier 文書にのみ基づいており、Martine 文書への
　　 言及はみられない。巻末の史資料編「B 9 第17区区役所委員会規則」を参照。
(22) 4月18日の議会で承認され、翌日に発せられた「コミューン綱領、フランス人民への
　　 宣言」では、「司法官または官吏の、選挙または競争試験による責任あるいは選任およ
　　 びその恒常的な統制権と罷免権」が保障されるとしていた (*P.V.C.*, t. 1, pp. 282-284)。
(23) 桂圭男「パリ・コミューン期におけるインターナショナル組織の動向」『神戸大学
　　 教養部紀要・論集』、25号、1980年、20頁。

一方、第11区については、西岡芳彦の論考「パリ・コミューンにおける地域組織の形成」があり、第12区あるいは第17区の動きとは若干異なっている。西岡は第11区において「小評議会」が成立する過程を考察し、区の行政組織を定めたコミューン議会の決定は「文言自体が曖昧」であり、区の行政組織の権限も「法的にきわめて曖昧」であったと指摘したうえで、区行政組織の創成過程ではコミューン議員は中心的役割を演じておらず、国民衛兵や警察関係の人物たちが軍事、警察権力の立場から区行政組織を形成しようとしたと指摘している。

公的扶助のために

4月22日のコミューン議会では、各区における公的扶助のために調査委員会 Commission d'enquête を立ち上げるべきかという審議がおこなわれた。F. オスタン（第19区選出議員）は「この委員会を、戦闘で亡くなった国民衛兵の妻や孤児となった子どもの救済のために、正式に立ち上げることを要求する。日々、われわれは区行政が機能していないことに気づかされている」と発言している。しかし、この件では、すでに4月10日の議会で寡婦や孤児に対する年金、養育について議論したうえで布告を出し、4月16日の議会では、G. ルフランセが戦死した国民衛兵の妻への給付金の支給を提案している。さらに、18日の議会ではこの委員会を担当する委員として A. ヴェルデュール、G. ルフランセ、B. マロンの3名を任命しているのである。一方、4月11日に第4区で公にされたビラには、前日の議会で決定し布告した命令 décret に基づいて、同区における調査委員会の委員を選出するために国民衛兵の出席を要請する声明が同区選出のコミューン議員5名（C. アムルー、A. アルヌール、A. クレマンス、E. ジェラルダン、

---

(24) 西岡芳彦「パリ・コミューンにおける地域組織の形成」『明学佛文論叢』39、2006年、42頁。

(25) *P.V.C.*, t. 1, pp. 368-369. (le 22 avril 1871)；*C.V.*, P46012.

(26) *Ibid.*, pp. 158-162. (le 10 avril 1871).

(27) *Ibid.*, p. 239. (le 16 avril, 1871).

(28) *Ibid.*, pp. 272-275. (le 18 avril, 1871).

(29) Eugène Gérardin (1827- ?). 建物ペンキ職人、インター会員、第4区選出コミューン議員、労働・交換委員会で活動 (*D.B.M.O.F.*, t. 6, pp. 170-71)。

G. ルフランセ）の連名ですでに発表されている。そして、4月17日の官
報には、第11区において調査委員会が正式に設置され（4月13日）、その
事務所を発足させた（4月14日）という声明が掲載されている。さらに決
定的なのは、第10区の行政委員 délégué à l'administration de la Maire、
A. モロー（Moreau）の声明である。コミューン議会における上記布告決定
（4月10日）の3日前、4月7日に公にされたこの声明ビラでは、9日から、
戦死した国民衛兵の寡婦、孤児、家庭に対する支援のための特別事務所を
開設することを通知しているのである。この他にも第15区が4月18日
以来、同種の支援業務をおこなっている旨を住民に知らせる通知、第10
区における支援業務の紹介がみられる。こうしてみると、公的扶助を目的
とした区行政に関して、コミューン議会自体では議論はあっても実行がと
もなわず、同時に各区では現状に対応するために組織的な対応がすでに進
んでいたことが示唆されている。実際に、警察調書をみると、第8区で
は寡婦年金調査委員会 Commission d'enquête pour pension aux veuves
が設置され、6名の委員が任命されており、第12区でも23名、第19区
の調査委員会 Commission d'enquête では1名が同様に任命されている
のである。その委員の構成をみると、第8区の委員はブシェ（Boucher）、
ブレザン（Bouraisin）、プラン（Poulain）、ブリュドム（Prudhomme）、V.P.
リシャール（Richard）、ヴォワニエ（Voignier）らの名前があがっている。
ブシェは3月16日に同区で選挙管理委員会の委員に選ばれた経験があり、

---

(30) *C.V.*, P45935.

(31) *J.O.*, pp. 287-288. (le 17 avril, 1871). 第11区は、戦死した国民衛兵の遺児のた
めの特別の学校を設置するため調査委員会を設置し、物理的精神的に支援するこ
とを布告。

(32) *C.V.*,P45876.

(33) *Le Cri du Peuple*, no. 69. (le 9 mai 1871).

(34) *Ibid.*, no. 70. (le 10 mai 1871).

(35) A.H.G., Ly16, Ly27, mss.

(36) Victor Pierre Richard(? – 1912). 乾物商、ボワシー - ダングラ街29番地に居住、
共和主義者委員会 Comité républicain、第8区監視委員会委員、J. アリクスの
主張で助役に就任し、特に軍事と食糧を担当した。L. ブルレとともに、J. アリ
クスの命令の下、区行政をすすめた。4月16日のコミューン補充選挙では投票
用紙の配布を務めた（*D.B.M.O.F.*, t. 8, pp. 337-338）。

同区内における行政活動の実績があった。第 19 区の委員会はそのための職員を雇用し、E. ブルドゥル (Bourdoul) という名の職員 1 名が充てられている。

コミューン議会と区行政の権限

そして、4 月 26 日には J.L. アンドリューが「〔区行政と〕行動を統一し、業務を分担し力を合わせるために」(カッコ〔 〕内は本書筆者の補記) と前置きして、コミューン議会と区行政の関係について、ひとつの案を提出する。この案は、以前に施行されたはずの区行政に関する規則 (3 月 30 日) をさらに具体的に定め、議員の選出区における権限を縮小し、軍事関係以外の業務は区の行政組織に任せようと意図されていた。しかし、この案は充分に審議されることなく、結論も出なかった。それにもかかわらず、5 月 8 日に再度、まったく同一の案が提出されている。それが次の案である。

第 1 条 　各区から選出された議員は選出区において、国民衛兵の食糧供給と組織化という防衛業務の確保だけに専念すること。

第 2 条 　各区役所の純粋な行政管理 administration purement municipale des mairies は、各区から選出された議員が任命する代表者たち délégués によっておこなわれること。

第 3 条 　週に 3 回以上は会議を開かないこと。臨時会議は、10 人以上の要求によってのみ開催できること。

第 4 条 　事前に委員会での検討を経ずに、命令書草案 projets de décrets をコミューン議会に提出しないこと。

公安委員会が設置されるなかで、区行政の権限を拡大する案を二度も議会に提案したが、二度目に提出した上記の案も承認されなかったのである。

一方、5 月 2 日の議会で、軍事代表委員 délégué à la Guerre の G. ク

---

(37) *P.V.C.*, t. 1, pp. 501-502.(le 26 avril, 1871).

(38) *Ibid.*, t. 2, p. 258. (le 8 mai 1871). この議事録は 5 月 9 日付け官報に転載されている。ただし、この転載記事では、第 1 条と第 2 条の「選出された議員」Les élus という語句がクラブ Les clubs という語句に誤って印刷されている。

リュズレ (Cluseret) から提案された、小代表委員会 sous-délégation の設置が審議に付されたことは、それまで区行政との関係を審議してきた経緯からするとやや唐突な印象を拭えない。軍事代表委員が提案した、この小代表委員会とは、各区での住民状況の把握と反コミューン派の捜索等のために設置され、その業務は、住民調査、身分証明書の発行、反コミューン派の追跡、地区の馬の数と空き家のアパルトマンの把握、武器弾薬の捜索、砲撃された時の避難場所の明示をおこなうものとされた。また、この小代表委員会委員は各区で任命し、それをコミューン議会の執行委員会 commission exécutive の直接の指示で動かすとされた。この提案については各議員からさまざまな意見が提出された。第19区選出議員のF. オスタンは、すでに同区（第19区）では同様の組織が存在しているとし、S. ドルールは第18区を模範にすべきであると主張した。この件は、当初の審議では命令 décret という案だったが、最終的に通知 circulaire という扱いで処理することに落ち着いた。この時の議事録には G. クールベの発言が記録されているが、そのほとんどは削除されているという注記が議事録の欄外にある。またこの回（5月2日）の議会の記録の多くは改ざんや修正がなされていると注記されている。これらの錯綜した審議状況は、コミューン議会内の多数派と少数派議員の葛藤がその原因であると推測されるが、上記の5月2日の案では区の小委員会を指揮するのは各区選出議員ではなくコミューン議会の「執行委員会」としており、コミューン議会の権限を強化し、区行政の末端まで浸透させる意図が表れている。同時に、各区の有権者によって選出された議員の権限を縮小することが企図されていたのである。「公安委員会」の設置にみられた、特定個人や特定組織への権力の集中と人民主権の否定が具体的に示されたことになる。

　しかし、このような強硬な議会の姿勢によって、コミューン議会の決定や意思を各区の現場へ円滑に貫徹することにつながったのであろうか。

---

(39) Gustave Cluseret (1823-1900). 軍人、インター会員、補欠選挙で第18区選出議員になり、軍事代表委員、執行委員を歴任。
(40) *P.V.C.*, t. 2, p. 46. (le 2 mai 1871).
(41) *Ibid.*, p. 47. (le 2 mai 1871).
(42) *Ibid.*

一例を挙げれば、5月17日の議会で決定された、区行政当局に対する E. ヴァイヤンの宗教施設に関する報告命令も、区行政との関係をめぐる議論のなかで提案されたものであるが、決して円滑な施行にはつながらなかった[43]。[44]

その一方で、議会における審議が区の行政にある程度は影響力をもったことを推測させる区もある。それらの区では、区選出のコミューン議員が区の行政組織、例えば区代表委員会 délégation municipale や区行政委員会 commission municipale を置き、コミューン議員が区行政委員会に影響力を行使していた。第7区もその例のひとつであるが、コミューン議員 R. ユルバンは、委員会を組織し、強力な執行体制を築いた。

区によっては、前記の区代表委員会の代わりに、小委員会 sous-comité という名称の組織をおいているところもあった（第11区、15区、19区）。この名称は多くの区で国民衛兵中央委員会 comité central が各区に置いた中央委員会小委員会 sous-comité と同一名称なので紛らわしいが、議会では度々、この国民衛兵の小委員会の権限逸脱をめぐって強硬な意見が交わされた[45]。

以上、コミューン議会と区行政の権限をめぐるせめぎ合い、民衆の代表なのか、民衆の使用人なのかという議員の位置づけ、多様性の保障と制限あるいは調整等、人民主権の根本に関わる事項をみてきた。

第2節　区教育委員会と学校

パリ・コミューンの発足（3月28日）から3週間が過ぎようとしていた時期、市内各区、地域ではそれぞれに区行政の一部として教育行政に関する組織、その多くは「教育委員会」commission d'enseignement という名称の組織を形成していた。

---

(43) *Ibid.*, pp. 402-403, 407. (le 17 mai 1871).
(44) 第1章第2節を参照。
(45) *P.V.C.*, t. 1, pp. 152-153 (le 9 avril, 1871), p. 473 (le 25 avril, 1871), etc.

第3区

　第3区では、警察調書によれば教育委員会 Commission d'enseignement が設置され、マジェンタ大通り136番地に居住するブリュイ（Bruit）が区教育委員会視学官 inspecteur を務めていた[46]。

　また、この教育委員会のもとで「学校委員会」Commission des écoles が設置され、孤児院の教育を非宗教化することを声明として発表したビラがある。このビラには、委員長にビバル（Bibal）[47]、委員にデュバール（Dubard）[48] とドディオ（Dediot）の2名を、事務局長に L. ジャコブ（Jacob）[49] を任命したことが記されており[50]、組織的な教育行政を推進していたことがわかる。このビラには声明を発表した正確な日付は記載されていないが、印刷の日付があり、官報に転載された日付（5月18日）[51] から、E. ヴァイヤンが代表を務める第二次教育委員会の発足の後のことであったものと推測される。

　第二次教育委員会が発足し、前述したように、E. ヴァイヤンが「教育に関わる事柄は、コミューン議員である市民 Ed. ヴァイヤンの署名が無いものは、いかなる命令も有効ではない、本命令より以前のものは有効性をもたない」と宣言し（4月23日）[52]、教育に関わる権限の集中化を図った後でさえも、第3区では独自に「学校委員会」を設置し、区の主導による教育体制の確立を目指していたことになる。しかも、E. ヴァイヤンによる、前記の宣言がおこなわれたその日に、第3区のコミューン議員たちは連名で、3カ所の学校（フェルディナン・ベルトゥ街、ヌーヴ-ブール-ラベ

---

(46) A.H.G., Ly27, mss.

(47) Bibal (?-?). 元教師、公開集会と選挙集会で活動し、第3区学校委員会の委員長を務める (D.B.M.O.F., t. 4, pp. 292-293)。

(48) Dubard (?-?). 第3区孤児院の管理委員に任名される (D.B.M.O.F., t. 5, p. 378)。

(49) Léon Jacob (?-?). 第3区調査委員会事務総長を務める。公立孤児院の運営委員に任命される (D.B.M.O.F., t. 6, pp. 362-363)。

(50) 上掲資料によれば、ビバルは区の捜索委員会代表委員 délégué aux perquisitions を、L. ジャコブ*は事務局長、ドディオは事務局を務めていた。

(51) M.P.F.1874, t. 2, p. 520 に収録されているビラ Mairie du 3ᵉ arrondissement, Maison des orphelins de la Commune de l'arrondissement には「学校委員会」の任命に関する記事の冒頭に長文の声明が付されており、印刷日付は「1871年5月」となっている。同様の記事が官報に掲載されている (J.O., p. 593.(le 18 mai, 1871))。

(52) J.O., p. 348.(le 23 avril, 1871).

街、ベアルン街）を非宗教系学校へと改組するために教員の入替をおこない、「私たちの国の未来のため、これらの教師たちが共和国に対する権利と義務を市民に教えること」を期待していると発表していた。[53]その後、4月28日にも公立学校に通う児童の学用品の無償化を発表し、「今後は教育に必要なすべての学用品は無償にて、市からそれを受け取る教師から与えられる。教師たちは、いかなる口実であろうとも、児童たちに学用品の費用を支払わせてはならない」と宣言した。[54]

　この記載のある警察調書には、上記の他に、18名の男性教員のリストも記録されている。また、『ヴァンジュール』紙（4月3日）[55]には、女性教員について、L. マニエール夫人（Léonie Manière）[56]がチュレンヌ街38番地に女性の職業教育と学校を兼ねた施設の設置を計画し、

　　若い女性たちが科学的な教育を受け、修了するための作業場・学校を設置し、本格的な職業教育をそこで実施する。この目的の実現のために、知的な労働や現場の労働ができる労働者グループを、次に女性教師、教師の資格がある女性グループを選出して組織する。（後略）

という記事が掲載されている。なお、この計画はその前日に区役所へすでに提出されており、『コミューヌ』紙（4月4日）[57]にも、同じ記事がみられる。

　第3区について、このほか、官報に同区内のチュルゴ校で、教育の改革について教師と両親が意見交換をおこなう集会の開催を度々呼びかけた記事（4月9日、14日、19日）[58]、二日間休校にしていたチュルゴ校とコルベー

---

(53)　*Ibid.*, p. 350.(le 23 avirl, 1871). p. 626 (le 21 mai, 1871) には、4月16日に聖職者の教員と入れ替わったとの記事（5月19日付）がある。

(54)　*M.P.F.1874*, t. 2, p. 378 ; *C.V.*, P46207. *Mairie du 3ᵉ arrondissement, Fournitures gratuites aux élèves des écoles communales.*

(55)　*Le Vengeur*, No. 5, p. 2. (le 3 avril, 1871).

(56)　C. Fauré, (ed.), *Political and historical encyclopedia of women*, New York, 2003, p. 246. Léonie Manière (1826–?) 教師、コミューン下で女子作業場・学校校長（チュレンヌ街）となり、教育課程を新聞『ヴァンジュール』紙に発表した (*D.B.M.O.F.*, t. 7, p. 239)。

(57)　*La Commune*, No. 16. (le 4 avril, 1871).

(58)　*J.O.*, p. 202. (le 9 avril, 1871) ; *ibid.*,p. 261.(le 14 avril, 1871).

ル校の授業を、通常時間どおり再開したという記事（5月15日）[59]、チュル
ゴ校校長名による、博物学の授業を担当するポストが空席であることを知
らせる記事（5月18日）[60] などが度々掲載されている。

第7区

　第7区でも、教育委員会 Commission d'enseignement が設置され、コミュー
ン議員 R. ユルバンが区の教育代表委員 délégué à l'enseignement を務め、
ヴェベール（Vebert）が第7区学校視学代表委員 délégué à l'inspection des
écoles du 7ᵉ arrondissement として委員会を構成していた[61]。国防省文書館
には、R. ユルバンが地区の警視 C. フルニエ（Fournier）[62] に対して公立の宗教
系教育施設を厳格に管理するよう要請するとの書簡、ヴェベールが署名した
4月中の教員給与支払い状況報告書7通、が所蔵されている[63]。

　R. ユルバンは自身が初等学校の教員であり、第一次教育委員会の委員で
もあったので、特に教育政策には熱意を示した。父も姉も教育にたずさわる、
教育者一家であった。議会での精力的な活動と併行して、彼のもとにコル
ドニエ（Cordonnier）という名前の個人秘書をおき、友人で国民衛兵中央
委員の J. アンドル（Endres）[64] を区行政の執行部に加えて強力な体制を築い
た。これらの人物は、プレ–オ–クレル・クラブ Pre-au-Clerc で R. ユルバン
と一緒に、前年から活動していた仲間でもある。第一次教育委員を退任し
た後も、同区サンドミニク街の修道会系公立女子学校から修道尼たちを追
放し、非宗教系公立学校に変え、教歴のある姉 Mme. デュポン（Dupont）[65]
を校長に、副校長に J. アンドルの娘を就任させるなど、区教育行政に辣腕
をふるった。M. ドマンジェ（Dommanget）は、「〔R. ユルバンが〕4月17

---

(59) *Ibid.*, p. 575.(le 17 mai, 1871).
(60) *Ibid.*, p. 601.(le 18 mai, 1871).
(61) A.H.G., Ly27, ms.
(62) Charles Georges Fournier (1845-？). 機械工、インター派 (*D.B.M.O.F.*, t. 6, p. 80)。
(63) *Ibid.* これらの報告書には、第7区内の非宗教系公立女子学校の教員への給与明
　　細書も含まれている。
(64) Jules Endres(1828-？). 彫刻家、プレ–オ–クレル・クラブ会員として活動。区
　　行政委員会の委員 (*D.B.M.O.F.*, t. 5, p. 460)。
(65) Mme.Hortense Dupont (1829–?). R. ユルバンの姉 (*D.B.M.O.F.*, t. 5, pp. 422-423)。

日から 24 日にかけて区内の学校の宗教的シンボルや偶像を破壊し、聖職者教員の追放処分と捜索を強引に実施した」(角カッコ〔〕内は本書筆者の補記による)と述べている。J. ユルバンが署名した、5 月 20 日付の書簡は、宛名は不明だが同区内の数校の公立学校の修繕を要請する内容となっており、その施設名が記されている。ラ–モット–ピケ通り 10 番地 (校長ベルラン)、ドミニク街 187 番地 (校長 Mme. デュポン)、クレール街 4 番地 (保育園)、ラスカズ街 (校長ラグランジュ) の学校の名前があげられている。

　なお、前記の 4 月中の給与支払の明細書には学校名、住所、校長等の氏名、年収、月収、年金のための控除額、手取り額、給与受領の署名欄があり、実際の署名がある。バック街 119 番地非宗教系公立女子学校 (校長ルクレル Mme.Leclerc、以下、校長名省略)、ラ–モット–ピケ通り 10 番地非宗教系公立女子学校、ヴァレンヌ街 39 番地幼稚園、サクス街 261 番地幼稚園、ルクレル街 4 番地幼稚園、ヴァノー街 48 番地幼稚園、バック街 119 番地非宗教系公立男子学校、ラ–モット–ピケ通り 10 番地非宗教系公立男子学校、合せて公立男子学校 2 校、公立女子学校 2 校、幼稚園 4 校で、いずれの明細書も責任者ヴェベールの署名と 5 月 9 日という日付が付されている。ちなみに、女子学校の校長は全員が女性、男子学校は男性である。

　これらの明細書によれば、男性校長 directeur の年収は 2,400 フラン、女性校長 directrice は 1,200 〜 1,800 フラン (1 校のみ 2,400 フラン)、男性教頭 directeur adjoint は 1,400 〜 1,600 フラン、女性教頭 directrice adjointe は 1,000 〜 1,400 フランである。この時期の賃金に関する、フランス労働・社会保障省 Ministère du travail et de la prévoyance sociale の統計 によれば、1870 年の 4 人家族の労働者の最低生活費は 1,130 フランであったとされる。それを勘案すると、公立学校の校長、教頭の給与は決して高いものではなかったことになる。特に、

---

(66) M. Dommanget, *L'enseignement, l'enfance, et la culture sous la Commune, Paris, [s.d.]*, p.65.

(67) A.H.G., Ly22, ms.

(68) Ministère du travail et de la prévoyance sociale, *Statistique générale de la France, Salaires et coût de l'existence : à diverses époques, jusqu'en 1910*, Paris, 1911, p. 105.

女性の教頭たちの給与は低く、さらには一般の教員、助教たちの給与を推測すると、教職関係者の社会的、経済的地位の低さを容易に想像できる。

　ちなみに、コミューン議会は、教員の給料が「あまりに薄給であることに鑑み」て、校長の賃金を2,000フラン、助教を1,500フラン以上とし、男女の差別を撤廃すると宣言したことが5月21日付の『クリ - デュ - プープル』紙に掲載されている。⁽⁶⁹⁾

第8区

　第8区は、第二次教育委員会代表のE. ヴァイヤンを選出した区でもあり、その組織と活動は多様であった。

　警察調書によれば、区の教育行政を担当するメンバーとして、レヴェク (Lévêque、教師、マルゼルブ街24番地の学校の調査担当)、エドゥアール (Edouard、教育担当職員)、E. アンドレ (André、教育組織化委員会委員)、アストリュク (Astruc、コルベール校校長)、F. ペパン (Pépin、教育行政担当)、C. マルタン (Martin、教育代表委員会事務局長)、サピア夫人 (Mme. Sapia、女性視学官)、ロダン (Rodem、役職不明) の8名が記録されている。⁽⁷⁰⁾

　さらに、各学校の男性校長と男性教員の名前があり、ビアンフザンス街14番地非宗教系公立校 (校長オブリ Aubry、以下校長および教員名省略)、フォブール–サン–トノレ184番地非宗教系公立学校、エキュリエ–ダルトワ街39番地プロテスタント系学校、アストル街14番地プロテスタント系学校、マルゼルブ街学校、フロランス街学校、モンソー街学校、ビアンフザンス街学校デッサン教習所が記録されている。

　続いて、女性校長と女性教員の名前がある。エキュリエ–ダルトワ街39番地プロテスタント系学校 (校長ルポワ Mme. Lepoids、以下ビアンフザンス街14番地校を除き、校長および教員名省略)、アストル街14番地プロテスタント系学校、ポンチュー街47番地非宗教系幼稚園、ビアンフザンス街14番地学校 (教員ヴィヴィアン Mlle. Vivien 以下5名)、ビア

---

(69) *Le Cri du Peuple*, no. 81, p. 2.(le 21 mai, 1871). ただし、この宣言は、理由は不明だが、議会の議事録 (*P.V.C.*) には収録されていない。

(70) A.H.G., Ly16.

ンフザンス街 14 番地校（教員ジュリー・ユゲ Mme. Julie Huguet 以下 4
名）、エキュリエ–ダルトワ街 40 番地学校、アッバトゥッチ街 35 番地学
校が記録されている。ここで、ビアンフザンス街の女子学校が二つに分け
て記録されているのは、区の教育政策として、同校を対象に非宗教化が進
められており、既設の修道会系女子学校と非宗教系女子学校の途中経過が
記録されていたか、あるいは同じ敷地に建物が二つに分かれて併存してい
たなどの理由が推察される。ビアンフザンス街学校の教員 G. ヴィヴィア
ン（Vivien）[71] は、区長 J. アリクスの命によって、同校の監督（direction）
を任されていた。

　第 8 区は、区の教育行政の責任者（E. ヴァイヤン）がコミューン議会の教育
政策を担当する教育委員会の責任者を兼ね、区行政の事務局（C. マルタン）が
同じく教育委員会事務局を兼ね、区の教育行政の委員（サピア夫人）も教育検
討委員会（前出「女子学校における教育を組織し、監督するための委員会」）の
委員を兼ねていた。パリ・コミューンが推進する教育政策を実行するための
最適の条件を満たした、特別な組織上の特徴をもつ区であった。

　4 月 27 日には、第 8 区選出議員で「区長業務執行」という職名の下、J. ア
リクスが声明を発表し[72]、実際の食料の配給数から学校に在籍する児童の数
を差し引いた結果、児童の半分以上が学校に在籍していないことを明らか
にした。さらに、修道会系学校では男子学校、女子学校ともに休校状態に
なっている学校があって、生徒の授業が滞っていることを、以下のように、
公表したのである。全文をここに引用する。

　第 8 区区役所　公立学校
　父兄、教育友の会、児童たちへ。
　　私たちの区の公立学校は多数あり、うまく運営されています。
　　しかしながら、児童の数からすると不充分です。
　　区の統計について、肉の配給カードに基づいて作成した明細書によ

---

(71) Geneviève Vivien(? - ?). 女性の社会的保護と権利擁護の活動に従事し、女性の
　　労働と教育を組織するための運動を担った女性委員会 Comité des femmes の会
　　計係を務めた（*D.B.M.O.F.*, t. 9, p. 335）。
(72) *J.O.*, p. 424.(le 30 avril 1871).

れば、当区において教育を受けるべき子どもの人数である、7歳から15歳の男女児童は、6,251名になります。

さて、公立学校が14校、非宗教系、修道会系、プロテスタント系は男子1,453名、女子1,577名で、合せても3,030名しか収容していません。その差、3,221名は…その両親が自分たちで教育しなければならない子どもたちです。確かに考慮の余地はありますが、この差は、3歳から5歳そして5歳から7歳の子どもたちの数を計算して足した数字です。確かに、ここでは公立学校、幼稚園、託児所は別の課題であるとし、触れないことにします。

それでも、上記に掲げた3,030名の児童の数字には、3歳から7歳の子どもたちを受け入れている当区の2か所の幼稚園に通う子どもたち271名を計算に入れています。

当区に設置されている公立学校は、このように不十分なうえに、ビアンフザンス街の女子学校は運営されずに閉鎖されていました。しかし、この学校をわれわれは再開しました。

一方、いまわれわれが置かれている状況では私立学校がほとんど運営されておりません。すべての児童を公立か私立の学校へ入学させるように促すことが急がれています。今週、この重要な事業について声明を出してきました。5歳から7歳の子どもたちはすべて、教育してきたか、あるいはされてきたかを証明できない場合は、意向の如何を問わず、ただちに学校へ入れねばなりません。

旧制度の学校について。

旧制度の学校に対しては、適切に運営され機能しているかどうかを、われわれはわれわれ自身の手で確認することができました。宗教系の学校、3校の男子学校は、多数の児童を収容しています。しかし、その原因を知る由もありませんが、教育活動を中止しています。そこで、子どもたちを路上に放任することを避けるため、私塾の先生たちに授業をしてもらうよう声明を出さねばなりませんでした。正規の教員たちが職務を放棄したと思われる教育施設が2校で明らかになりました。このような状態にあって、現在運営されている公立学校は、少

なくとも1校ですが、学校自体で教育の変革をおこなうべきと通知する必要があります。そして、放棄された2校に必要な再編を、この際、提案します。

新制度の学校について。

ビアンフザンス街の女子学校は、新制度の学校の第1校目となり、改革を開始することが期待されます。そのために、われわれ自身が実際に教育に寄与することを求めて、新しい教育の重要性をもっともよく理解している人物であり、天分に恵まれた女性教師であるジュヌヴィエーヴ・ヴィヴィアン校長を選任しました。予備課程の準備が終わり次第、教育課程を開放し、生徒は幼児から始めるので、3歳から受け入れることにします。5歳から7歳の子どもたちに対しては、読み、書き、計算と正字法がまず修得すべき科目であり、規則に従い、公立学校は7歳の児童以外は現在受け入れていませんが、今後おこなうべき完全に新しい教育改革ではそのように改革されます。この学校の授業は、両親や教師たちの意向に従っておこなわれ、支援されるように、編成され、公表されます。

師範学校について。

この種の初等師範学校の設置とともに、すでに体育師範学校を設置しました。

数日のうちに、すべての師範学校における正規科目として体育を取り入れることになるでしょう。

同様の措置は、音楽とデッサンの学校においてもとられることになるでしょう。

入学手続きと受入れ手続き。

慣例に従えば、児童の入学手続きは区役所でおこなうことになりますが、現在は、時間の無駄ですし、不可能でもあります。学校へ行こうとする子どもたちは直接学校へ行って、入学手続きし、受け入れてもらいます。両親と子どもたちは、どうか遅くならないように、自身で手続きに行ってください。

ビアンフザンス街の女子学校については、入学手続きは5歳以上の

子どもたちを対象に受け入れをおこないます。

すべての授業の編成について、少しずつ、今後通知する予定です。最後に、結論となりますが、この事業においてわれわれを支援して下さるよう、すべての良心、すべての知性に切に訴えるものです。この事業、すなわち、最後には開花すると期待される「子どもたちのための教育の科学的かつ実際的改革の同時実現」というわれわれの一生の夢です。

われわれが創設した、「パリ社会コミューン協会」は、啓発と委員を通じて支援するでしょう。[73]

われわれの事業のためであることはもとより、われわれが教育することを望み、やがては働いてもらうことを期待する、子どもたちと家庭のために、すべて善意に基づき、これらの教育を勧めるのです。

パリ、1871 年 4 月 27 日
パリ・コミューン議員、区長業務執行　ジュール・アリクス

パリ・コミューンの下における第 8 区の行政は、教育改革、とくに教育の非宗教化（ライシテ）を進めようとしたことが、この声明によく表れている。また、この教育改革においては、行政組織が独善的に推進するのではなく、学校の教員や児童の両親とともに改革しようとする姿勢もみられる。その後も、5 月 5 日には、女子のための新教育学校、職業教育のための特別学校の設置、暫定クラスの発足についての声明をコミューン議員 J. アリクスの名で出しており、5 月 8 日には新公立女子学校をビアンフザンス街に設置し、この学校では、5 ～ 7 歳、7 ～ 9 歳、9 ～ 12 歳の女子を受け入れることを発表した。[74]

国防省文書館に所蔵されている、この他の警察調書によれば、第 8 区の教育担当者の筆頭にあげられた E. レヴェクの担当はマルゼルブ街 24 番地の学[75]

---

(73)　4 月 23 日に、パリ社会コミューン協会 Société la Commune Sociale de Paris の女性委員会と新教育協会の合同会議が第 8 区役所で、「社会保障と教育」という報告テーマで開催されている（*Le Cri du Peuple*, no. 52. le 22 avril, 1871, p. 2.）。

(74)　*J.O.*, pp. 502–503. (le 8 mai 1871)

(75)　A.H.G., Ly27, ms.

校の調査とされているが、この学校は修道会系の男子学校で、児童数が260名を数え、規模も大きい。このマルゼルブ街には22番地に、同じく修道会系女子学校があり、こちらは児童数436名の大規模校だった。さらに、34番地には、170名の女子幼稚園があり、3カ所の施設を合せると900名に近い児童数となる。第8区の非宗教系女子学校はフォブール-サント-ノレ街154番地の女子学校のみで、その児童数は195名だったのに対して、区全体の宗教系学校は5校もあり、その児童数は合計1,111名にのぼった。このような状況を前にして、もっとも規模の大きなマルゼルブ街の修道会系の学校をターゲットにして調査を進め、非宗教化への改編の道を模索したのである。[77]

なお、5月8日付の官報には、

> 新制度によって開校するビアンフザンス街14番地女子学校が5月8日から新入生の登録を受付け、15日から授業を開始するというお知らせと、デッサン授業をおこなう学校をビアンフザンス街14番地からモンソー街24番地へ移転しておこなうこと、クルセル街34番地の修道会系幼稚園を「新教育」の理念に基づいて新たにレヴェク校長の管理の下で男子学校として発足すること、同時にこのモンソー街校の敷地に女性のための作業場を設置し、女子孤児と仕事のない若年女子のための孤児院兼学校を設置すること、教育の義務と無償は言葉だけの空事ではなく、教員には満足する可能性をもたらし、両親にはそれを役立てるという必要性をもたらすことになる。

という記事が掲載されている。[78]

---

(76) E. レヴェクは、クルセル街34番地の修道会系孤児院を「新教育」Éducation nouvelle 主義の観点から再編し、5月8日の週から男子を受け入れるよう任命されたとされている。この件については、官報（*J.O.*, p. 500, (le 8 mai, 1871)）に記事が掲載されている（*D.B.M.O.F.*, t. 7, p. 151）。

(77) 1863年の統計によれば、セーヌ-エ-オワーズ県の公教育における修道女教員の割合は64%、オット-ロワール県では93%、ブシュ-デュ-ローヌ県では91%であった。地域による差異はあるものの、公教育における修道女教員が占める割合は高かった（A.T.Quartararo, *Women teachers and popular education in nineteenth-century France*, Newark, 1995, p. 79）。

(78) *J.O.*, pp. 502-503. (le 8 mai, 1871).

このモンソー街の公立学校の開校は、第8区の教育行政にとり、ひとつのメルクマールとする事業であった。国防省文書館には、この学校で掲揚するための赤旗の交付証[79]があり、同交付証には助役 A. ルバ (Lebas)[80] の署名がある。さらに、同じ第8区内のメッシーヌ小公園に設置するもう一本の赤旗の交付証には同区教育代表委員の E. レヴェクの署名があり[81]、区の助役と教育代表委員がともに赤旗を受領していたのである。

その一方で、E. レヴェクは、フロランス街の修道会系男子学校からの学用品の請求に対して、それに応えて査定のうえ、支給を決定している[82]。また、サントノレ街の非宗教系公立校の校長コスト (Costes) が4月8日に書いた欠勤についての弁明の書簡を受け取っている[83]。修道会系の男子学校に対する学用品の支給の是非は、修道会系学校に対する第8区の教育行政の厳しい姿勢を示す好機となるはずで、パリ・コミューン自体は非宗教化を強力に進めており、しかも第8区には E. ヴァイヤンがいて、4月下旬から教育代表委員に就任していたのである。これらの事情を勘案すると、5月に入ってから第8区における教育行政の現場は戸惑いと逡巡を繰り返していたのではないだろうか。E. ヴァイヤンは、パリ・コミューン教育委員会の代表として、パリ全区の行政に対して数回にわたり、修道士や修道尼たち、修道会系教員を学校から追放するよう命じているのである。その一方で、彼の足もとの第8区にあっては、急激な変化を避けながらも、着実に改革をすすめようとしたコミューン議員 J. アリクスや区行政の教

---

(79) Bon pour un drapeau rouge, École communale, 34, rue de Monceau (le 6 mai, 1871) (A.H.G., 8 J 10 d548, Ms.)

(80) Adolphe Lebas (1849–?) . レース店勤務、第71大隊に所属、父とともにインターナショナルの会員で、国民衛兵参謀隊長、第8区ヨーロップ地区警視を務めた (*D.B.M.O.F.*, t.7 , p. 50)。3月29日に警察、監視委員会代表に任命され、4月には、助役に任命され、軍事関係においても、アリクスの片腕として活動し、通行証の発行、パン屋の夜間労働禁止違反者の摘発等（5月5日には履行状況を点検する命令文書の発行）をおこなったが、5月10日にアリクスとともに秘密裏に逮捕され、マザス監獄の独房に留置された 。この留置について、市役所市民警視 commissaire civil の E. ドラシャペル(Delachapelle)の書簡がある(A.H.G., 8 J 10 d548, ms.)。

(81) A.H.G., 8 J 10 d548. ms.

(82) A.H.G., Ly16, ms.

(83) *Ibid*.

78

育担当者そして現場の教員たちがいた。地域で教育改革を進めていた人びとの目には、一気に改革を進めようとするコミューン議会の教育政策は強引な押しつけと映ったのではないだろうか。

第12区

　第12区の教育行政は、警察調書によれば、教育監督代表委員 délégué à la direction de l'enseignement と教育委員会 commission d'enseignement の組織があり、代表委員はドドーズ (Dedoze) が就き、教育委員会の事務局は L. マニエール夫人が担当していた。[84] この警察調書には同区内の各学校の教員名も記載されており、男子学校としては、ナティヴィテ広場5番地校 (校長ジュール・ボナン Jules Bonnain、以下校長名および教員名省略)、ルイリ街39番地公立学校、アリグル街5番地、ランデヴー街53番地、女子学校としては、パサージュ-コルブ、アリグル街5番地、ナティヴィテ広場9番地、トラヴェルシエール-サン-タントワーヌ街37番地幼稚園、ルイリ街17番地が記されている。なお、4月27日の官報には、以下のような声明が発表された。[85]

　　キリスト教系学校の僧、尼僧たちはその職務を放棄した。

　　すべての非聖職者教師に、区役所の事務総局へ出頭することを要請する。私たちはこの不備がすぐにも埋められることを望む。同時に、非宗教的で、無償、義務の教育を決定的に成功させることが課せられており、それ以上の重大なことはないと各自が考えるべきであることを期待している。

　　無知と不正義が今後は啓発と法にその席を譲らねばならない。

　第12区による、公教育の非宗教化に関するこの呼びかけに応じて、教師から求職があり、4月27日以後だけでも、27日 (4名)、29日 (1名)、30日 (2名)、5月3日 (以後、13日まで各1名)、5日、8日、10日、11日、13日の記録がある。[86]

---

(84) A.H.G., Ly 27, ms.

(85) *J.O.,* p. 396.(le 27 avril, 1871).

(86) A.H.G., Ly 27, ms.

5月17日の区行政委員の会合議事録 Séance des membres et délégués Municipales du 12ᵉ arrondissement には、孤児院の職員と女性教員への給与支払いの件、ルイリ街公立学校の問題について検討するために L. マゴ、O. ラカット、A. リアズの3名からなる委員会を設置することなど、を議題としたことが記されている。ちなみに、この日の区行政委員会は議長をコミューン議員フィリップ (Philippe)[88] が、書記を N. ソヴァージュ[89]、J. デカンの2名、事務局を A. リアズが務めた。議事録の冒頭には、「コミューン議員と区行政委員の連絡を図り、……」と記されている。また、A. リアズは反教権主義の立場から教育の非宗教化活動に取り組み、M. ティネール (Marguerite Tinayre)[90] とともに、フォブール-サン-タントワーヌ街の「ウジェーヌ・ナポレオン孤児院」の経営に参加したことで知られている。[91]

第17区

　第17区では、区の行政組織として区役所委員会 Commission communale を設置し、教育を担当する代表委員 délégué に J. ラマを任命したことは、前述（第1節 p.61）したとおりである。警察調書には、「教育に関する区役所委員会規則」Règlement de la Commission communale d'enseignements divers という言及があるほか、4月12日の記録として、「水曜日、午後4時、サルヌーヴ-バティニョル街19番地の孤児院のアタナーズ師、568フラン10サンチーム」[93]、「男女教員数31名」、「学校用地」というメモがある。この

---

(87) *Ibid.*

(88) Philippe (dit, Jean Fenouillas, 1830-1873). 元ワイン仲買人、第12区選出コミューン議員、国民衛兵中央委員会委員長。軍事法廷の判決により銃殺に処せられた (*D.B.M.O.F.*, t. 6, p. 34)。

(89) Nicolas Sauvage (1841- ?). 第12師団委員会、第12区共和主義委員会、第12区行政委員会 Commission municipale 委員として活動 (*D.B.M.O.F.*, t. 9, p. 96)。

(90) Marguerite Tinayre(1831-1895). 帝政下において女子教育の発展のために活動した女性教育運動家、女流小説家。

(91) *D.B.M.O.F.*, t. 7, Paris, 1970, p. 204.

(92) A.H.G., Ly 27.

(93) 『神奈川大学所蔵、M. ヴィヨーム文庫収録史料』*Collection des Caricatures politiques de la Commune de Paris et Matériaux originaux de Maxine Vuillaume relatifs à la Commune de Paris dans la Bibliothèque de l'Université de Kanagawa* (Yokohama, 1991) に当該書簡がある。

「教育に関する区役所委員会規則」は、その詳細が史料調査では見つからず内容は不明であるが、前述 (p.60) した区役所委員会規則 Règlement de la Commission communale は軍事法廷の調書として現存するので、教育に関する委員会規則も同様に施行され、それに基づいて教育行政がおこなわれたものと推測される。

4月8日、J. ラマが修道会系公立学校について、「税金で維持されている」公教育施設は、非宗教（ライシテ）を基礎とした教育をすべきであると結論づけ、「宗教的、ドグマ的教育」をおこなう施設は、その宗教団体の私的な教育機関とみなすことになった。さらに、公教育施設で教育をおこなう教員は、「公教育における良心の自由の原則の厳格な適用を受け入れる」ものとし、それができない場合は辞職するよう勧告した。[95]

このように、第17区では区行政について法的な整備をすすめたうえで、教育行政についてはパリ・コミューンが主張した非宗教化を着実に実行していたことが示されている。

先行研究の諸見解

一方、パリ・コミューン自体は、例えば教育施策を例にとると、国家と宗教の分離を布告しつつも、初等教育を含め公教育の非宗教性、無償制、初等教育の義務制を布告することはなかった。[96]

従来、パリ・コミューンの多くの施策が実行に移されなかったのは、ヴェルサイユ側による軍事的圧力はもとより、政権を維持した期間が72日間という短期間であったこと、あるいは、議会内部における分裂闘争等にもその原因があったという言説が定着していた。しかし、本節において明らかにしたように、それはパリ・コミューンの成立過程と構造自体にその要因があったのである。

構造という面からみれば、パリ・コミューンは議会で決定した施策の実

---

(94) 本書、第2章第1節で論述した。

(95) *J.O.*, p. 253.(le 13 avril, 1871).

(96) 1871年3月23日開催のインターナショナル・パリ支部連合評議会で採択された声明には、無償制、非宗教性、総合的な教育が挙げられている。1871年5月9日開催のインターナショナル・パリ支部キャリエール地区では、非宗教性の初等教育と職業教育、義務制、あらゆる教育段階の無償制の要求が掲げられている。

行を、各区から選出された議員と区委員会に委ねていた。形式的には、行政府の省庁に相当する各種の委員会（代表委員会）が設置されていたが、そこでは検討や立案をおこなうだけで、施行する権限も組織ももたなかった[97]。例えば、教育の非宗教化をおこなおうとした教育改革においては、教育委員会（第一次教育委員会）から各区への具体的な通達や命令などは、事務的な連絡を除くと、ほとんどみられなかった。その後で、再編された教育委員会（第二次教育委員会、すなわち教育代表委員会）代表を務めたE. ヴァイヤンが熱心に教育の非宗教化をすすめようと試み、代表委員名で命令を執拗に発したが、区によって受け止め方に温度差が生じ、結果的に区ごとの大きな差異となって表れていたのである。

　パリ・コミューンを特徴づける、このような構造上の実態について、先行研究では明らかにされていない。M. ドマンジェは、『コミューン下の教育、子供、文化』（1964）[98]の中で、教育委員会の構成と役割、各区における教育運動について論じているが、同書では、教育委員会代表（E. ヴァイヤン）と各区の教育運動の間における親和性あるいは背反性については評価を避け、それが「協同」collaboration という関係にあったと説明している[99]。J. ルージュリ（Rougerie）の『1871 年の自由パリ』（1971）では、「第三共和政の先取り、逆にコミューンは、与えられた短い期間に、第三共和政が三〇年のあいだに達成した以上とはいわないまでも、それと同じくらいのことをしばしば行なった。（中略）教育にかんしては、コミューンはすみやかに世俗・無償・義務教育を、そしてさらにそれ以上のものを設けた。当時の絶対自由主義的な雰囲気のなかで、もろもろの改革に備えるのはまさに区当局の

---

(97)「コミューンは代議体ではなく、執行権であって同時に立法権を兼ねた行動体であった」（K. マルクス（木下半治訳）『フランスの内乱』（岩波、1952 年）95 頁）と翻訳されているが、原文は、《The Commune was to be a working, not a parliamentary body, executive and legislative at the same time.（コミューンは代議体ではなく、実際的な執行体であって同時に立法体であるべきであった。）》（翻訳および傍点は本書筆者による）と記述されている。その後、大月書店版（村田陽一訳、1970 年）では、「…行動的機関でなければならなかった」（81 頁）と訳されているが、木下訳は、現在も修正されず刊行されている。

(98) Dommanget, *op. cit.*

(99) Dommanget, *op.cit.*, p. 24.

(100) Rougerie, *Paris libre 1871*；ルージュリ『1871 民衆の中のパリ・コミューン』。

役目であった。E. ヴァイヤンの指導の下にあった教育委員会は活動を監督 superviser し、または活動の促進・調整 hâter, harmoniser に努めた」と述べ、[101] 区単位での改革がおこなわれていたことを指摘している。しかし、一方で、E. ヴァイヤンが主導する教育委員会の「監督」や「促進・調整」が図られたという論述は、実態と微妙なずれがある。とくに、教育の世俗化、義務制についてのコミューン中枢部、教育委員会と各区の間には相当のギャップが生じていたことについては触れていない。論文「1870-71 の時期における A.I.T.（国際労働者協会）とパリの労働運動」[102]でも、第 17 区における行政組織の中に教育を担当する部署があったこと、その担当者 J. ラマについて言及しているが、J. ラマは同区内の公教育の非宗教化（ライシテ）に取り組み、公教育の現場から聖職者たちを排除することを区の自主的な判断で通告していたにもかかわらず、その事実について言及を避けている。

　本邦の先行研究に目を転じると、尾上雅信は、論文「近代フランスにおける『教育の世俗化』に関する考察——パリ・コミューンを具体的事例として——」[103]（1984）の中で、コミューン議会と区行政との関係について、J. ルージュリや P.O. リサガレーの論述を引用しているが、事実関係の錯誤がみられる。例えば E. ヴァイヤンは同じ内容の命令を繰り返し発したが、慢性的な命令無視が地域（各区）で行なわれていた事実などの明白な実態が看過され、教育委員会と各区の教育行政が一体となって非宗教化を推進したと述べている。柴田三千雄の「医師のヴァイヤンを中心に詩人のクレマン、文学者のヴァレスのくわわった教育委員会の無償・義務・世俗的教育の努力は、後の第三共和制の方針を先取りするものであった」[104]（1973）という論述は、前記の J. ルージュリの論述（1971）の引き写しに過ぎない。

　これに対して、パリ・コミューンが内包する構造上の特徴を指摘した先行研究もある。A. ドクフレ（Decouflé）の『パリ・コミューン（1871）』（1969）

---

(101) Rougerie, *Paris libre 1871*, p. 169.（翻訳、158-159 頁）
(102) Id.,〈L'A.I.T. et le movement ouvrier à Paris pendant les événements de 1870-1871〉.
(103) 尾上雅信「近代フランスにおける『教育の世俗化』に関する考察——パリ・コミューンを具体的事例として——」『筑波大学教育学系論集』第 8 巻第 2 号、1984 年、101–113 頁。
(104) 柴田『パリ・コミューン』、124 頁。

は、同書の第6章を教育委員会とE. ヴァイヤンが主導するパリ・コミューンの教育行政の実態についての論述にあて、実際の現場、つまり各区における活動がいかにそれぞれ独立性のあるものであったか、逆の観点からすればパリ全体としては統一のとれていない活動であったことを、文書館等の史料に基づき論じている。⁽¹⁰⁵⁾また、M.P. ジョンソン (Johnson) の『アソシエーションのパラダイス』(1996) では、⁽¹⁰⁶⁾議会、各区の監視委員会、国民衛兵委員会、民衆クラブが一種の連合 association によって結ばれ、それぞれの組織がもつ政治文化によって機能していたと指摘し、教育運動については新教育協会 Société de l'Education nouvelle の教員たちによる請願や活動を取り上げ、議会の教育委員会代表のE. ヴァイヤンとの関係に新たな見解を示した。

　以上、本章では、パリ・コミューン下の区（地域）における区行政、教育行政、さらには民衆たちと学校をつなぐ教育条件の実態について分析し、主権の行使の具体的様相を明らかにした。ここには、運動の多様性、旧制度から新制度へ移行させようとする着実な努力を通じた、現実的な民衆の対応がみられたのである。

---

(105) Decouflé, *op.cit.*

(106) M.P.Johnson, *The paradise of the association*, Ann Arbor, 1996.

第3章　民衆組織

ニコラ-デ-シャン教会クラブ（パリ第3区）の集会（*L'Illustration* 1871年5月20日号）

ウスターシュ教会クラブ（パリ第1区）の集会（*The Illustrated London News* 1871年5月27日号）

パリ・コミューンで試みられた政治体制の本質は、民衆による主権の行使にあった。民衆組織は地域社会の公教育の改革にも自律的に取り組んだ。本章ではその活動を、コミューン議会（中枢権力）と各区（地域権力）の位相のなかで考察し、特に非宗教化（ライシテ）という施策が地域による温度差もあり、必ずしも円滑になされず、迅速な執行に結びつかなかったことを確認し、民衆の存在はパリ・コミューンの中央組織にはなく、むしろ各地域の監視委員会 Comité de Vigilance や女性組織、民衆クラブ club において明瞭なかたちとなって表れていたことを明らかにする。⁽¹⁾

柴田三千雄は、地域における活動の重要性について、

> 市政ばかりでなく、これまで国家が行使していた発議権のすべてがコミューンの手中におかれた、とマルクスは書く。だが、現実のコミューンの権限はそれほど強力ではない。各区のクラブや監視委員会は独自の決定をおこない、とくに衛兵中央委は自立性を主張してコミューンのまえに立ちはだかっていた。⁽²⁾

と述べており、各区、各地域における民衆組織の重要性を指摘している。

資史料の面からも、J. ブリュアは、

> これらヴェルサイユ側の警察によって押収されたクラブの議事録は、コミューン参加者に対する抑圧をおこなった軍法会議へ証拠物件として引き渡され、その後陸軍省文書館に収蔵された。⁽³⁾

と述べ、パリ・コミューンにおける民衆組織の重要性を強く示唆している。

そこで、まず最初に、帝政期から臨時国防政府期における公開集会 réunion publique の開催状況について、開催テーマや集会の運営方法などを確認しておきたい。パリ・コミューンにおいて民衆運動の核となった監視委員会やクラブは、パリ・コミューンの成立後に活動を活発化させた

（1）P.O. Lissagarey, *Histoire de la Commune de 1871*, Paris, 1929, p. 233 ; リサガレー『パリ・コミューン』上、287 頁。
（2）柴田『パリ・コミューン』、123 頁。
（3）J. Bruhat et al. *La Commune de 1871*, Paris, 1960, p. 153.

のではなく、帝政期から臨時国防政府期を経て民衆運動が徐々に組織的成長を遂げ、運動理念を成熟させることによって、パリ・コミューン期の民衆組織へと継承されたからである。

同時に、パリ・コミューンの基盤は、コミューン議会や議員の活動といった、これまで歴史舞台の前面に表れた事象だけではなく、それらを支えた民衆とその活動の場となった各区、各地域との連携によって初めて成立し得たのである。これらの考察によって、パリ・コミューンにおける民衆による主権の行使のプロセスを明らかにしたい。

第1節　民衆組織の発足

第二帝政の崩壊（1870年9月）にともない活発化する民衆組織は、そもそもどのような経緯によって生まれたのだろうか。それは、1860年代末の労働運動に関する規制の部分的な緩和措置にともなう公開集会の合法化から始まった。1868年6月6日の法律によって[4]、公開集会は「公開非政治集会 réunion publique non politique」と「公開選挙集会 réunion publique électoral」というかたちで制度的な保証を得るようになった。前者は政治と宗教に関するテーマを扱うことは禁じられており、後者は選挙期間に限られ、集会への参加者は選挙区の有権者住民のみというものであったが、当局側の臨席等の制約はあったものの、労働運動や民衆運動にとっては大きな前進を意味した。社会主義を標榜するインターナショナル派、ブランキ主義者、急進左派の活動家たちが互いに接触することができただけではなく、活動家と民衆を結びつけたのである[5]。加えて、社会問題に関心のある住民同士が顔を合わせる機会を得ることになり、やがてその中に団結の意識が芽生えてくる。公開選挙集会は選挙区の有権者住民のみを対象としたことから、選挙候補者と有権者の関係がより緊密化するとともに、「命令的委任」関係に発展する素地となり、や

（4）A. Rousselle, *Le droit de réunion et la loi du 6 juin 1868*, Paris, 1870.
（5）R.D. Wolfe, *The origins of the Paris Commune : the popular organisations of 1868-71*, Harvard Univ., Thesis(Dr.), 1965, p. 41.

がては市議会（パリ・コミューン）選挙の要求と「命令的委任」関係を実行段階へと進展させることになった。帝政崩壊後、「公開非政治集会」は政治集会へと変わった。

帝政下の公開集会

1868 年 6 月から 1870 年 5 月の帝政下のセーヌ県だけでも、これらの集会は 1,000 回を超えて開催された。[6] 第 1 区ではジャン - ジャック - ルソー街のルドゥト・クラブ Club de la Redoute、第 3 区サン - マルタン街のモリエール・ホール Salle Molière、第 19 区フランドル街のマルセイエーズ・ホール Salle de la Marseillaise、第 20 区ベル - ヴィル街のフォリ - ベルヴィル劇場 Folies Belleville では 4,000 人規模の集会が開かれていた。

同じく第 20 区のメニルモンタン・クラブ Club de Ménilmontant の集会はメニルモンタン民衆協会 Société populaire de Ménilmontant によって運営されていた。ここでは、教育について論議がおこなわれており、以下のような 17 か条の教育プログラムが提示されていた。[7]

第 1 条　フランスにおける子どもの教育 instruction は、外国人の子どもも同様に、義務制 とする。

第 2 条　教育は、公教育もしくは個人 particulière 教授とする。

第 3 条　公教育は、初等教育学校、中等教育学校、高等教育学校、特別教育学校にておこなわれる。これらの学校は、男女別学とする。

第 4 条　初等学校は、町や村の子どもから近いところに設置する。初等学校は通学生以外は受け入れない。初等学校は年齢に達した子どもを受け入れ、そこでは読み方、文法、歴史、地理の初歩を学ぶ。

（6）木下賢一『第二帝政とパリ民衆の世界』（山川出版社、2000 年）170-171 頁。

（7）T. Moilin, *Programme de discussion pour les sociétés populaires*, Paris, 1868, pp. 3-5.

第5条　毎年、初等学校の生徒たちは試験を受ける。これらの試験で相応の成績を収めた者だけが、中等学校へ入学することが許可される。怠学、成績不良の生徒は、職業見習の開始の年齢になるまで初等学校に留まるものとする。

第6条　中等学校の規則 (省略)。

第7条　高等学校のへ入学 (省略)。

第8条　高等学校の規則 (省略)。

第9条　特別学校への入学 (省略)

第10条　特別学校の規則 (省略)。

第11条　公立学校内部においては、いかなる宗教的儀式 cérémonie religieuse も実施されてはならない。しかし、ひとたび国の施設の外へ出れば、生徒たちはその両親が望むいかなる宗教的儀式でもおこなうことができる。

第12条　子どもの教育は両親にその手段がある時は、両親が負担する。それとは逆の場合は、その両親の住居に近い学校において全面的に、あるいは半額を負担する。

第13条　その両親が学校での費用を負担する時は、生徒の卒業の年限は設けない。しかし、学校がその費用を全額、または半額を負担している時は、この限りではない。国が際限なく負担することはできないからである。

第14条　中等学校、高等学校、特別学校への入学年齢について (省略)。

第15条　両親は、自宅において自身が個人教育の教育者となって教育をおこなうこと、国に認められ、正式の卒業証を発行できる個人教育の教育者 maîtres particuliers に子どもを委ねる自由を有する。ただし、国の学校と競合するような個人教育施設 établissements particuliers の設立は禁じる。

第16条　個人教授による教育を受けた生徒の中等学校への入学について (省略)。

第17条　上記第16条の規定で入学基準に達しない生徒の不服申し立てについて (省略)。

ここに、ひとつの公開集会 (1868 年) を例に挙げたが、教育の義務制 (第
1 条)、両親の経済的能力に応じた無償制 (第 12 条、第 13 条)、非宗教
性 (第 11 条) に言及しつつも、無償制については児童本人の学習能力に
応じてのみ中等学校以上への進学を保証し (第 5 条)、非宗教性について
は公教育施設内に限定している。子どもの両親の裁量による個人教授 (私
教育、第 15 条) と公教育の比重を同等においていることが特徴的であり、
前述した(第 1 章第 1 節)「二十区委員会マニフェスト」(1871 年 3 月 26 日)
にも同様の記述がある。いずれも、この時期の初等教育の現状と改革の課
題を示している。同様の要求は、1869 年 5 月に開催された 7 カ所の公開
選挙集会 (11 日のパサージュ-デュ-ジェニ、12 日のレヴィ街集会ホール、
13 日のモンテーニュ通り、同日のジャヴェル街、16 日のフォリー-ベル
ヴィル、同日のソルボンヌ体育館、17 日のデュヴィヴィエ街) でもみら
れた。[8] 全体の傾向としては、初等教育の無償制と義務制、非宗教性を求め
ていたが、一部の発言者は義務制について家庭内における私教育の容認を
盛り込み、非宗教性については要求で触れていないこともあった。

　このような教育論議が展開された、活発な民衆組織はどのように運営さ
れていたのであろうか。コミューン崩壊後に開かれた政府の調査委員会で、
国民議会議員 F. デュカール Ducarre はこう証言している。[9]「私がパリを訪
れたのは 1869 年の冬のことだったが、しばらく滞在することになり、ベ
ル-ヴィルからヴィユ-シェーヌ Vieux-Chêne、モンパルナスに至る公開集
会を目の当たりにすることになった。リヨンに帰って、友人たちからその
印象を聞かれて、こう言った。2 ～ 30 人の発言するリーダーと、彼らに追
従する支持者がそこここに 200 人ほどいて、それぞれのカルティエで関心
をもつ人以外に、1,500 人ほどの個人が集会に参加していた。1 カ月の間、
集会に通っていたところ、約 20 回の集会で同じ人物に出会った」というの
である。この証言から、パリ右岸 (第 20 区) から左岸 (第 5 区、14 区) に
おいて集会を運営する側、聴衆側、どちらも常連が多数おり、議題や発言
が用意周到に計画され、当局からすれば危険な企てが準備されていたこと

---

(8) A. Vitu, *Les réunions électorales à Paris, mai 1869*, Paris, 1869.
(9) A. Dalotel et al., *Aux origines de la Commune*, Paris, 1980, p. 92.

になる。集会のテーマや選挙期間という制約をつけた当局の思惑を超えて、これらの集会は着実に民衆組織へと発展していたのである。1868年6月6日法では、集会を開催するにあたって1名の議長と2名の議長補佐からなる事務局を構成するよう定められていた（第4条）。この他に、当局から派遣される議事録作成人がいた（第5条）。これは、当局側からすれば、集会の責任体制を明確にし、違反者を処罰の対象とする意図が働いていたものであるが、逆に運営の主体を明確化し、さらに常連化を促す結果を招いた。

　ちなみに、その発言が関係の法律に抵触し、検挙されたこの時期の弁士55名は、後に11名がコミューン議会選挙で議員に選出され（20％）、37名がその後のコミューン運動に参加し（67％）、その中にはインターナショナル派が14名（26％）含まれていた。この分析結果は、公開選挙集会がいかにパリ・コミューンを成立させた民衆運動へとつながっていったのかをよく示している。

臨時国防政府期の民衆組織

　こうして、1870年をむかえる。9月4日、対プロイセン戦争敗北と帝政崩壊を機に成立した国防政府は、共和派を自認することもあって、集会の自由を認めざるを得なかった。これによって、民衆組織は、学校施設で、あるいは攻囲期に知事から休業を命じられ全面的に営業を停止していた劇場で、集会を開くことになった。コレージュ=ド=フランス・クラブ Club du Collège de France（第5区）、フォリ=ベルジェール・クラブ Club Folies-Bergère（第9区）やカジノ・クラブ Club du Casino（第9区）等である。そこでは、それまでの公開集会におけるさまざまの制約から解放され、政治家や軍人の裏切り行為や軍事作戦の失敗、無能などを追及する演説が、制約を受けずにおこなわれた。そして、10月以降になるとこれらのクラブは、第20区の労働者街のベル=ヴィル地区やメニルモンタン地区から発した要求のように、新しい市政、すなわち革命的コミューン Commune révolutionnaire de Paris の形成という政治的課題を表明する

(10) Rousselle, *op.cit.*, p. 247.
(11) Dalotel, *op.cit.*, pp. 94-95.

ことになる。教育制度に関する改革の要求は、もはや教育の制度的改革という枠を超えて、社会体制に対する変革の重要なキーとして位置づけられることになっていく。

　プレ–オ–クレル公開集会 Réunion publique du Pré-aux-Clercs（第7区）では、同区の監視委員会と協力関係を保ちながら、共和国防衛と市議会選挙の実施について9月末以降議論が重ねられてきたが、10月5日の集会ではR. ユルバンが提案した、第7区における聖職者による教育の禁止と完全な非宗教的教育の実施が全会一致で議決されている。その後も、教育問題が議題とされ、10月17日の集会では、M. ロシェ（Rocher）が、第11区区長J. モチュ（Mottu）が修道会による教育を禁止したことを称賛する決議を提案し、全会一致で承認されている。そして、10月19日の議事録には、M. ジャンティリニ（Gentilini）が、国防政府によるJ. モチュの区長罷免（18日）に強く抗議することを提案し、この議案も全会一致で決議したことが記録されている。こうして、区や地域における共和派の区長や民衆運動は、国防政府と徐々に緊張関係に入り、やがて10月31日の騒擾事件へと発展していった。ちなみに、帝政崩壊を機に、1870年9月4日から12月31日の期間に、フランス全体の市町村における修道会の経営による学校が232校も閉鎖されていることから、パリにおける公

---

(12) Bruhat, *op.cit.*, p. 153.

(13) プレ–オ–クレル・クラブの9月27日から10月26日まで22回分の集会の記録が国防省文書館に保存されている（A.H.G., Ly27, mss.）。

(14) *Ibid.*

(15) Marie Antoine Rocher（1833–?）.『マルセイエーズ』紙編者、インターナショナル・パリ支部パンテオン地区委員会を創設（*D.B.M.O.F.*, t. 9, pp. 16-17）。

(16) Jules Mottu（1830–1907）. Jean Gaumont,〈En marge de la Commune de Paris: Jules-Alexandre Mottu（1830-1907）〉, *L'Actualité de l'histoire*, No. 28（Jul. - Sep., 1959）, pp. 27-44.

(17) A.H.G., Ly27, ms.；小山勉「教育闘争と知のヘゲモニー」『九州大学法政研究』61（3.4上）、1995年、334-335頁。

(18) Michel Ange Gentilini（1843- ?）.　土木技師、インター会員、パンテオン地区で活動（*D.B.M.O.F*, t. 6, p. 163）。

(19) A.H.G., Ly27, ms.

(20) E. Lecanuet, *L'église de la France sous la troisième République*, t. 1, Paris, 1910, p. 437.

教育の非宗教化の動きはフランス全体の動向に呼応したものともいえる。

　この時期に活動を開始した第４区社会主義者クラブ Club socialiste du 4ᵉ arrondissement も教育の非宗教性、無償制、義務制を求めた。このクラブの規約 statut には、

> 普通選挙に基づく共和国とあらゆる政治・経済的真理を求める。国家宗教を認めず、公共におけるその示威を禁止し、すべての学校段階における非宗教的で無償の教育と初等教育の義務制を実現する予算を要求する。警視庁の廃止と市警察の設置。行政官の解職と普通選挙による行政メンバーの選出。すべての法律の改訂。資本ではなく、労働に基づく社会の再編。２年を任期とする、すべての公職の普通選挙。高給の減額と不十分な賃金の増額。すべての公務員の責任性を緊急かつ実効性をもって審査すること。常備軍の廃止と18歳から50歳のすべての男性市民による民兵制度の創設。税制の見直しと入市税の廃止。すべての独占と財政的・貴族的特権の廃止。高利の禁止、年利６％を最高限度利子とする。最後に、すべての人身売買制度の根絶。そして、単一条項 article unique として、社会主義者として知られていれば、講義する会員としてクラブに出席することができる。クラブの綱領原則に賛同し、署名した他のすべての市民は、暫定会員期間（３か月）の後に会員の三分の二が出席したクラブの総会で入会が認められる。[21]

という前文がある。ここでは、官職の売買、カトリックを国教としたことによる宗教界の公教育に対する影響力、国民を監視下におく警察制度など、帝政下における諸制度の廃止と、教育の非宗教性、無償制、初等教育の義務制に対する要求等が、規約の冒頭に掲げられていた。なお、これらの要求の中にはそれまで公開集会において議論されていた社会的諸課題を継承した項目もみられる。[22] このように、第二帝政が1870年９月に崩壊した後、集会の自由を手にした民衆によって設立された監視委員会やクラブにおい

---

(21) A.H.G., Ly27, mss. ; Rougerie, *Paris libre*, pp. 74-76.
(22) 拙稿「パリ・コミューンと民衆クラブ　―組織、運営、人物―」『専修史学』第58号、2015年、28–30頁。

ては、それまで公開集会において議論されていた公教育と同様の要求、す
なわち非宗教性、無償制、一部教育段階の義務制の要求が継承されていた
ことが示唆されている。それは、先に挙げたメニルモンタン民衆協会が教
育制度として求めた項目と比較すると一目瞭然である。

　1870年9月に発足した監視委員会、クラブ等の民衆組織が掲げた社会
改革の理念を、翌年に成立したパリ・コミューンの主要施策と比較してみ
ると、官吏の給与の上限（年額6,000フラン）（4月2日布告）、国家と宗
教の分離（4月3日官報掲載）、常備軍の廃止と国民軍（民兵制度）の創設（3
月29日布告）、司法官または官吏の選挙、競争試験による選任（4月19
日の「フランス人民への宣言」）等、多くの点で共通していることを確認で
きる。第4区のクラブでは、パリ・コミューンに先行して、4、5カ月も
前にこれらの社会改革のテーマを活動理念としていた。

民衆組織の運営

　次に、これらの要求を生み出した組織が、どのように運営されていたの
か、この時期の監視委員会やクラブの運営方法に関する考察をとおして、
その構造に注目してみたい。

　監視委員会 Comité républicain de vigilance は、国防政府が任命した
市（区）長と行政官たちの監視を目的とする民衆組織で[23]、国防政府成立の
翌日、9月5日から、パリの20区それぞれにおいて形成が呼びかけられ、
その中央組織（二十区中央委員会）を第3区のコルドリー街に設置した。[24]

　なお、監視委員会やクラブの運営方法の多くは、それまでの帝政下の選
挙集会や公開集会と同じように、任期をともなう交代制の事務局 bureau
が運営にあたることになっていた。議長と補佐役（副議長）、書記等から

---

(23) G. Bourgin, *La guerre de 1870-1871 et la Commune*, Paris, 1971, p. 95.
(24) *Les Murailles politiques françaises : depuis le 4 septembre 1870*. Paris,
　　1873-1874, t. 1（以下、*M.P.F., Chevalier* と略記）, p. 91. 二十区中央委員会は、
　　1870年9月14日に発した声明から明らかなように、この時点ではプロイセン
　　軍に包囲されているパリとフランス全土の防衛をいかに遂行するかということに
　　全力を傾けていた。ここには、社会改革、ましてや新しい政治体制への要求など
　　はみられなかった。

なる事務局と聴衆によって成立するという形式を踏襲していたのである。帝政下と大きく変わったのは、集会を開く度にその場限りの事務局を選出するのではなく、任期制の事務局が選ばれ、聴衆参加者が会員制となり、[25] それによって組織が固定化されたことである。その結果、民衆運動は求心力を高め、世論として社会全体に大きな影響力をもち、政治体制そのものを変革するエネルギーを蓄積していった。

　10月中旬に、第3区で結成された「人および市民の権利要求結社」Société de la Revendication des Droits de l'Homme et du Citoyen が設けた「人および市民の権利要求クラブ」も同様に会員制で、その開設目的は「共和国の防衛と確立、すなわち自由と友愛の原理のもとにわれわれに平等をもたらすこと」であった。会員になる資格は、すでに会員となっている人物2名によって紹介され、調査委員会にかけたうえで、総会の多数決で入会を許可するという手続きで、後述する第18区の革命クラブと類似している。[26] このクラブの事務局はこの結社内部のメンバーから選出されることになっていた。

　同じ第3区で、11月に設けられた第3区の「団結クラブ」Club de la Solidarité は、三つの大きなテーマを運営方針とし、「政治革命」、「社会革命」、「精神革命」というプログラムを掲げ、事務局は議長1名、副議長2名、書記4名、庶務1名、助役1名という構成で、毎月選挙によって多数決で決定することになっていた。[27] 会員として新たに入会するためには、クラブ会員2名の推薦の下、申請から10日以内に、共和主義者であることを確認し、審査の結果を出すことにしていた。共和主義者の確認とは、すべての宗教的束縛から自由であること、領土の不可侵、不可分のために、単一にして不可分の共和国の防衛のために全精力をもって戦うこととされた。[28] 11月27日のビラには『パリ防衛』という議題が印刷されている。さらに、パリ市内のいくつかの区にネットワークを形成することも目的としており、必要に応じて地方にもその輪をひろげていくと述べている。

---

(25) Wolfe, *The origins*, p. 45.

(26) *MPF, Chevalier*, t. 2, p. 168.

(27) *Les Murailles politiques de la France pendant la Révolution de 1870-71*, Paris, s.d.（以下、*M.P.F., Clarétie* と略記）, p. 503.

(28) *Ibid.*

第 3 章　民衆組織　　97

　このクラブのビラによれば、会員制クラブとして活動することと併行して、一般に公開する集会を定期的に開催し、誰もが出席し発言することが期待されていた。特に、兵士、国民衛兵、遊動隊 mobiles に所属している市民からの声明や要求を公開講演というかたちで実施したいと述べており、ここには、この翌年 (1871 年) における一連の動き、すなわち、クラブの連合形成や国民衛兵中央委員会との協力関係の構築へとつながっていく萌芽がみえていた。

　第 6 区では、監視委員会が共和主義者連盟 Association Républicaine、インターナショナル・パリ支部と三者共同で「医学校クラブ」Club de l' École de Médecine の集会を開催 (1870 年 11 月 15 日, 11 月 21 日, 12 月 28 日, 1871 年 3 月 26 日) し、パリ・コミューンの成立後もその活動 (1871 年 4 月 10 日, 4 月 22 日, 5 月 15 日, 5 月 16 日) は続いた。そのなかでも、J. ヴァーレスの活動や A. レヴィ (Lévy) の提案 (1870 年 11 月 15 日)[29]、1871 年 3 月 26 日の決議の発表 (クラブ議長 C. ルソー (Rousseau))[30] はクラブの活動状況をよく示している。[31]

　11 月 16 日〜 12 月 30 日の期間に、14 回に及ぶ集会を開催した第 13 区の「社会民主主義クラブ」Club démocratique et socialiste の会則 (26 か条)[32] をみると、クラブの目的 (第 3 条) では、労働と労働者の解放を革命的方法によって実現するための革命的手段とその影響力に関するすべての政治的、社会的問題の研究をおこなうと述べている。討論は議長 1 名と書記 1 名からなる事務局の管理のもとでおこなわれるとし (第 17 条)、議長だけが、質疑応答、弁士の登録を受け付ける (第 19 条) と定められている。[33] 集会に集まった聴衆に運営の流れを委ねるのではなく、議長の強い権限の下にお

---

(29) Bruhat, *op.cit.*, p.160.

(30) Rougerie, *Paris libre,* pp.65-66.

(31) 荻野豊「公開集会から民衆クラブへ」『西洋史学』125 号、1982 年、45-46 頁；*Le Cri du Peuple,* no. 26. (le 26 mars, 1871).

(32) A.H.G., Ly22, mss. 巻末の史資料編「B7. 第 13 区社会民主主義クラブ規則」を参照。

(33) Wolfe, *The origins* は、この議長の権限について集会参加者の分派行動による混乱を避けるために、このような規定を定めていたと指摘している (p. 292)。しかし、第 13 区はインターナショナル派が強力な影響力をもち、集会参加者の層からみても、そのような混乱は予想しづらい。むしろ、そのような条項を盛り込むことについて、同クラブ内ではなんらの異論がないことが、このクラブを特徴づけているとみるべきである。

き、インターナショナル地区委員会 (ラ - グラシエール、パンテオン–第 13 区合同委員会、デュヴァル、イーヴリ地区、メゾン - ブランシュ、第 13 区クラブ) が活発な活動をおこなっていた同区の特徴がよく表れている。会員の入会資格、審査等はこれまでみてきた他のクラブと同様である。

　第 18 区では、10 月中旬以降、レーヌ - ブランシュ・ホールを会場としたモンマルトル・クラブ Club Montmartre は J. ビュルロ (Burlot) によって、他のクラブはアヴロンサール (Avronsart) によって、プロ・ホール Salle Perot のクラブは T. フェレ (Ferré) によって、いずれも監視委員会のメンバーによって主宰された。ロシュシュアル大通りのブール・ノワール劇場を本拠にしたクラブは、第 18 区の監視委員であった J.-B. クレマンが会員であり、女性会員には後に女子職業学校の設立を試みたポワリエ (Poirier) がいた。革命クラブ Club de la Révolution は、同じように会員制の組織ではあるが、組織のあり方に特色がみられた。会員制となることにより、組織的な求心力を高めつつも、会員を「受動的会員」と「能動的会員」の二つのカテゴリーに分類し、「能動的会員」となるためにはプログラムに署名し、他の能動的会員による公式な投票で認められる必要があった。このクラブでは、能動的会員によってクラブの中のクラブを構成していたのである。「受動的会員」の人数は、「能動的会員」の 3、4 倍近い

(34) Jean Burlot (184–?). 木靴屋、コミューン下で第 18 区の警視、監視委員を務める。1871 年 3 月 18 日のモンマルトルにおける騒擾に参加 (*D.B.M.O.F.*, t. 4, p. 449)。

(35) Avronsart (?–?). 第 18 区監視委員、1870 年 11 月に国民衛兵のなかの政府批判勢力が強い軍団の新兵募集をおこなった際にクラブを利用し、翌年 3 月 18 日のモンマルトルにおける騒擾でも活動した (*D.B.M.O.F.*, t. 4, p. 163)。

(36) Théophile Ferré (1846-1871). 代訴人、第 18 区の共和国防衛クラブ、監視委員会で活動、第 18 区選出コミューン議員。保安委員会 (第一次、第二次) を担当、コミューン崩壊後、ヴェルサイユ側の人質の処刑を命じたという容疑により銃殺刑に処せられた (*D.B.M.O.F.*, t. 6, p. 38)。

(37) Wolfe, *The origins*, p. 254, 259, 294.

(38) Poirier (1830-1879). 本名 Sophie Doctrinal お針子、第 18 区女性市民監視共和委員会委員長を務める、攻囲期にはお針子 7、80 名を集めて国立作業場を開設、女性の職業学校を創設、ブール–ノワール・クラブを L. ミシェルとともに創設した (*D.B.M.O.F.*, t. 8, p. 211)。

(39) 荻野、前掲書、45 頁；R. Wolfe,《The Parisian Club de la revolution of the 18th arrondissement 1870-1871》, *Past and Present*, no. 39, 1968, p. 97 ; *id.*, *The origins*, p. 294.

数を擁しており、組織としての人員の確保という面からみても、インター
ナショナル派のような厳密な会員組織に匹敵するものであった[40]。

　こうして、1870年の秋から冬にかけて、パリ市内ではクラブ等の民衆
組織が活動を活発化させていた。しかし、政治情勢という大局からみれば、
10月31日のブランキ派の部分的蜂起の失敗に続いて、11月初旬の国防
政府の正当性を問う信任投票においても、民衆勢力は敗北を経験していた。

民衆組織の構造強化

　民衆たちは、これに対して組織のあり方を変化させていった。12月に
入り、前述した「第4区社会主義者クラブ」は、クラブの中心となる事務
局（21名）を構成するにあたって、従前のようなクラブ内の会員による
選挙によるのではなく、監視委員会内部の執行委員会（6名）が任命する
ことにした（監視委員会規則第8条、第9条、第10条、第11条）[41]。監
視委員会の設置目的を、「社会主義革命の原理 principe révolutionnaire
socialiste の防衛と、その原理の表明、拡散を公開集会 réunion publique
を通じておこなうこと」（同規則第1条）とすることにより、監視委員会と
クラブの一体化を図った。すなわち、公開集会という場を利用し、クラブ
の宣伝活動をおこなうことを前提とし、監視委員会の存在意義を再定義し
たのである。構造的には、運動の表面には姿を現さない「革命グループ」（監
視委員会）が、公然活動としての「集会」（クラブ）を利用して、民衆をク
ラブ会員として勧誘しつつ、世論の形成を図ったのである。執行委員会と
いう「革命指導部」（6名）の下に「革命グループ」（監視委員会26名）を
結成し、執行委員会が任命した民衆活動家グループ（21名）を公開集会（ク
ラブ）の核とし、革命戦略を実行するという形式であったということがで
きる。ここではクラブの集会の議事進行役は集会参加者から選出するので
はなく、クラブ会員から選任することになっており、集会の議事進行をコ
ントロールする意図がみられる。

　翌年春にむかって、民衆組織はさらに政治的に先鋭化し、組織として

---

(40) Wolfe, *The origins*, p. 391.
(41) 巻末の史資料編「B1.　第4区監視委員会規則」を要約。

の構造が凝縮され強化される。監視委員会はその活動を具体化させ、2月20、23日にパリ全区の合同総会を開催し、決議と原理宣言をおこなった。[42]

　内容としては、会費や資金の徴収、各区の地区委員会や事務局の設置等を促しつつ、監視委員会の設置の目的について述べ、「監視委員会の全メンバーは、革命的社会主義の党に属する」と宣言したうえで、労働者による政権掌握とブルジョワジーの特権廃止を宣言するなど、インターナショナル派の直接的な影響が強くみられる。さらに、ボルドーで議会を開催しているヴェルサイユ政府を牽制して、

　　　共和政を多数派の権利よりも上位に位置付ける。それゆえ、直接的に人民投票という手段によるにせよ、あるいは間接的に、多数派の道具たる議会によるにせよ、多数派が人民主権原理を否定する権利を認めない。[43]

と宣言し、共和政の基盤を人民主権におき、議会における多数派によって否定され得ないとした。政治機構として、市政府（パリ）は「市内の革命的社会主義グループの代表団に由来する革命的コミューン」を、国政府（フランス）は「各地方の革命的諸コミューンと主要な労働者の中心地の代表団によってつくられる政治的および社会的清算の政府」の樹立を、それぞれ目指すことを表明した。[44]

　以上、1870年9月から12月の時期における公開集会が、帝政下における規制から解放され、民衆組織として定着していく過程をまず考察し、さらに復活した共和国が進むべき方向性をめぐって、王党派を含む旧体制派と決別するなかで、民衆組織が革命組織へと変化していく状況を、組織運営の規約などからみてきた。

---

(42) Rougerie, *Paris libre*, pp. 78-80；J. ルージュリ（上村祥二、田中正人、吉田仁志訳）『1871 民主の中のパリ・コミューン』（ユニテ、1987年）（以下、ルージュリ『1871』と略記）、75-76頁；Wolfe, *The origins*, p. 393；A.H.G., 8 J 147 d1256, mss.

(43) 1871年2月8日に実施された国民議会選挙では、ヴェルサイユ側が多数派を占め、ここに第三共和府が発足した。

(44) Rougerie, *Paris libre*, pp. 78-80；ルージュリ『1871』、76頁ほか。

国民議会選挙をめぐって

一方、国防政府側は、このような民衆組織の運動の高まりを前にして、プロイセンとの和平交渉をすすめながら、国内の体制を整えるために国民議会選挙をすでに1871年2月8日に実施していた。プロイセンとの戦争を継続するか、講和するかを正式に決定するためのプロセスの第一歩である。パリでは、約55万人の有権者中、33万人が投票（投票率60%）した。その結果、当選者の上位は、民衆の支持が厚いルイ・ブラン（Blanc）[45]、V. ユゴー（Hugo）[46]、L. ガンベッタ（Gambetta）[47]、M. ガリバルディ（Garibaldi）[48] など知名度の高い共和主義者たちが独占し、A. ティエール、J. ファーヴルなど国防政府の閣僚たちは下位でかろうじて当選するという選挙結果であった[49]。国防政府は、首都パリに限っていえば、街頭だけでなく国政選挙においても支持基盤は脆弱だった。パリの多くの有権者は、二つの共和国、すなわち人民主権か国民主権のいずれか（民衆と議会との関係において、民衆の権利の下に議会を置くのか、議会に民衆の権利を託すのかという主権のあり方）を選択する選挙において、前者に基づく共和国に投票したのである。

この選挙に向けても、民衆組織が活動し、選挙運動を組織していた。それが選挙結果となって表れていた。二十区中央委員会クラブ Club du Comité central des vingt arrondissements、モンタニャール・クラブ Club des Montagnards（第10区の急進共和派系クラブ）、インターナショナル連合会議 Chambre Fédéral de l'Internationale といった三つの組織名を冠した公認候補リストを印刷したビラには、43名の共和派と社会主義運動家たちの名前がある[50]。民衆組織を通じて地域の有権

---

(45) Louis Blanc (1811-82).　歴史家、社会主義思想家（主著『労働の組織化』（1840年刊）など）、二月革命期に国立作業場を設置した。

(46) Victor Hugo (1802-85).　詩人、小説家（代表作『レ・ミゼラブル』（1862年刊）など）、共和派、L. ミシェルと交流があった。

(47) Léon Gambetta (1838-82).　共和派、臨時国防政府閣僚、国民議会議員、議長など要職を務める。

(48) Menotti Garibaldi (1840-1903).　イタリア外国人部隊 G. ガリバルディの息子で、共和派を支持。

(49) 当選者43名中、国防政府首班 A. ティエールは25位、外相 J. ファーヴルは34位であった。

(50) *M.P.F., Clarétie*, p. 867；Wolfe, *The origins*, p. 350.

102

者たちに配布された。このビラの冒頭には「共和派＆社会主義者合同」Fusion Républicaine & Socialiste と記されており、その名称のとおりに G. クレマンソー（Clemenceau）[51]、L. ガンベッタ、V. ユゴー、E. キネ（Quinet）[52]ら共和派とともに、C. アムルー、C. ドレクリューズ、G. ルフランセ、J. ミオらインターナショナル派の名前もあり、まさに上記にあげたクラブとインターナショナル派が合同（fusion）した組織だった。別のビラには、パリ二十区選挙クラブ委員会の革命的社会主義者中央委員会 Comité central révolutionnaire et socialiste des clubs et comités électoraux des 20 arrondissements de Paris という組織名が印刷されている[53]。ここには、共和派として L. ガンベッタや H. ロシュフォールの名前はあるが、G. クレマンソー、V. ユゴー、E. キネらの名前はない。代わりに、インターナショナル派として、前記のビラにあった人物に加えて、S. ドルール、J. フリュノー、C. ロンゲ（Longuet）[54]、B. マロンたち、後にコミューン議会の議員として活動するインターナショナル派の多くの名前がある。それに加えて、この選挙に際して、インターナショナル派とは直接的な関係をもたなかったが、革命的社会主義者中央委員会が推薦した人物たち、A. ブランキ（Blanqui）[55]の側近 B. フロット（Flotte）[56]や共和派フリーメーソンの E.A. グピル（後に、第一次教育委員会委員になる）が含まれていた。組織の多様性とそれを相互に認め合う民衆の意識が、ここに反映されていた。

---

(51) Georges Clemenceau (1841-1929).　ジャーナリスト、第18区区長、国民議会議員、ヴェルサイユ側との調停失敗。後に、ドレフュス事件ではドレフュス擁護の論陣を張り（1898年）、首相に就任（1906-09年）した。

(52) Edgar Quinet (1803-75).　文人、反教権主義、国民議会議員。

(53) *M.P.F, Clarétie*, p. 868.

(54) Charles Longuet (1839-1903). ジャーナリスト、教師、インター会員、第16区選出議員、労働・産業・交換委員会、官報編集者、K. マルクスの娘イェニーと結婚。

(55) Auguste Blanqui (1805-81).　七月革命、二月革命に参加、コミューン期は服役中、少数精鋭の前衛による革命路線は、その後の多くの革命運動に影響を与えた。

(56) Benjamin Flotte (1814-88).　料理人、A. ブランキの秘密結社に参加、コミューン期は人質としての大司教と A. ブランキの交換交渉をヴェルサイユ政府とおこなう（*D.B.M.O.F.*, t. 6, pp. 54-55）。

国民衛兵の拡大と民衆

　加えて、武力も民衆の手に移りつつあった。パリにおける公的な武装組織は、軍隊、国民衛兵、警察で構成されており、治安は国民衛兵と警察が中心になって担当していた。対プロイセン戦争が始まる前（1870年7月）までは、国民衛兵はパリ市内西部の富裕層地区を中心に約60大隊を擁していたが、戦争開始後は、戦況の悪化と兵力増強のために国民衛兵制度を労働者地区へ適用せざるを得ず、そのため、国民衛兵の規模も拡大していった。1871年3月には、大隊の数は260へと大幅に増加していた。治安の主体は権力側から、民衆側の手へと移っていったのである[57]。ちなみに、第11区は25大隊、第17区は19大隊、第18区は22大隊でそれぞれ構成されていた。16大隊を擁した第20区の第159大隊ではブランキ派のグランジェが大隊長に選出されたが、国防政府はこれを認めようとせず、三回目の選出後にようやく許可を出した（柴田『パリ・コミューン』、68頁）。

　3月3日には、パリ全区を結ぶ国民衛兵の連合組織が結成され、15日には中央委員会が成立する。そのきっかけとなったのは、公開集会、クラブにおける地域の民衆運動との相互作用である。15日の中央委員会結成は、第10区のティヴォリ-ヴォクサル Tivoli-Vaux Hall でおこなわれたが、このホールはそれまで、しばしばクラブや散発的な集会がおこなわれており、「二十区代表団中央委員会 Comité central de la délégation des vingt arrondissements」「共和国防衛者中央委員会 Comité central des défenseurs de la République」「共和主義連盟委員会 Comité fédéral républicain」や「マルセイエ集会委員会 Comité de la réunion de Marseillais」、「モンマルトル中央委員会 Comité central de Montmartre」などが開催され、民衆の意志を表明する場所となっていた。

第2節　民衆組織の展開

　3月18日の早朝のモンマルトルにおける、正規軍部隊による国民衛兵部

---

(57) 柴田『パリ・コミューン』、48頁；喜安朗、木下賢一「十九世紀民衆運動の論理」『中央公論』第86巻11号、1971年、238－239頁。

隊の大砲奪取作戦は、ここまで追いつめられた政府の反撃でもあった。しかし、それは失敗に終わり、国民衛兵中央委員会は民衆組織の動向を見守りながら、一挙に市議会選挙 (以下、「コミューン選挙」と記す) の準備へと向かう。

　3月26日のコミューン選挙において民衆組織が果たした役割に関する史料は少ないが、医学校クラブ Club de l'École de Médecine (第6区) では議員候補者の選出をおこない、レーヌ–ブランシュ・ホールで活動していたモンマルトル・クラブ Club Montmartre (第18区) も、できるだけ早いコミューン選挙の実施を求める宣言を36名の連名でおこなった。このモンマルトル・クラブのビラに日付はないが、署名者のなかには、後にコミューン議員となる S. ドルールの名前がみえる。第3区で結成された「人および市民の権利要求結社」Société de la Revendication des Droits de l'Homme et du Citoyen が結成した「人および市民の権利要求クラブ」も同様に、パリ市議会の選挙を要求している。前記 (p.101) した第10区のモンタニャール・クラブでは、共和主義者クラブ Club républicain と国民衛兵第10師団が共同して、選挙候補者6名のリストを準備し、P. ラストゥール (Rastoul)、F. ピア (Pyat)、C.F. ガンボン (Gambon) たちが高得票率で当選を果たした。選挙の翌日、3月27日には第14区のブーラル街36番地で監視委員会が開かれ、さらに、監視委員会の後援でトンブ-イソワール街と区役所広場にある修道院学校、メゾン-デュ・ホールでは集会が開催された。第7区でも、4名の議員のうち監視委

---

(58) Rougerie, *Paris libre*, p. 139. J. ルージュリは第11区、第14区、第17区の史料に基づき論述している。

(59) F. Maillard, *Élections des 26 mars et 16 avril 1871 : affiches, professions de foi, documents officiels, clubs et comités pendant la Commune*, Paris,1871, p. 111 ; *M.P.F.*, *Chevalier*, t. 2, p. 113.

(60) *M.P.F., Clarétie*, p. 255.

(61) *M.P.F., Chevalier*, t. 2, p. 168.

(62) Paul Rastoul (1835–?). 機械工、モンタニャール・クラブで活動、第10区選出議員 (*D.B.M.O.F.*, t. 8, pp. 287-288)。

(63) Félix Pyat (1810-1889). 文筆家、セーヌ県選出国民議会議員、第10区選出議員となり、執行委員会、財務委員会で活動 (*D.B.M.O.F.*, t. 8, 262-264)。

(64) Charles Gambon (1820–1887). 弁護士、第10区選出議員、法務委員会で活動 (*D.B.M.O.F.*, t. 6, pp. 123–124)。

(65) Johnson, *op.cit.*, p. 170.

(66) *Ibid.*

第3章　民衆組織　　*105*

【資料3】コミューン選挙結果

区	議席数	監視委員会	比率1	インター派	比率2
1	4	2	50.00%	2	50.00%
2	4	4	100.00%	4	100.00%
3	5	3	60.00%	3	60.00%
4	5	4	80.00%	4	80.00%
5	5	3	60.00%	0	0.00%
6	4	2	50.00%	2	50.00%
7	4	3	75.00%	0	0.00%
8	4	2	50.00%	1	25.00%
9	5	0	0.00%	0	0.00%
10	6	4	66.67%	1	16.67%
11	7	2	28.57%	2	28.57%
12	4	0	0.00%	1	25.00%
13	4	2	50.00%	2	50.00%
14	3	2	66.67%	1	33.33%
15	3	3	100.00%	1	33.33%
16	2	1	50.00%	1	50.00%
17	5	4	80.00%	3	60.00%
18	7	4	57.14%	2	28.57%
19	6	3	50.00%	2	33.33%
20	4	2	50.00%	0	0.00%
	91	50	54.95%	32	35.16%

（1）各議員をインターナショナル派とする選別基準は、*D.B.M.O.F.* に基づいた。
（2）10区は、3月28日の発表では議席5であったが、3月30日には議席6に変更されている（*P.V.C.*, t. 1, pp. 64-68 の選挙管理委員会表明）。
（3）監視委員会に関する各区の傾向は Wolfe, *The Origins*, pp. 110-114 の分析に基づいた。
（4）当選者における監視委員会およびインターナショナル派の比率を示した。（1871年4月16日現在の数値を表す。なお、3月26日現在のインターナショナル派の当選者は24名である。）

員会が支援するプレ‐オ‐クレル公開集会のメンバー、F.L. パリセル(Parisel)[67]、R. ユルバン、A. シカール (Sicard)[68] たち3名が当選した。

　この選挙結果にみる監視委員会委員の当選者を区ごとに比較すると、【資料3】のとおりとなる。

　監視委員会委員の比率を各区議員定数に対する当選者中の監視委員会委

---

(67) François Louis Parisel (1841-78). 内科医、薬剤師、第7区選出コミューン議員、食糧委員会で活動（*D.B.M.O.F.*, t. 8, pp. 91-92）。
(68) Auguste Sicard(1839–?). クリノリン製造職人、第7区選出コミューン議員、軍事委員会を担当（*D.B.M.O.F.*, t. 9, p. 129）。

員の比率で表し、インターナショナル派占有率は、各区議員定数に占める
インターナショナル派当選者の比率で表した。これらの比率から、監視委
員会が選挙において大きな役割を果したこと、インターナショナル派によ
る独占的な地位は確立されていなかったこと、地域 (区) ごとに大きな差
異があったことが示されている。

　議席数に占める監視委員会委員とインターナショナル派の比較では、全議
席数に占める監視委員会委員は約55%に達している一方、インターナショ
ナル派は約35%であり、議会全体でみれば、監視委員会の影響力がより大
きいことになる。監視委員会の内部にインターナショナル派が含まれている
ため、監視委員会委員とインターナショナル派の比率は概ね比例しているが、
比率の差が大きい区がいくつかあり、第5区 (監視委員会60%、インターナ
ショナル派0%)、第7区 (同75%、同0%)、第10区 (同67%、同17%)、
第15区 (100%、33%)、第20区 (50%、0%) では、インターナショナル
派は監視委員会委員の人数比率の半数にも満たなかった。第12区では監視
委員会委員は皆無で、インターナショナル派も1人 (25%) だけであった。
これらの数値は、監視委員会の発足時 (1870年9月) にはインターナショ
ナル派が主導していたが、約半年後のコミューン選挙時 (1871年3月) には共
和急進派やブランキ派が監視委員会に浸透していたことを示している。

　パリ・コミューンの発足後、民衆勢力は社会的組織として、各区、地域の
行政機構に参加する一方、それまでと同様、集会を通じて民衆の意識形成を
図った。4月2日付の『コミューヌ』紙には、モリエール・ホールで開催され
た集会の議題として、「パリ・コミューン、その役割と分担」と印刷されている。

　J. ブリュアは、パリ・コミューンと民衆組織、特にクラブとの関係につ
いて、二つの側面があったことを指摘し、「根底からの支持と油断のない
批評精神を同時にあわせもつものであった」と述べている。つまり、クラ
ブの民衆たちは自らが投票し、選出した議員による議会を支持し、役立つ
提案をして協力すると同時に、その議会を用心深く監視し、ときには非難
さえしたというのである。[69] それは、4月末から5月初旬にかけての、議会

(69) Bruhat, *op.cit.*, p. 166.

を二分する白熱した議論となった公安委員会の設置をめぐる問題で明白に示された。議会内部の多数派と少数派という分裂に対して、民衆組織はこれに厳しい姿勢で臨んだ。中心部の第3区と第8区、周辺部の第11区と第14区の民衆たちの行動をみてみよう。

第3区

　教会を民衆組織の集会場とするようになったのは、第18区のサン–ベルナール教会クラブが最初(4月20日)であるが、パリ中心部のニコラ–デ–シャン教会 (第3区) を会場としたコミュナール・クラブ Club communal では、4月30日、コミューン議会に対して公安委員会の設置を要求する決議がおこなわれた。この決議に続きその翌日、5月1日にはコミューン議会の辞任議員の補充選挙のやり直し、公安委員会設置案の支持、パリ市内の教会を公開集会とクラブの施設として夕方から利用することが決議され[70]、この決議は3日に開催されたコミューン議会の場において第1区選出議員 P. ヴェジニエ[71] (Vésinier) によって報告、提案された。5日には「民衆へ」という呼びかけのもとで、「コミュナール・クラブの原則の宣言」がおこなわれ[72]、その翌日、6日には B. ランデック (Landeck)[73] が要求した、「コミューンは、人民らの協会を拠りどころにするべきだ」という動議とそれが承認されたことを伝える記事が『ビュルタン・コミュナール』紙に掲載されている[74]。

　これらコミュナール・クラブの決議や宣言は、この時期のクラブの態度が明確に示されているので、この宣言の一部をここに引用しておく。

　　コミュナール・クラブの目的は、(中略) 人民の権利を守り、人民がみ

---

(70) S. Edwards, *The communards of Paris, 1871*, Ithaca, 1973, p. 100; *P.V.C.*, t. 2, pp. 89-90.

(71) Pierre Vésinier (1824-1902). ジャーナリスト、インター会員、第20区監視委員会委員、補充選挙 (4月16日) により第1区選出議員となる (*D.B.M.O.F.*, t. 9, pp. 305-307)。

(72) Edwards, *op.cit.*, p. 99.

(73) Bernard Landeck (1832-?). ポーランド出身、インター会員、宝石細工職人、モリエール・ホール、サン–ルー教会クラブ Club de l'Église St. Leu、ニコラ–デ–シャン教会クラブ Club de l'Église St. Nicolas-des-Champs 等で活動 (*D.B.M.O.F.*, t. 7, p. 8)。

(74) *Bulletin communal*, le 6 mai, 1871.

ずから統治できるように人民に政治教育をおこなわせ、われわれの受任者が原則を逸脱すれば原則を思いださせ、彼らが共和国を救うためにおこなうすべてのことで彼らを支持し、なかんずく、その受任者の行為の監視という権利を放棄すべきでない人民の主権を確立することにある。人民よ。公共集会や出版を通じて、みずからを統治せよ。諸君の代表者たちに圧力をかけよ。彼らが革命の道を行きすぎるということはない。もし受任者たちがためらったり、立ちどまったりすれば、われわれの目標、すなわちわれわれの権利の獲得、共和国の強化、正義の勝利に行きつくように、彼らをかりたてよ。[75]

　この宣言は、有権者と代表者（議員）あるいは受任者（議員）の関係について人民主権に基づくことを明白にし、民衆自身の政治的覚醒をも促している。5月8日付の『コミューヌ』紙には、第17区の社会革命クラブの集会で、「教会による女性と革命による女性」という議題が取り上げられたことが報道されている。柴田三千雄はこの時期の民衆クラブについて、「コミューンの社会政策がかならずしも十分に実施されず、とくに軍事面で不手際がではじめると、民衆のあいだからコミューン批判の声が高まりはじめた。戦況が緊迫しはじめた4月末から5月はじめにかけてクラブがめだって増えていること、この時期のクラブがおしなべて直接民主制を強く表明していることは、この民衆の気持ちを物語っている」と述べ、議会や軍事面への不満から直接民主制（人民主権）への要求が高まったと主張している。しかし、フランス国防省文書館に収録されている民衆クラブ関係の史料を調査すると、柴田の主張はあたっていない。前年の9月から71年の3月にかけての時期の方が、はるかに活動は活発であった。また、最盛期のクラブの数について、根拠を示さずに36とした記述も、[76] J. ブリュアの著作に示された数字を引き写したものであることは明らかである。[77]

　なお、公安委員会の設置をめぐっては多数派と少数派の議論にみられる

---

(75) 柴田『パリ・コミューン』、146–147頁。
(76) 柴田『パリ・コミューン』、137頁。
(77) Bruhat, *op. cit.*, pp. 158-159.

ように、議会のなかでは意見が大きく分かれる問題であったが、第3区の
コミュナール・クラブは設置を支持することによって、革命をさらに前進
させ、人民主権の実現を目指したのである。この間、同区では、4月23
日にフェルディナン‐ベルトゥ街、ヌーヴ‐ブール‐ラベ街、ベアルン街に
非宗教系学校3校を開校し、5月上旬にはパルク‐ロワイヤル街に孤児院
を、ヴィエイユ‐デュ‐タンプル街に非宗教系学校をさらに開校している。[78]

第8区

　同じくパリ中心部に近い第8区では、民衆組織の公安委員会に対するこ
のような支持の姿勢を、監視委員会委員の活動を地域行政のなかで具体的
に示すことによって、その政治的立場を明らかにした。

　3月20日、モンマルトルにおける騒擾によって政府がヴェルサイユへ
逃亡し、政治的・軍事的空白が生じた翌々日に、国民衛兵第8師団の師団
長であったJ. アリクスは、第8区の区役所を占拠した。その後、コミュー
ン議会選挙（3月26日）を経て議員となり、区長に就任するや、早々と
第8区の監視委員たちを区業務の要職に就けた。A. ルバとブラン（Blanc）
を助役に任命し、V.P. リシャール、L. ブルレ（Bourlet）[79]、テシエ・ド・マ
ルグリット（Tessier de Margueritte）[80]、J. ビゴー（Bigot）[81]を区行政委員
membre de la municipalité に、シュミット（Schmidt）[82]を局長に、古く

---

(78) *J.O.*, p. 350.(le 23 avril, 1871) ; *M.P.F., 1874*, t. 2, p. 520.　巻末の史資料編
　　「A1. コミューン下の設立学校一覧」を参照。
(79) Louis Bourlet (1838–?).　紳士物衣料品商、行政委員 membre de la municipalité
　　と監視委員 comité de vigilance を務め、特に財務を担当した。財務担当者として
　　区内のさまざまな金庫から資金を確保した。軍事事務所に務めた (A.H.G., 8 J 10
　　d548, mss.) (*D.B.M.O.F.*, t. 4, p. 389)。
(80) Tessier de Margueritte (1835–?). パリ攻囲が始まった時期から国民衛兵第69大隊の
　　大隊長を務めたが、11月31日の騒擾事件で罷免され再任されることはなかった。コ
　　ミューン下では、区行政委員（4月16日の選挙により）、監視委員を務めた。貴族の
　　出身で、男爵 (Tessier, baron de Margueritte) であった (*D.B.M.O.F.*, t. 7, p. 256)。
(81) Bigot (?–?).　元パン職人親方でありながら、政治に関与することが多かった。
　　コミューン下では区行政委員となり、軍事事務所 Bureau militaire に勤め、徴兵
　　拒否者の逮捕を進めた。5月14日からは警察中央委員 commissaire central de
　　police を務めた (*D.B.M.O.F.*, t. 4, pp. 297-298)。
(82) Schmitz あるいは Schmidt(?–?). 軍事事務所に勤めた (*D.B.M.O.F.*, t. 9, p. 105)。

からの市役所職員 A.H. コパン (Coppin)⁽⁸³⁾を事務長に任命したのである。
3月18日の騒擾事件以前から、第8区では、監視委員会が区行政を束ねていたという説もあるが、どちらにしてもパリ・コミューンの発足以前に、監視委員会が区行政を掌握していたことに変わりはない⁽⁸⁴⁾。また、パリ・コミューンが選挙を経て正式に成立する以前の時点で、第8区の国民衛兵師団長であった J. アリクスが、これら監視委員会の委員を動員して行政の実権を手中に収めていたことは注目に値する⁽⁸⁵⁾。

5月11日には、4月26日付のコミューンの布告に基づき、同区監視委員会の7名に区内の徴用、武器徴発、宣誓拒否者の捜索に関する任務を与えている⁽⁸⁶⁾。

---

(83) Alfred Hippolyte Coppin (?-?). フォンタラビ街9番地（第20区）に居住、J. アリクスが区役所では常に中佐の軍服とサーベルを身につけていたと証言し、3月20日に区役所に現れ、彼を補助する職員と一緒に区業務の再編をおこなったと述べている。軍事事務所は外国人の職員を動員し、他の事務所も新しい職員を配置し、E. ヴァイヤンや R. リゴーは戸籍事務所の代表委員を務めていたと証言 (A.H.G., 8 J 10 d548, ms.)。

(84) 監視委員会の委員たちは、モンマルトルの騒擾事件があった3月18日の翌々日には、国民衛兵第8師団長であったアリクスによって区の行政を任されたという説もあるが、それ以前にすでに区行政が監視委員会の委員たちの管理下にあったという証言もあり、監視委員会委員たちが区行政の機能を担っていたのは、J. アリクスが区役所を占拠する以前からであったというのである (A.H.G., 8 J 10 d548, mss.)。巻末の史資料編「B2. 第8区区役所行政担当者」を参照。

(85) 3月21日に、J. アリクスは、パリ広場 place de Paris 司令官の命令として、プランス-ユジェーヌ兵舎に国民衛兵第3大隊を集合させた。29日には旧警察を解体し、新たに警察、監視代表委員としてビロ (Billot)、A. ルバ、ブラン、L. モルトロル (Morterol)* を任命した。4月に入り、2日には J. アリクスの命令により、区会計局に押しかけ「徴発」をおこなった。この時の調髪には、ブラン、A.H. コパン、A. ルバ等が現場におり、会計局には8万フランあったと証言。4月11日、区代表委員 délégué à la Mairie として G. ピケを任命し、4月17日には区食糧支援所 cantines municipales を立ち上げ、5月7日には避難者のために建物の徴用をおこなった。その後、コミューンによって J. アリクスが逮捕されると、V.P. リシャール、L. ブルレ、テシエ・ド・マルグリットがその代役を務め、J. ビゴーが警察中央委員 commissaire central を務めた。J. アリクスはその後、G. ランヴィエ（公安委員会）の命令により5月22日に解放されている (A.H.G., 8 J 10 d548, mss.)。*Emile Léopold Morterol (1845-?) は建築家、国民衛兵中央委員会委員、警視を務めた (D.B.M.O.F., t. 8, pp. 7-8)。

(86) A.H.G., Ly27, ms. 警察文書。7名とは監視委員の J. ビゴー、E. ピフォ (Piffault)、アグスタン (Agoustin)、ドロリエル (Delauriere)、E. ボーシュ (Bauche)、J.B. ダンヌヴィル (Denneville)、F. ブレスレ (Bressler) である。4月26日付のコミューンの布告とは、コミューン議会と区行政との間における権限の分担について、軍事関係を除く区行政については区行政機関が担当するという布告を指す。

第3章　民衆組織　　*111*

なお、この文書はL. ブルレ、G. ピケ (Picquet)[87]、シュミットの三名が任命者として署名したうえで、第8区選出議員のR. リゴー (Rigault)[88]とE. ヴァイヤンが承認の署名をしている。このことから、区行政の人事については、監視委員会の自律性を担保しながら、表面的にはコミューン議会の権威を尊重していたことを示している。なお、同日に、国民衛兵としての兵役義務を果さずに逃亡している人物について、不動産所有者、家主、管理人は、48時間以内に武器事務所 Bureau d'armement にその旨を通報すべきことが布告されており[89]、この布告でも、その前文で公安委員会の権限が第8区監視委員会に委譲されていることが明記されている。同布告には、本案件が第8師団と国民衛兵の協力のもとに遂行されると述べられており、監視委員会事務総長という職名とともに、シュミットの署名が付されている。

　これとほぼ同様の内容の文書として、5月14日の布告では、国民衛兵の協力の下に調査委員を任命すること、不動産所有者、家主、管理人は同委員会の調査票の受領から24時間以内に記入のうえ提出すること、この調査に支障を与える者に対しては罰則が科されること、とされている。この文書には、監視委員会委員3名の署名 (F. ブレスレ (Bressler)[90]、E. ボーシュ (Bauche)[91]、J. ビゴー) がある[92]。

　5月14日の監視委員会事務総長としてシュミットの署名がある文書も、同様に公安委員会から権限を委譲されたとしたうえで、監視委員会からJ. ビゴーを警察中央委員に任命し、G. ピケにその業務指示の梗概を作成させるよう提案することを布告したものである[93]。同日付けの文書として、他

---

(87) Gustave Picquet (1830–?). Joseph Picquet とも名乗る。染物職人 (*D.B.M.O.F.*, t. 8, p. 195)。

(88) Raoul Rigault (1846–1871). 医学生、ジャーナスト、第8区選出コミューン議員、保安委員会、検事を務める。聖職者の逮捕と処刑命令を下した (*D.B.M.O.F.*, t. 8, pp. 344-345)。

(89) A.H.G., Ly27, ms.

(90) Eugène François Bressler (1842–?). 行商人、第8師団で宿営、軍事事務所委員を担当 (*D.B.M.O.F.*, t. 4, p. 411)。

(91) Emile Bauche (?–?). 国民衛兵第69大隊、第1中隊に所属し、第8区軍事事務所委員を担当 (*D.B.M.O.F.*, t. 4, pp. 212-213)。

(92) A.H.G., Ly27, ms.

(93) *Ibid.*

にも公安委員会からの権限委譲により業務命令をおこなったものがあり[94]、こちらもシュミットの署名が付されている。

第8区の監視委員会は9名で構成していたが[95]、そのうちE. ボーシュとF. ブレスレは区軍事委員会に所属し、E. ピフォ (Piffault) とA. ダンヌヴィル (Denneville) [97]は徴兵業務などをおこなう区軍事事務所で区業務を担当していた。監視委員会事務総長を務めていたシュミットは全体の業務にかかわっており、監視委員会が組織として公安委員会から委譲された権限を区行政の広範囲の分野で執行していたことを窺わせる。

監視委員会のメンバーによる区役所業務の遂行にあたって[98]、統括したのがテシエ・ド・マルグリット、L. ブルレ、G. ピケであった。これらの委員たちは、区行政の要である財政と警察をおさえていた。財政については、L. ブルレが行政委員になり、特に財務を担当し、区役所のさまざまな財源から資金を確保するとともに、軍事事務所も管轄した[99]。

その後、前述のように、パリ・コミューン中央組織によって、一時期、区長J. アリクスと助役A. ルバが逮捕されると、V.P. リシャール、L. ブルレ、テシエ・ド・マルグリットがその代役を務め、J. ビゴーが警察中央委員 commissaire central を務めた。

---

(94) *Ibid.*

(95) 同上によれば、《Bourlet, Piquet, Schmidt(Secrétaire générale), Bigot(Commission centrale de police), Bauche(délégué au recensement, membre de Comité militaire), E. Bressler(Bureau militaire, membre de Commission militaire), Pilfault(Bureau militaire), Denneville(Bureau militaire, secrétaire à la Commission militaire), Richard》と記載されている。

(96) Eugene Piffault (1825 - ?). 文具書籍商、攻囲中は第3大隊第2中隊に所属し、妻とともにクラブへ出席し、1871年4月16日の補充選挙事務を担当し、5月11日から軍事事務所委員を務めた (*D.B.M.O.F.*, t. 8, p. 180)。

(97) Augustin Denneville (1841–?). 銅製品旋盤工、第8師団軍事事務所委員を務め、第69大隊に所属し、インター会員 (*D.B.M.O.F.*, t. 5, p. 311)。

(98) A.H.G., Ly16, mss. の監視委員会リストによれば、《Bourlet, Picquet (Gustave), Schmidt, Bigot, Bauche, Bressler (Eugene), Piffault (Eugene), Denneville (Jean Baptiste), Richard, Bleine (A), Billot, Morterol, Lebas》の13名と記載されている。A.*H.G., Ly27,* mss. の監視委員会リストによれば、《Bourlet, Piquet, Schmidt, Bigot, Bauche, Bressler, Piffault, Denneville, Richard》の9名という記載がある。

(99) A.H.G., 8 J 10 d548, ms.

第8区監視委員会は、公安委員会から権限を委譲され、同区内における物資徴発や反コミューン派の捜索とそれを執行する要員の任命をおこない、さらに戦死した国民衛兵の妻や子供への年金の支払いの決定、食糧の確保という範囲まで活動を広げていた。監視委員会の委員たちが区行政のさまざまな部門の業務を分担し、同時にコミューン議員と連携しながら、必要に応じてパリ・コミューンの中央執行組織の権威によって、地域における公的活動を根拠づけた。

この他、監視委員会の後援のもと、区長J. アリクスと共同しトリアート体育館において女性同盟クラブが開催されており、監視委員会が区業務[100]に密接にかかわっていただけでなく、区内の女性たちの民意の集約をも図っていたことが記録されている。

第8区の区行政の下で進められた、公教育の非宗教化については、第2章第2節で述べたように、民衆組織が大きな役割を果した。第8区ではコミューンの成立以前より活動していた監視委員会が区行政の中心を担っていたのである。

この区行政を中心となって進めたのがJ. アリクスと監視委員会の委員たちであった。助役のA. ルバと教育行政の代表委員E. レヴェクが新しい教育理念に基づく教育制度を確立しようと努め、近接する市庁舎のコミューン議会、セーヌ川をはさんで向かい合っている第6区の省庁との連携を模索しながら活動をおこなった足跡が示されている。

同じ第8区選出議員であり、コミューンの中央組織のなかでひときわ存在感を示したE. ヴァイヤンと比較すると、区行政というレベルにおいてはむしろJ. アリクスの方が実質的な影響力をもっていたこと、そしてそのいきさつについては上述のとおりである。前述したA.H. コパンの証言でも、「ヴァイヤンやリゴーは戸籍事務所の代表委員を務めていた」に過ぎ[101]ないとあり、コミューン議会においてはそれぞれ発言力があり、要職（教育委員会代表、検事総長）についていた議員であったが、選出母体である地元の区と行政の視点からみれば、その実権はJ. アリクスに握られ、彼

---

(100) Johnson, *op.cit.*, p. 169.

(101) A.H.G., 8 J 10 d548, ms.

が配置した監視委員会のメンバーが表面上はコミューン議会の権威を尊重しつつ、実質的な行政を自らの手で進めていたのは明らかである。

第11区

　第11区でも最初に動いたのは国民衛兵の組織だった。同区では1870年11月の区長選挙の結果、J. モチュが区長を務めていた。しかし、3月18日の騒擾の翌日、国民衛兵の C.R. カペラロ (Capellaro)[102] と A. ブジエ (Bezier)[103] が区役所を占拠し、その指揮の下で、区の行政を担当する委員を選出し、区の諸業務を監督する民事代表委員会 Délégation civile を設置した[104]。

　3月26日のコミューン選挙では、C.R. カペラロは「共和・民主・社会主義中央選挙委員会」の活動に加わっている[105]。この委員会には、C.R. カペラロの他に、アンドレ (André)[106]、J. ボー (Baux)[107]、ボケ (Bocquet)[108]、クラ

---

(102) Charles Romain Capellaro (1826-1899). イタリア系移民の家系でフランスに帰化、三人兄弟の長男、既婚、三人の子どもの父。優れた彫像彫刻家で、1863年、65年、66年のフランス全国展覧会で三つのメダルを獲得した。第11区シュマンヴェール街に居住し、国民衛兵第195大隊第2歩兵中隊で兵役に就いた。中隊代表になり、後に大隊代表、最終的に師団代表に選ばれて、中央委員会委員となった。彼はインターナショナル派とは関わりがないと主張しているが、おそらくは関わっていたものと思われる。というのは、一緒に活動していた仲間であり、インターナショナル派の A. ギヨーム (Guillaume) が4月17日に彼に書簡を書いており、そのなかで師団を組織するつもりなら、同志のフェ (Fée) と連携をとるべきだと助言しているからである (A.H.G, 8 J 187 d458, mss.) (*D.B.M.O.F.*, t. 4, pp. 475-476)。

(103) Antoine Bezier (1835 - ?).　会計、国民衛兵バフロワ街小委員会、連盟兵支援、食糧業務を担当 (*D.B.M.O.F.*, t. 4, p. 291)。

(104) A.H.G., 8 J 187 d458, mss. の文書 (1871年12月4日) では、軍事事務所の区行政のなかにおける位置づけについて重要な示唆を与える叙述がある。この文書は、裁判のために証言や証拠を集める過程で、軍事事務所の役割について報告したもので、軍事事務所の設置を基礎にした区行政の再編を試みるというものである。

(105) *M.P.F., Chevalier*, t. 2, pp. 84-85.

(106) André (?–?).　コミューン選挙時に国民衛兵中央委員会、共和 - 民主 - 社会主義者合同委員会で活動。連盟兵小委員会に所属し、ギロチンの焼却処分を実施 (*D.B.M.O.F.*, t. 4, p. 118)。プロレテール・クラブ会員。

(107) Jean Baux (1820–?). 機械工、インター会員、サント–マリー街 [sic.St. Maur]63番地に居住。第232大隊所属、武器弾薬調達担当。軍事事務所の場所を徴発し設置した。同事務所に5月11日から27日まで勤める。その後消息不明 (8 J 187 d458) (*D.B.M.O.F.*, t. 4, p. 221)。

(108) Bocquet (?–?). 車両装飾画家、オベルカンフ街委員会委員長第二補佐、アンドレとともに3月26日のコミューン選挙活動に従事 (*D.B.M.O.F.*, t. 4, p. 327)。

第 3 章　民衆組織　　*115*

ヴィエ (Clavier)[109]、クザン (Cousin)[110]、デュマ (Dumas)[111]、J. リアズ (Liaz)[112]、L. マルティ (Marty)[113]、ミシエ (Missier)[114]、ルニョー (Regnault)[115]、トゥルノ (Tournot)[116]たち、後に区の行政を担う民衆活動家が幅広く結集していた。これらの人びとが活動する共通地盤が、主に国民衛兵小委員会である「オベルカンフ街 56 番地の 2 委員会 Comité de la Rue Oberkampf, 56bis」であったことも、運動の地域性と社会的結合関係をよく表している。

　選挙後の 3 月 31 日に開催された「第 11 区委員会」の会議議事録には、

　　……マグドネル (Magdonel)[117]とダヴィッド (David)[118]が民事代表委員 délégué civil に任命された。市民カペラロは、代表の一人に就任するよう要請されたが、これを辞退した。(中略) 民事代表委員会・マグドネルとダヴィッド、庶務課 secrétariat・ギヨーム (Guillaume)[119]、経理課 caisset・ブジエ、食糧の調達支給 alimentation・リブレ (Riblet)[120]と

---

(109) Clavier (?–?). オベルカンフ街委員会委員、3 月 26 日のコミューン選挙活動に従事 (*D.B.M.O.F.*, t. 5, p. 122)。

(110) Cousin (?–?). 法律家、オベルカンフ街委員会委員、3 月 26 日のコミューン選挙活動に従事 (*D.B.M.O.F.*, t. 5, p. 195)。

(111) Dumas (?–?). 仲買人、オベルカンフ街委員会副委員長、3 月 26 日のコミューン選挙活動に従事 (*D.B.M.O.F.*, t. 5, p. 407)。

(112) Jean Lyaz (1815–?). パリ 20 区中央委員会委員、第 12 区助役、区教育委員 (*D.B.M.O.F.*, t. 7, p. 204)。

(113) Louis Marty (1830–?). 宝石細工職人、オベルカンフ街委員会委員、3 月 26 日のコミューン選挙活動に従事、第 11 区代表委員会、第 29 大隊長 (*D.B.M.O.F.*, t. 7, p. 287)。

(114) Missier (?–?). オベルカンフ街委員会委員、3 月 26 日のコミューン選挙活動に従事 (*D.B.M.O.F.*, t. 7, p. 374)。プロレテール・クラブ会員。

(115) Regnault (?–?). 時計商、オベルカンフ街委員会委員長、3 月 26 日のコミューン選挙活動に従事 (*D.B.M.O.F.*, t. 8, p. 308)。

(116) Tournot (?–?). 訴訟主査、オベルカンフ街委員会委員、3 月 26 日のコミューン選挙活動に従事 (*D.B.M.O.F.*, t. 9, p. 227)。

(117) Magdonel (1832–?). 家具指物師、インター会員、第 11 区代表委員会 (*D.B.M.O.F.*, t. 7, p. 211)。

(118) François David (1835–?). 石工、インター会員、第 11 区代表委員会、プロレテール・クラブで活動、ギロチンの焼却処分を実施 (*D.B.M.O.F.*, t. 5, p. 241)。

(119) Apollon Guillaume (1839–?). 教師、インター会員、第 11 区調査委員会書記長 (*D.B.M.O.F.*, t. 6, p. 269)。プロレテール・クラブ会員。

(120) Edouard Riblet (1840–?). 建設、建具職人、第 11 区代表委員会、第 11 区警察警視、司教の逮捕と聖職者の追放を実施 (*D.B.M.O.F.*, t. 8, p. 330)。プロレテール・クラブ会員。

パルトネ (Parthenay)[121]、福祉課 assistance・コラ (Collas)[122]、武器と武装の支給管理 armement et équipement・パテ (Patey)[123] とサンボゼル (Simbozel)[124]、ただし中央評議員のアヴリアル (Avrial)[125] と協力すること、戸籍管理 état civil・ジロー (Giraud)[126]、民警 Officier municipal・ジョー (Jaud)[127]、図書館長 bibliothèque・イジエーズ (Idjiez)[128]、

という人物たちが区業務を担当することになったと記録されている。[129]

　4月5日に発表された国民衛兵小委員会と区代表委員会の共同声明にその名前が見えることから、カペラロは3月28日のコミューン発足当初から、第11区代表委員会 délégation municipale の委員を務めていたものと推測される。この共同声明には、C.R. カペラロの他に、A. ブジエ、E. コラ、F. ダヴィッド、A. ジロー、A. ギヨーム、マグドネル、J. パルトネ、N. パテ、E. リブレ、A. サンボゼルたち区代表委員会と、国民衛兵小委員会 sous-comité fédéral 側として、H. コラン (Collin)[130] や F. ファーヴルとともに、アンドレ、

---

(121) Jean Parthenay (1838–?). 家具職人、第11区代表委員会、クラブにおいて活動、『プロレテール』紙に寄稿 (*D.B.M.O.F.*, t. 8, p. 95)。プロレテール・クラブ会員。

(122) E. Collas(?–?). 第11区代表委員会で活動 (*D.B.M.O.F.*, t. 5, p. 145)。

(123) Nicolas Patey (1828–?). 文字装飾職人、第11区代表委員会、バフロワ街中央委員会で活動 (*D.B.M.O.F.*, t. 8, p. 100)。プロレテール・クラブ会員。

(124) Alfred Simbozel (1840–?). 木像彫刻家、インター会員、第11区代表委員会、フォブール＝デュ-タンプル地区委員会で活動 (*D.B.M.O.F.*, t. 9, pp. 131-132)。

(125) Germain Avrial (1840–1904). 機械工、インター会員、第11区代表委員会、第11区選出コミューン議員、労働・交換委員会および執行委員会で活動 (*D.B.M.O.F.*, t. 4, pp. 161-163)。

(126) Antoine Giraud (?–?). 第11区監視委員会、第11区代表委員会で活動 (*D.B.M.O.F.*, t. 6, p. 193)。

(127) Joseph Jaud (1831–?). 宝石細工師、第11区警察署長として活動 (*D.B.M.O.F.*, t. 6, p. 378)。

(128) Victor Idjiez(?–?). 図書館司書、小委員会、第11区調査委員会、ギロチンの焼却処分を実行 (*D.B.M.O.F.*, t. 6, p. 355)。

(129) 西岡芳彦「パリ・コミューンにおける地域組織の形成──第十一区の小評議会を中心に──」『明学佛文論叢』第39巻、2006年、42-43頁。

(130) Henri Collin(1844–?). 区役所代表委員会 délégation communale、軍事事務所で活動 (*D.B.M.O.F.*, t. 5, pp. 148-149)。

ドルガル (Dorgal)、M. ペリエ (Périer) たちの名前が記されている。[133]

　前記の３月 31 日の区行政組織「第 11 区委員会」の設置は、コミューン議会における３月 30 日の決定、すなわち、コミューン体制下の区行政の組織化という既定方針に呼応して、コミューン議員の下に区行政を統括する小委員会 sous-comité を設置したことを契機としたことは第２章第１節で述べた (p.66) とおりである。この小委員会は、第 11 区では 24 名で構成されていたが、メンバーのうち 13 名が国民衛兵の各大隊から選出された者で占められて (54％) おり、国民衛兵を中核とした組織だったことを示している。しかし、これは偶然の結果ではない。前述したとおり、国民衛兵が主体となって、３月 18 日の直後から区の行政を把握していたからである。そして、コミューン議会選挙に向けた選挙活動においても、地域の国民衛兵小委員会が主体となって活発に展開されていたのである。

　コミューン議会が各区の行政とコミューン議会との関係について命令を出したのは、第 11 区における一連の動きと併行してか、あるいはその後であった。第 11 区が選出した二人の議員、A. ヴェルデュールと H. モルティエ (Mortier) が区代表委員 Délégués à la Mairie として、第 11 区の「行政管理の指揮をとる」ために区役所に姿を現したものの、戸籍業務

---

(131) Dorgal (?–?). 国民衛兵小委員会、区代表委員会、ギロチンの焼却処分を実施 (*D.B.M.O.F.*, t. 5, p. 364)。

(132) Michel Louis Pierre Périer(Pérrier) (1828- ?).　会計士、国民衛兵小委員会、第 11 区調査委員会、ギロチンの焼却処分を実施、『プロレテール』紙編集委員 (*D.B.M.O.F.*, t. 8, p. 125)。

(133) *M.P.F., Clarétie*, p. 187.

(134) 西岡芳彦、前掲論文、42–43 頁によれば、３月 31 日に小委員会 sous-comité が開催され、12 名の委員が９つの業務を分担することが決定されたという。また、西岡は「小評議会 [sous-comité] が元来国民軍中央委員会の下部組織であったことがわかる」と述べている。ただし、この日に C.R. カペラロの名前でバフロワ街の公園に駐屯する砲兵への糧秣の支給に関する文書 (A.H.G., 8 J 187 d458, ms.) があり、そこには「第 11 区小委員会」というタイトルが記されている。巻末の史資料編「B5. 第 11 区区役所小委員会 sous-comité 委員リスト」を参照。

(135) Henri Mortier (1843-1894). 木工職人、ブランキ派、インター会員 (プロレテール地区委員会)、第 11 区選出コミューン議員、公共委員会、保安委員会を担当 (*D.B.M.O.F.*, t. 8, p. 8)。

(136) ４月 30 日のコミューン議会の決定では、選出区における議員の役割に関する条文の第１条で、「コミューン議員はその選出区の行政管理の指揮をとる」と定められている。

fonctions de l'Etat civil 以外に手を広げることはできなかった。

　5月10日の布告⁽¹³⁷⁾によれば、C.R. カペラロは第11軍団の軍事事務所の業務に就き、所長 président に就任している⁽¹³⁸⁾。この事務所では、J. ボー、H. コラン、E. デュドワ（Dudoit）⁽¹³⁹⁾、C. ファーヴル（Favre）⁽¹⁴⁰⁾、フェルト - メイエ（Feld-Meyer）⁽¹⁴¹⁾、E. ピカール（Picard）⁽¹⁴²⁾ が業務に携わっていたが、H. コランを除く5名はいずれも第11師団の各大隊に所属していた。

　第11区は、前述した第8区とは異なり、監視委員会の活動が目立つことはなく、国民衛兵組織が区行政の各分野で任務にあたっていた。議席数も、監視委員の比率は同区の議席の約30％弱（第8区は50％）に過ぎず、20区全体の比率約55％とも大きな差があった。コミューン議会に対する期待は決して高くなかったのである。そこで求められたのが一般民衆の相互理解と共同の意識の醸成だった。民衆たちの意見の交換の場所とそれを表明する手段が必要だったのである。その答えのひとつが「アンブロワーズ教会クラブ」の創設であり、もうひとつはクラブの機関紙『プ

---

(137)　*J.O.* p. 528. (le 11 mai 1871).

(138)　5月11日から27日まで、その職にあった。（A.H.G., 8 J 187 d458）

(139)　Edouard Dudoit (1838- ?)．家具寄木細工職人、監視委員会、第11区調査委員会、第11区軍事事務所で活動（*D.B.M.O.F.*, t. 5, p. 398）。

(140)　Claude Favre (1835–?).　木工金箔師。攻囲期に、第130大隊の伍長、後に旗手となり、この時期に第11区役所の代表委員 délégué を務め、3月18日以降もその職を継続し、さらに軍事事務所の職務にも携わり、大砲用の元込め信管を製造した。『プロレテール』紙5月24日号に寄稿し、記事「議会の曲芸師たちへ」を署名入りで書いた。さらに、ローヌ県共和主義者連盟に加わり、5月21日の「官報」には執行委員会の声明を発表した。5月24日または25日に軍事事務所を辞職した。7月9日に逮捕され、マザス監獄に送られたが8月3日には、もとの雇用主の嘆願で釈放された（A.H.G., 8 J 187 d458）（*D.B.M.O.F.*, t. 6, p. 27）。

(141)　Feld-Meyer (?–?).　第11区小委員会、第11師団委員会 Comité de Légion、第11区軍事事務所で活動。『プロレテール』紙購読者（*D.B.M.O.F.*, t. 6, p. 31）。

(142)　Emile Picard (1838–?).　歴史画家。1872年5月13日、第5軍法廷において、欠席裁判により重禁固刑を宣告されるが、1879年5月17日に特赦された。1871年5月7日に、玉座の間 Salle de trone で開催されたクラブの集会で弁士として発言したとの議事録がある（A.H.G., 8 J 187 d458, ms.）。この他、5月2日付の、監視委員会代表委員の職名のある文書の写し（A.H.G., 8 J 187 d458, ms.）、5月20日付けの公安委員会宛ての軍事事務所の職名のある文書の写し（A.H.G., 8 J 187 d458, ms.）、軍事委員会 Commission de la Guerre 宛てにモンルージュ要塞の大砲80門と砲弾が使われずにあるので引き取るようにとの連絡をおこなった文書（A.H.G., 8 J 187 d458, ms.）がある（*D.B.M.O.F.*, t. 8, p.165）。

ロレテール』の創刊だった。これらクラブと機関紙については、後で詳しく述べたい。

第14区

　セーヌ左岸では、第14区の監視委員会の委員30名のうち、6名が区の行政にかかわる委員に就任していた[143]。コミューン議員 J. マルトレが中心となって、区行政を司る区行政委員会 Commission municipale を9名で構成し、このうち4名を監視委員会委員（ボワイエ (Boyer)、フロラン (Florent)[144]、ガルニエ (Garnier)[145]、ペルール (Perrere)）で充てていた[146]。また、現場の区業務についての執行委員会 Comité exécutive については、5名のうち2名（ショーデイ (Chaudey)、V. ルフェーヴル (Lefèvre)[147]）を監視委員会委員で充てた。V. ルフェーヴルは同委員会のなかで事務局を担当しており、現場の区業務全体をまとめる立場にあった。

　これら30名の監視委員会の委員たちは、全てが区役所だけで活動していた訳ではない。新体制の下で、警察権力の執行者として、宗教施設の一部として運営されている学校や救貧施設を家宅捜索し、聖職者たちを逮捕、追放した監視委員 L. ベルタン (Bertin)[148] と J. ドラリュエル (Delaruelle)[149] の活動は、コミューンの施策であった教育の非宗教化が、警察権力との関わりにおいて、実際にどのように実行されたのかを吟味するうえで、意義深い証言となっている。いずれも、軍事法廷の裁判記録として、国防省文書

---

(143) A.H.G., Ly27, ms.

(144) Florent(?–?). 第14区暫定区行政委員会で活動 (*D.B.M.O.F.*, t. 6, p. 54)。

(145) Garnier(?–?). 第14区暫定区行政委員会で活動 (*D.B.M.O.F.*, t. 6, p. 132)。

(146) A.H.G., Ly27, ms. 巻末の史資料編「B8. 第14区区役所 区委員会」を参照。

(147) Victor Lefèvre(1846- ?). 第14区監視委員会書記として活動 (*D.B.M.O.F.*, t. 7, p. 83)。

(148) Louis Adolphe Bertin(1840- ?). 印刷工、インター会員、マルミト地区委員会で活動。3月末にモンパルナス地区の警視に任命された。3月30日プレイザンス教会を家宅捜索し、主任司祭を逮捕、留置、その他の宗教施設の捜索と逮捕を実施した。関係文書 (*AHG*, 8.J 10 d126) 約150点がある (*D.B.M.O.F.*, t. 4, p. 277)。

(149) Jules Victor Delaruelle(1833- ?). インター個人会員、第11区トロワ - スール街35番地の靴屋だったが、第14区監視委員となり、コミューン期間中は第14区に転居した。第14区区役所の尼僧院、孤児院から4月14日に尼僧を追放した (*D.B.M.O.F.*, t. 5, p. 276)。

館が所蔵している史料である。

　L. ベルタンは、印刷職人、インター会員であり、インターナショナル・パリ支部・マルミト第3グループ地区委員会の会員で、第14区監視委員会委員でもあった。熱心なクラブ活動家として、メゾン - デュ街のクラブ Salle Maison Dieu に出席し、度々過激な発言を繰り返していたことで知られる[150]。一方、J. ドラリュエルは、インターナショナル・パリ支部の個人会員で、元々第11区の皮革職人だったが、攻囲期に国民衛兵第243大隊第6中隊から監視委員会の委員として選出され、3月18日のモンマルトルにおける騒擾事件の際には、それに呼応して第14区区役所の占拠に加わった[151]。4月9日、ブラール街36番地の「キリスト教原理の修道院学校」École des Frères de la Doctrine Chrétienne で開催された集会において、監視委員会により新たに会員として選出され、同区調査委員会 Commission d'enquête の委員として活動し報告する任務を与えられたこともある。この二人は、コミューンの布告に従って、第14区における教育の非宗教化政策の一翼を担ったのである。

　L. ベルタンは、3月末に A. ブルイエ（Breuillé）[152]と R. リゴーが署名した命令を受け、警視としてオノラ広場を担当することになった。その直後も、R. リゴーから幾つかの命令を受け取ったとされる[153]。3月31日には、プレザンス教会（サン - メダール教会）の捜索とブロンドー主任司祭の逮捕を実行した。この逮捕の翌日には、同主任司祭の身柄を第14区区役所へ移送し、その後警視庁へ連行して R. リゴー、A. シカールと面会させ収監した。宗教関係者以外では、国民議会議員 J. ラティエ（Rathier）[154]の逮

---

(150) A.H.G., 8 J 10 d126.

(151) A.H.G., 8 J 147 d1256.

(152) Alfred Breuillé(1847- ?). ジャーナリスト、ブランキ主義者として多くの革命派新聞の発行に携わる。1871 年5月14日、公安委員会により検事に任命された（D.B.M.O.F., t. 4, pp. 414-415）。

(153) 第3軍法法廷における裁判に備えた L. ベルタンの供述書に基づく。この時期、A. ブルイエと R. リゴーは保安委員会で活動し、R. リゴーは警視庁文民代表を務めていた（A.H.G., 8 J 10 d126, ms.）。

(154) Jules Rathier(1828-1887). 国民議会議員、共和連盟（Union républicaine）に所属。

捕（4月3日、モンパルナス駅にて）も実行している。[155]

4月10日、修道会系学校（第14区区役所広場）から2名の修道士を追放した。[156] L. ベルタンの活動に関する記録は、ここで一旦途切れる。第14区における教育の非宗教化を警察権力の立場から継続したのが、J. ドラリュエルである。[157]

J. ドラリュエルは、4月14日、J. ルロワ（Leroy）[158]、B. デカン（Descamps）[159]、J. マルトレ、ボワイエと同行し、区役所広場にあった幼稚園・救貧院（女子修道院長マルシク（Maroussig））の家宅捜索をおこない、尼僧たちを追放処分にした。その後、同園を困窮者のための食事提供施設に再編し、J. ドラリュエルは同施設長に就任し、彼の妻を園長に就けた。[160]

その後、4月18日に、J. ドラリュエルはトンブ–イソワール街の女子修道会で捜索の指揮をとった。実際に執行したのは、セルメ（Selmet）[161]や O. ベイリ（Bailly）[162]のような近隣に在住する警視たちで、尼僧たちの立ち退きを命じた。なお、この捜索に際して、隣家の人物（シェルヴリエ氏、ドロネー夫人）が修道院側に加担したとして逮捕している。J. ドラリュエルは、L. ベルタンと同様に、第14区監視委員会の下にある調査委員会の一員でもあった。

5月18日には、L. ベルタンの活動が再び、記録されている。ダンフェー

---

(155) J. ラティエ（Rathier）の証言によれば、逮捕はされたが不当な扱いはまったくなく、警視庁へ行き、ヴェルサイユへの通行証の手配をしてくれたと述べた。(A.H.G., 8 J 10 d126, ms.)

(156) 修道院長 L.C.S. ピヴェ（Louis Charles Stanislas Pivet）の証言によれば、差し押さえられた備品、金品は区役所の J. マルトレの元へ運ばれたという。(A.H.G., 8 J 10 d126, ms.)

(157) Johnson, *op.cit.*, pp. 114-115 は第14区における監視委員会の変遷について、3月18日、26日、4月9日に監視委員会の運営方法、構成委員に言及している。

(158) Jean Leroy(1814-?). 日雇い、第136大隊所属（*D.B.M.O.F.*, t. 7, p. 137）。

(159) Baptiste Descamps(1836- ?). 元銅形成工、国民衛兵家族委員会、第14区選出コミューン議員として活動（*D.B.M.O.F.*, t. 5, p. 321）。

(160) A.H.G., 8 J 147 d126, ms.

(161) Selmet(?-?). 監視委員会議長 president、ジャンティリ街に居住。(A.H.G., Ly27, ms.)

(162) Onésime Bailly(1826-?). 工事現場監督、R. リゴーによって第14区保安委員会代表委員に任命され、警視として活動（*D.B.M.O.F.*, t. 4, p. 172）。

ル街のサン−ヴァンサン - ド - ポール教会を捜索し、助任司祭、尼僧を逮捕したのである。[163]

L. ベルタンのこうした活動上の職務名は、大半の書類に警察署 commissariat de police と記されていたが、4月3日付文書には、公安担当警視 commissaire de la sécurité と書かれていた。[164] この職責は、他の警視に対して指示を与える役割を果すものであった。

ちなみに、この公安担当警視という職務について、3月30日に逮捕されたブロンドー主任司祭は、L. ベルタンが公安担当警視を自称していたと証言しており、[165] 捜索の際に作成した3月31日付の調書には公安担当警視という職務名と L. ベルタンの署名がある。[166] 一方、日付はないが、4月18日に執行した、区役所広場の尼僧院の財産（現金、証券）の押収に関する命令文書には、単に警視とのみ記している。[167]

以上、参照した史料によれば、L. ベルタンが実施した捜索、押収、逮捕の際には、武装した多数の国民衛兵が同行していた。また、第14区選出の議員であり、同区の行政の責任者でもある J. マルトレの命令文書を、多くの場合、提示していた。

4月10日の L. ベルタンが実行した押収や追放処分において、その命令文書の署名は J. マルトレ（コミューン議員）であったが、その職務名は「コミューン議員」でも、「派遣委員」でもなく、区行政委員会委員 membre de la Commission municipale と書かれていた。

L. ベルタンの供述によれば、第14区内のすべての宗教施設を捜索し、聖職者全員を逮捕するよう命じたのは T. フェレであり、尼僧の追放と教会の財産を差し押さえることも命じられたこと、そして、サン - ポール教会主任司祭のインゲ神父 abbe Inge の逮捕（4月15日）については、保安委員会の T. フェレの指示であったとしている。[168]

---

(163) A.H.G., 8 J 147 d126, ms.

(164) *Ibid.*

(165) *Ibid.*

(166) *Ibid.*

(167) *Ibid.*

(168) *Ibid.*

その一方、教会の差押えは警視庁 Prefecture de Police の命令によって行ったとも供述しており、モンルージュのサン - ピエール教会の捜索も警視庁からの指示であったと述べている。L. ベルタンが作成した、ダンフェール街のヴィジタシオン修道院で 5 月 15 日に実施した捜索と差押えについての調書（警視庁宛）によれば、5 月 15 日から 16 日にかけて捜索と差押えを実施したが、その命令はパリ・コミューン保安委員会代表委員（T. フェレ）citoyen délégué à la Sûreté からであったと記している。

このように、区の地域権力を執行する際には、民衆組織（監視委員会、警視）や地域組織（第 14 区選出議員の J. マルトレ）の指揮の下で、警察組織として着実に職務をおこなう一方、コミューン中央組織（警視庁の R. リゴーあるいは保安委員会の T. フェレ）の指揮も受けていたことがわかる。

また、治安、非宗教化政策といった様々な側面を有している懸案については複線的な命令系統をともなっていたこと、そしてその命令を執行するにあたっては第 14 区の行政組織、警察、国民衛兵の協力体制が常に保障されていたことが史料から裏付けられる。第 14 区では、この他にも国民衛兵と協力して教育改革を進め、国民衛兵家族委員会という組織との連携で、コミューン議員たちが 4 月 20 日に教育の義務と無償を宣言した。この宣言では、その実施にあたって国民衛兵の家族委員会 に責を負わせ、扶養手当の支給と関連づけ、義務教育の完全実施を両親に迫るという内容であった。[169]

パリ・コミューンにおける中央組織と地域間の葛藤は、具体的には議会と地域の国民衛兵や監視委員会、クラブとの間でみられるが、それはとりもなおさず人民主権の実行にともなう葛藤と混乱であり、コミューン体制に必然的にもたらされたものであった。この点、R.D. ウルフは、「革命

---

[169] 神奈川大学図書館が所蔵する M. ヴィヨーム・コレクション (*Catalogue des caricatures politiques de la Commune de Paris et matériaux originaux de Maxime Vuillaume relatifs à la Commune de Paris dans la Bibliothèque de l'Université de Kanagawa*, Yokohama, 1991, V336)。この宣言 (*Arrêté, Mairie de l'Observatoire, 14. Arr., le 20 avril 1871*) には、子どもを就学させない場合は扶養手当を支給しないと記されている。

的社会主義は、民衆クラブと監視委員会のなかにおける、独自の見解と活動の間の相互作用から生まれたものであった」と民衆組織を評価し、パリ・コミューンにおける人民主権の実践が民衆間における相互の意思疎通がおこなわれるなかで実現されたものであると指摘している。

監視委員会やクラブは区を単位とする地域行政や警察権力（警察機構）の一端を担い、国民衛兵は各区ごとに配置された師団組織を背景に、パリ・コミューン自体に対しても大きな影響力をもっていた。パリ・コミューンにおける民衆による主権の実行が、地域を主体として構造的に遂行されたことについて、第8区、第11区、第14区を中心に、その実態を見てきた。さらに、食糧や燃料の不足、戦死者の増加など、逼迫する日常的課題を突き付けられているなかで、教育あるいは公教育、非宗教化といった政策が民衆組織とどのような関わりをもち得たのか考察した。

次に、民衆組織の運営とその構成員について、その実情を第11区を例にみておきたい。

プロレテール・クラブの活動

第11区の区役所と同じく、ヴォルテール大通りに面して、約500メートルほどの距離に、アンブロワーズ教会がある。C.R. カペラロとともに、第11区の行政を民衆の手で組織化しようとした活動家たちが設立した「プロレテール・クラブ」Club des Prolétaires（別名、アンブロワーズ教会クラブ Club de l'Église St. Ambroise）は、この教会で活動した。このクラブで集会をもつことによって地域住民の社会的要求を吸い上げながら、クラブや区行政のなかで公的意見を確立しようと努めたのである。

一般的に、民衆クラブは、クラブを運営する会員、それに賛同する一般会員、そして集会に参加し、時には発言する聴衆である多数の集会参加者がいることによって、地域における存在意義を有していた。

5月9日から22日までに開催されたプロレテール・クラブの集会の議事

---

(170) Wolfe, *The origins*, p. 388.« ... revolutionary socialism was a product of the interaction between their original views and their activity within the popular clubs and committees.... ».

録に基づき、会員による発言の有無を確認すると、名前が判明している 78 [171]
名のうち、37 名がいずれかの集会で発言しているという結果になる。つま
り、会員の約半数が集会で発言していたのである。これは、会員たちの政治・
社会への意識、積極性が一定のレベルにあったこと、集会が活発であったこ
とを示している。ここには、3 月 26 日の選挙ビラに名を連ね、「委任プログ
ラム」の発起人でもあった、クラブ会員アンドレ (André、5 月 9 日、12 日、
16 日、17 日の集会で発言) やミシエ (Missier、5 月 12 日の集会で発言) の
名前もある。区役所の代表委員会のメンバーであった F. ダヴィッド (民事
代表委員)、J. パルトネ (食糧調達・補給担当)、E. リブレ (同)、A. ギヨー
ム (庶務担当)、N. パテ (武器・武装調達管理担当) もクラブの会員であった。

　会員の約 10％を占めていた 9 名の女性会員のうち、アンドレ夫人
(André)、マドレ (Madré)、シュマケ (Schumacker)、ティリウ (Thillious, [172]
ou Thiourt)、A. ヴァランタン (Valentin)、ゲルヴェ (Guerver)、メイエ [173]
(Mayer) ら 7 名が発言していることが確認できる。クラブ会員リストには [174]
ない女性の発言もあり、キユ (Quille) が 17 日と 22 日の集会で発言している。

　集会は会員が議長等の進行役を務めていたが、コミューン成立以前か
らの形式を踏襲し、集会では議長と議長補佐が連続して担当することは
少なく、交代制に近い運営方法であった。5 月 9 日は不明だが、12 日は [175]
議長 F. ダヴィッド、第一議長補佐アンドレ夫人、第二議長補佐ベイユア
シュ (Baillehache)、14 日は議長 F. ダヴィッド、議長補佐ベイユアシュ、 [176]

---

(171) A.H.G., Ly22, ms. の史料には、5 月 9、12、13、14、16、17、18、19、20、
　　 22 日の議事録があり、各回ごとに議事内容、議長名、議長補佐名等が記録され
　　 ている。巻末の史料編「B3. 第 11 区プロレテール・クラブ会員」「B4. 第 11 区
　　 プロレテール・クラブ、発言者」を参照。
(172) André 夫人 (?-?). 洗濯女、夫婦でプロレテール・クラブに所属、クラブ書記
　　 (D.B.M.O.F., t. 4, 118)。
(173) Adélaïde Valentin (?-?). 第 10 区居住、女性同盟中央委員会委員、プロレテール・ク
　　 ラブやサン - テロワ教会クラブ (第 12 区) で活動 (D.B.M.O.F., t. 9, pp. 260-261)。
(174) E.Thomas, *The women incendiaries*, London, 1966, pp. 83-84; *D.B.M.O.F.*,
　　 t. 7, p. 310.
(175) 5 月 16 日はラバテが議長を務めており、議事録 (A.H.G., Ly22, mss.) には
　　 Rabaté élu と記載されており、集会全体もしくは幹事間における選出方式を採
　　 用していたことを確認できる。
(176) Baillehache (?-?). 植字工、プロレテール・クラブで活動 (D.B.M.O.F., t. 4, p. 178)。

デュロ⁽¹⁷⁷⁾(Duros または Dureau)、16 日は議長ラバテ⁽¹⁷⁸⁾(Rabaté)、議長補佐がベイユアシュ、リュリエ (Lullier)、17 日は議長 F・ダヴィッド、第一議長補佐ベルタン (Berthan) と第二議長補佐ティウル夫人⁽¹⁷⁹⁾(Thiours)、18 日は議長ベイユアシュと議長補佐 2 名だが、ひとりはレマヌ (L'Emanne または Emmanne) で、もうひとりは判読不能、20 日は議長 L. ゴチエ⁽¹⁸⁰⁾(Gautthier)、第一議長補佐がデュロと第二議長補佐がベタン (Bethan)、(終了時の議事録署名は第一議長補佐ベルタン、第二議長補佐セネカル (Sénécal))、22 日は議長 C. ルジュウール⁽¹⁸¹⁾(Lesueur)、第一議長補佐がリュリエ、第二議長補佐をラン (Lang) が務めている。このように、議長だけでも F. ダヴィッド以外に、ラバテ、ベイユアシュ、C. ルジュウールたちの名前がある。しかし、先行研究では、 F. ダヴィッドが「サン - タンブロワーズ教会に設置されたプロレテール・クラブを指導した il anime le Club des Prolétaires, ...」と解説しつつ、F. ダヴィッドの活躍を強調している⁽¹⁸²⁾。また、J. ルージュリの同論文を引用するかたちで、桂圭男は「第 11 区の有名なサン・タンブロワーズ Saint-Ambroise 教会」の「プロレタリア・クラブ Club des Prolétaires」とその機関紙 Le Prolétaire のリーダーは、「インター会員のダヴィッド David であった」と記述しており、同クラブの他の会員について言及せず、インターナショナル派の F. ダヴィッドの存在を強調している⁽¹⁸³⁾。

　アンブロワーズ教会でクラブの集会が開催された、5 月 9 日から 20 日という時期は、パリ・コミューン下で展開された教育改革運動全体の流れ

---

(177) Duraux (?–?). ロケット街に居住し、Bonnet、Carpentier、Junieux、Lecomte、Vaillant とともに第 66 大隊の創設で活動 (*D.B.M.O.F.*, t. 5, p. 440)。

(178) Rabaté (?–?). プロレテール・クラブ集会の議長として活動 (*D.B.M.O.F.*, t. 8, p. 272)。

(179) Thiourt または Thyou (? – ?). プロレテール・クラブの女性活動家、聖職者の逮捕を要求、バリケードの戦闘に参加 (*D.B.M.O.F.*, t. 9, p. 202)。

(180) Gauthier (?–?). 第 192 大隊糧秣伍長、プロレテール・クラブ議長として活動 (*D.B.M.O.F.*, t. 6, p. 148)。

(181) Charles Lesueur (1839- ?). ペンキ職人、インター会員、プロレテール・クラブ弁士 (*D.B.M.O.F.*, t. 7, p. 145)。

(182) Rougerie,〈L'A.I.T. et le movement ouvrier à Paris pendant le événements de 1870-1871〉, p. 61.

(183) 桂「パリ・コミューン期におけるインターナショナル組織の動向」、20、24 頁。

からみれば、ほぼ終末期にあたる。20日の議事録が書かれた翌日には、ヴェルサイユ側の正規兵がパリに突入し、その後1週間の市街戦を経て、パリ・コミューンは崩壊するからである。

このような状況の下で、教育に関する議論がおこなわれていた。5月9日の議事録には、クラブ会員ドマール (Demar) が、カトリック教会の誤ちと迷信を批判しつつ、"普遍的な知性"の基礎となる、無償で義務制の教育の原則を要求する提案がおこなわれていた。[184] 14日には、同じくクラブ会員であるシャスドン (Chassdon) が、

> 非宗教系教師によって教育される無償、義務制の公教育を要求する。宗派の人びとは労働者階級のあいだに公教育が発展することをこれまで妨げ、同時に自らを解放する能力を労働者たちから奪い、1851年のクーデタがわれわれを無知の闇におしこめ、そこから永久に出られないようにすることを望んできたのだ。[185]

と述べ、ドマールと同様に宗教界の教育への干渉を批判しつつ、公教育の無償制、義務制、非宗教化の提案がみられる。そして、5月12日の議事録には、C. ルジュウールが教会は寡婦と孤児のために役立つべきだと要求したとの記述がみられる。[186]

この3人の発言に共通するのは、カトリック教会の公教育への干渉を非難しつつも、民衆のために教会を供するという姿勢である。教会の存在を全面的に否定するものではなく、宗教そのものも否定してはいない。このような傾向は3月26日のパリ・コミューン選挙の際にもみられ、同様の主張が選挙組織によって、「委任プログラム」として掲げられており、第11区住民との公約となっていた。そこには、次のように記されていた。

　第11区委任プログラム
　（中略）実践組織──教育について。教育は社会的なものでなければな

---

(184) Edwards, *op.cit.*, pp. 101-102.
(185) *Ibid.*, pp.103-104.
(186) A.H.G., Ly22, mss.

らない。すべての人々に対する非宗教的かつ義務的初等教育、中等および専門教育は、選抜試験や資格試験に基づき能力に応じて男女市民に無償で与えられる。良心の自由はすべての人々、個々人の自然権であり、従ってどの宗派もその信者によって経費を全面的に負担されるものとし、また、教会と国家との分離は完全なものでなければならない。いかなる礼拝の外面的な実践も禁止する。[187]

この公約は、前述した「第11区共和・民主・社会主義中央選挙委員会」が候補者に対して提示し、その公約に応じた候補者名を記載して、選挙ビラとしたものである。ビラの下部には同選挙委員会委員の署名があり、そこにはクラブ会員のミシエの名前のほか、後に第11区行政組織の中枢である小委員会のメンバーに就任したJ.ボーやクザンの名前もみつけることができる。すなわち、パリ・コミューンを成立させるにあたって、議員たちを選出するための選挙公約を討議し検討する段階から、地域の民衆組織が教育について主張していたことを、この選挙ビラが物語っているのである。

こうして、選挙組織を立ち上げ、男子普通選挙制度に従ってパリ・コミューンを成立させた人びとは選挙後に、ある者はクラブの会員となって集会で発言し、ある者は国民衛兵の大隊から選出され、選挙公約で掲げられた新しい社会理念の実現に向け、行政組織の一員となって活動を続けたのである。ただし、女性たちは候補となることも、投票をすることもできなかった。ただ、クラブにおいてだけは、女性たちは男性と同様に発言することができたのである。

一方、『プロレテール』紙（5月9日創刊）に掲載されている記事は、新聞メディアにありがちな断片的情報を扱い伝えるというよりも、固定的な読者を対象に、同紙が掲げる政治理念を解説し、同時に身近な社会問題を取り上げるという姿勢がみられる。

社説として書かれている、〈平等者の論壇〉 *Tribune des égaux* では、人民主権に基づく政体であるはずのパリ・コミューンのあり方について批判

---

[187] *M.P.F. 1874*, t.2. pp.84-85.

的に論評を加え、〈普通選挙制度〉*Du suffrage universel* では国民衛兵を基盤とする間接選挙制度を具体的に提案し、〈コミューン議会議員に告ぐ〉*Aux membres de la Commune* では 1793 年の国民公会における M. ロベスピエールの人権宣言を引用して人民主権の正統性を論じている。その一方で、身近な問題を〈わが論壇〉*Notre tribune* で論じたり、〈扶助委員会の会計報告〉により住民同士の扶助活動の報告をおこなっている。そのなかでもとりわけ、国民衛兵への言及が多い。

さらに顕著なのは、宗教界に対する姿勢である。修道会における不当な食糧備蓄や性的スキャンダルをとりあげている。これらの記事は民衆にとって身近なテーマをとりあげることによって、日常的に鬱屈していた聖職者への不信を誘った、これらのスキャンダルに続けて、同区内のマルグリット教会の接収の経緯を述べた記事を配置するという方法をとっている。このような紙面構成によって、教会を民衆のための集会場とすることの合理性を確かなものにしようとする意図がみえてくる。

編集部委員 (6 名) それぞれの主な執筆記事を確認してみると、以下のようになる。人物のカッコ内は所属している組織(I はインターナショナル、C はプロレテール・クラブ、S は第 11 区役所小委員会、G は国民衛兵大隊の省略記号) である。

C.G. ジャクリーヌ[188] (I)　　平等者の論壇 (論説)

J. パルトネ (C+S)　　　　　わが論壇 (論説)

M.L.P. ペリエ (S+G)　　　　普通選挙制度 (論説)

E. ピカール (S+G)　　　　　女性たちへ (詩)

F ダヴィッド (I+C+S)　　　修道会、教会記事　プロレテール・クラブ集会報告

C. ルジュウール (I+C+S)　雑報

こうしてみると、記事執筆の中心となって、この新聞の論調をリードし

---

(188) Charles Gustave Jacqueline (?-?). 工事管理、校正、添削業、第 8 区居住、『パトリ–アン–ダンジェ』紙校正係、『プロレテール』紙編集委員、インター会員 (パンテオン地区委員会、第 13 区地区委員会) (*D.B.M.O.F.*, t. 6, p. 364)。

ていたのは C.G. ジャクリーヌであり、J. パルトネたちであったことに気
づく。区の行政に影響力を持ちつつ、同時に、民衆クラブにおいても討論
や決議に加わっていた、F. ダヴィッドと C. ルジュウールは、新聞のなか
では、どちらかと言えば雑報などの記事を介して読者に区内の身近な情報
を伝える役目を果たしていたのである。[189]

　次に、この新聞の購読者について触れてみたい。パリ市歴史図書館が所
蔵する『プロレテール』紙の予約者名簿には、5月3日と4日の予約者 53
名が記載されているが、3月末に公表された小委員会 sous-comité 24 名の
うち8名（約 33%）がリストに含まれ、4月5日に公表された声明に記載さ
れていた区行政を把握する代表委員会 délégation municipale である 10 名
のうち8名（80%）の名前がある。5月7日にプロレテール・クラブが発足
し、9日に創刊号を発行しているので、同紙の発行は第 11 区の民衆活動家
たちがクラブの機関紙としての役割を果させるべく周到に企画されたもの
であったことになる。

　この予約リストの分析を通じて明らかになることは、政治としての区行
政組織、武力権力としての国民衛兵中央委員会、民衆組織としてのクラブそ
れぞれの関係が密接であったことである。これら小委員会と代表委員会を兼
任する委員が3名（プロレテール・クラブの F. ダヴィッド、監視委員会委
員の A. ジロー、国民衛兵の A. ブジエ）おり、全員が予約購読者だったので
ある。『プロレテール』紙は、G. ルフェーヴルの言葉を借りるならば、この
地域における「集合的心性」の形成に大きな役割を果したといえよう。[192]

　以上、第3区におけるコミュナール・クラブの活動と第8区、第 11 区、
第 14 区における区行政が、それぞれの民衆組織によって、どのように執

---

(189) 記事の執筆分担からみると、F. ダヴィッドの第 11 区における役割は活動家とし
　　 て中心的存在のひとりであったことは裏付けられるものの、この運動をけん引し
　　 た思想を民衆たちに伝えた人物ではなかったと結論づけることができる。

(190) Bibliothèque historique de la Ville de Paris（以下 B.H.V.P.), mss. 1125, Fol.
　　 113. この名簿の表紙には、師団委員会 Comité de Légion に所属するフェルト–
　　 メイエが作成したと記されている。

(191) *M.P.F.1874,* t. 2, p. 187.

(192) G. ルフェーヴル『革命的群衆』、16–17 頁。

行されていたのかを考察した。区の委員会等に占める民衆組織関係者の比率は、第8区では区行政委員8名のうち区監視委員会委員が6名（75％）、第11区では代表委員10名のうち3名（30％）がプロレテール・クラブの会員、第14区では9名の行政委員のうち4名が監視委員（約44.4％）であった。各区の行政に占める割合の違いはあるが、中核的な組織であったことに違いはない。

　民衆に支えられた組織であることから、それぞれの社会・経済的事情に応じて、区ごとに活動も多様であった。市の中心部に位置する第3区は公的意見の集約をすすめ、4月から5月にかけて教育の非宗教化を推進した。第8区では監視委員会が主導権を握りつつ、コミューン議会から派遣されたという形式をとる区選出の議員と連携しつつ、学校改革を含む区行政を着実に進めていた。第11区では、国民衛兵第11師団を母体とする武力集団がアンブロワーズ教会にプロレテール・クラブを置き、公教育に対する意見の醸成を含め、民意の集約を図りつつ、区行政を進めた。第14区については、同区の監視委員会に所属する委員が、警視という警察権力を執行する立場から、どのように公教育の現場から聖職者たちを排除したのかという、生々しい状況を確認した。

第3節　民衆と公教育

　さて、ここまでは教育運動や教育行政をすすめる側からみてきたが、子どもたちに教育の機会を与える立場上、決定的な役割を果した両親はどのような教育観をもち、社会的状況におかれていたのだろうか。学校に集った子どもたちの実態はどうだったのだろうか。いくつかの統計資料をもとに確認しておきたい

就学・就労・地域差
　1866年に公表された調査によれば、フランス全土の学齢児童500万人のうち、90万人が未就学（18％）であり、就学していてもその34％（約140万人）は年に6ヵ月足らずしか出席しておらず、就学を終えた時点で

13%（約53万人）の児童は読み書きさえできないこと、26%（約107万人）の児童は読み書きしかできなかったといわれている。[193] T. ルアの統計に従えば、パリの子どもたちの識字率（1872年）は6歳から20歳未満の年齢層約35.4万人のうち、読み書きのできない人数が約4万人（識字率89%）、読むことしかできない人数が約2万人という数字が示されている。[194]

一方、パリ商工会議所の1860年の統計では、[195] 16歳未満の就労者は25,540人で、このうち男子の識字率は89%、女子は73%という数字が示されている。男子の識字率が成年男性の就労者の識字率87%をわずかに上回っているのに対し、女子は成年女性の就労者の識字率87%と比べ、大きな落差がある。なお、産業別の識字率では、16歳未満の男子就労者は7種別（食品、衣料、金属、精密器械、皮革、馬車、パリ特産品）の産業で識字率100%、女子就労者では12種別（食品、建設、家具、衣料、金属、貴金属、精密器械、皮革、馬車、木工、パリ特産品、その他）の産業で識字率100%で、両親の世代よりも子どもの世代の方が識字率の改善がみられる。

以上のとおり、統計資料によって調査対象の年齢層、就労・未就労の区別などに相違があり、細部では数値の比較や評価をめぐり議論の余地はあるが、おおむね子どもたちが置かれた当時の様相の一部をこれらの数値が反映しているといえよう。

識字率と職業・社会階層

次に、労働者の子どもたちの多くが社会に出る時、最初の機会とした徒弟修業 apprentissage について触れておきたい。この当時、従来の徒弟修業制度が充分に機能しなくなっていたという指摘もあるが、[196] その実態はどうだったのだろうか。前記のパリ商工会議所の統計では、男子は約70%が3〜4年の徒弟修業を経験し、女子の約75%が2〜3年の徒弟修業を

---

(193) 梅根、前掲書、99頁。
(194) T. Loua, *op.cit.*, pp. 49-53. 巻末の史資料編「D1. 区ごとの成年・未成年識字率」を参照。
(195) Chambre de commerce et d'industrie de Paris, *op. cit.*, p.41-43.
(196) G. デュビー、R. マンドルー（前川貞次郎ほか訳）『フランス文化史III』（人文書院、1970年）145頁。

経験していることを示している。このように、女子の方が短い徒弟期間となっていたものの、徒弟修業自体は広く実施されていた。しかし、徒弟修業を公的な制度として認めるために、当局は徒弟修業の契約を結ぶように指導をしていたが、男子で契約を交わしていたのは約26％、女子では約15％に過ぎなかったという記載もみられる。G. デュビーは、「見習奉公はもはや保護されず、職業技術は、同職組合のしきたりと卑劣な搾取とが堪えがたく入りまじったなかで、行きあたりばったりに習得するしかない」とさえ指摘しており、徒弟修業が本来の役割を果たしていなかった例が数多くみられたことも十分考慮に入れなければならないだろう。

再び、T. ルアの統計を参照するが、1872年のパリの人口は約181万人で、20歳以上が131万人、20歳未満が50万人で、前者の詳細は成人（20-60歳）が118万人、高齢者（60歳以上）が13万人である。首都であり、大都市であることから、勤労世代の割合が高い年齢構成となっていた。産業別の人口の割合では、工業 industrie がトップで46％、商業 commerce が22％、不動産所有・金利生活者が13％、自由業5％等の割合になっていた。パリ市全体では、工業に従事する人口が圧倒的に多かったことになる。

区ごとの特徴では、第11区ではパリ全体の工業人口の35％を占めており、同区に工業関係の産業が集中していることを示している。商業関係の産業は、第1区（9％）と第10区（9％）に多く、不動産所有・金利生活者は第8区（13％）、第9区（13％）が多い。公務員は第7区（22％）が突出している。それぞれの区によって、行政地区、商業地区、工業地区など、住民と仕事場の関係に応じた特徴がみられる。さらに仕事上の社会的立場を統計化した、雇用主 patrons、使用人 employés、労働者 ouvriers、日雇い journaliers の4つのカテゴリーに分けた統計では、第8区や第9区は同区全体に占める雇用主の割合はそれぞれ64％、58％、労働者の割合は12％、15％であるのに対して、第11区と第12区では雇用主が23％、

---

(197) Chambre de commerce et d'industrie de Paris, *op.,cit.*, pp.34-35.
(198) G. デュビー、R. マンドルー、前掲書、145頁。
(199) T.Loua, *op.cit.*, pp. 51-53.
(200) *Ibid.*, p. 59.

28％で、労働者は60％、46％を占めていた。一方、第5区では雇用主が34％、労働者も31％で、ほぼ均衡していた。このように区によって産業構造とともに社会階層が異なっていたのである。第8区と第9区、第11区と第12区、第5区、これらの区を仮に三つのカテゴリーに分けたとすれば、区ごとに住民の政治意識や社会意識、労働観、そして日常生活様式に大きな差異があったはずである。

　次に、子どもの教育と相関するであろう、両親の識字率を確認しておきたい。パリ商工会議所の1860年の統計では、[201]40万人の成人就労者（16歳以下を除く）を対象にした調査で読み書きのできない人口は4万8千人で、全体の12％を占める。産業別統計では、建築関係（27％）、皮革関係（18％）、製糸・繊維関係（16％）、馬車製造関係（12％）が読み書きのできない人口の割合である。反対に、印刷業（3％）、貴金属関係（4％）、精密機器関係（5％）、食品関係・家具製造関係・パリ特産品関係（6％）は識字率が高い傾向にあった。これらの識字率は男女の差異もあり、もともと識字率が低い建築関係では男性識字率が約72％で、女性識字率はさらに低く、60％である。皮革関係では、男性が約78％、女性が92％で男女が逆転している。製糸・繊維関係では男性約87％、女性約79％、馬車製造関係では男性約89％、女性約69％である。男性と比較し、女性の識字率が産業ごとに大きく変化するのは、当該の産業における女性の役割が反映されているものと思われる。

　前述のT. ルアの統計では、社会階層による統計数値があり、不動産所有・金利生活者が多い第8区、第9区で、読み書きができない20歳以上の人口は、それぞれ1.38％と2.67％とごく少ないが、第11区と第12区では15.97％と11.10％、第5区では10.24％で、地域間で十倍以上の差がある。ちなみに、読み書きのできない人口の多い区としては、第13区（21.82％）、第15区（19.94％）、第19区（19.57％）、第20区（18.78％）があげられる。パリ全体では、平均すると、9.97％であった。

　同じく、パリ商工会議所の統計で産業と収入の関連をみてみる。同統

---

(201) Chambre de commerce et d'industrie de Paris, *op. cit.*, pp.41-43.

計書では、一日あたりの収入を集計し、その人数を示している。成人男性の就労人口は約 29 万人で、収入を 3 つのカテゴリーに分け、低所得層（1 フラン以下〜3 フラン）が 6 万 4 千人（全体の 22%）、中堅所得層（3 フラン 25 サンチーム〜6 フラン）が 21 万 2 千人（73%）、高所得層（6 フラン 50 サンチーム〜20 フラン）が 1 万 5 千人（5%）となっている。さらに、産業ごとの所得分布では、食品産業に占める低所得層は 60% 以上、化学・陶器業の低所得層は 30%、被服業・繊維業・木工業・パリ特産品業の低所得層は 25% を占めており、食品業の就労者の収入の低さが目をひく。食品業従事者のパリの区ごとの統計では、第 4 区、第 11 区、第 18 区の合計が全体の 22% を占めており、これらの貧困層をかかえていたことがわかる。一方、成人女性の就労人口は 10 万 6 千人という数字が示され、こちらも低所得層（50 サンチーム以下〜1 フラン 25 サンチーム）、中堅所得層（1 フラン 50 サンチーム〜4 フラン）、高所得層（4 フラン 50 サンチーム〜10 フラン）というカテゴリーで区分され、それぞれが 16%、83%、1% の割合で構成されている。産業ごとの収入状況では、男性と同様に食品業では低所得層が 45% を占めており、同様の傾向がみられる。パリ商工会議所の統計では、所得層を三つのカテゴリーに分けてはいるものの、男女間の収入の差に注目すべきであろう。男女の所得の差はこの統計表の作り方そのものからも明らかなように、女性の収入は男性の半分以下である。公的な統計書そのものが、男女の収入の大きな差を是認するかたちで編集されているのである。

　関連の統計として、労働・社会保障省 Ministère du travail et de la prévoyance sociale の統計[202]もあり、この統計による 1860 年の 4 人家族の労働者の最低生活費が 1,060 フラン（1870 年では 1,130 フラン）であったことを勘案すると、男女ともに前記の低所得層の生活は困難を極めたものと思われる。特に、単身女性の生計はほぼ不可能に近かったはずである。赤司道和は著書『19 世紀パリ社会史』のなかで、多くの単身女性が生きて

---

(202) Ministère du travail et de la prévoyance sociale, *Statistique générale de la France, Salaires et coût de l'existence : à diverses époques, jusqu'en 1910*, Paris, 1911, p. 105 ; Anne Martin-Fugier, *La place des bonnes*, Paris, 1979, p. 91.

いくためには、同棲相手を見つけるか、時には売春をするしかない社会・経済体制におかれていたという論述をおこなっている。[203]

　第二帝政末期から第三共和政へと向かうパリの社会は、これら統計資料からも明らかなように、住民の一部は生計を立てることが困難な状況におかれる一方、地域（区）や職業、性差による歴然とした社会的格差が生じていた。

　識字率と職種、収入との関係をみると、識字率の高い精密機械業や貴金属業では収入のもっとも大きな層が5フラン台にあるのに対して、識字率の低い食品産業、建築業、製糸繊維業、皮革業は4フラン台にとどまっている。年間労働日数が300日だとすれば、年収にして300フランの差がある。両親たちが社会のなかで実感するこのような賃金の格差が、その子どもたちに教育を受けさせ、社会的上昇を図るという動機のひとつになったことは想像に難くない。同時に、低所得層の社会意識のレベルが必ずしも高いわけではなく、むしろ、子どもに教育の機会を与える余裕がないことから、貧困層の再生産へと結びついたことも考えられる。

　帝政崩壊後、共和派が掲げた改革に初等教育の改善をテーマとしたのは、このような社会的背景と密接に結びついていた。子どもを教育するために出費できる両親は限られており、修道会の影響下にある学校では教理問答などに多くの時間を費やすために実際的な授業が十分ではなかったはずである。[204] 父母たちが求めた、教育の非宗教化と無償制の背景にはこのような理由が横たわっていた。

　では、この時期のパリにおける子どもたちの教育の実態はどうだったのだろうか。その具体相をみてみよう。

地域の初等教育の実態

　第12区の1855年4月1日における初等学校への就学状況は、統計に

---

(203) 赤司道和『19世紀パリ社会史』（北海道大学図書刊行会 , 2004年）92-93頁。

(204) 第10区のフォブール-サン-マルタン157番地の公立男子学校では、非宗教化政策によって、読み、書き、文法、算数、メートル法、幾何学の初歩、地理、フランス史、理性的モラル、声楽、芸術デッサン、工業デッサンを教科科目とすることし、宗教的科目を廃止した（4月22日）（*M.P.F.1874*, t. 2, p. 325）。【資料4】として、初等教育教科科目の比較表を本章末に付した。

よれば、就学児童数 6,883 名、未就学児童数 1,326 名となっており、就学率は 84%（男子 85%、女子 83%）である。男女児童の差はほとんどない。そこで、個別の学校状況を第 5 区の男子学校（修道会系公立校）と女子学校（非宗教系公立校）について確認してみたい。

第 5 区のポワシー街 27 番地男子学校（修道会系公立校）が毎月視学官へ提出する状況報告書では、1871 年 7 月の報告書によれば、収容人数は 348 名、入学登録者数 338 名、平均出席者数 295 名（対入学登録者数 87%）、このうち貧困児童数は 222 名（対平均出席者数 75%）であった。なお、同校の在籍児童の学年別、生年月日、住所、両親の職業が記入された在籍名簿（1872 年）があるので、より詳細な状況を知ることができるが、これによれば、初級 1 年次（Cours élémentaire, 1. degré）から 3 年次、中級（Cours intermédiaire）、障害児童（Classe des sourds, muets ou aveugles）の 5 つの段階に分けており、それぞれ 97 名、76 名、73 名、52 名、7 名の合計 305 名で、上級学年へ進級するに従って、漸減している。特に初級 1 年次から 2 年次への進級時、初級 3 年次から中級への進級時の減少率が高く、それぞれ 20% 強、30% 弱で、これらの児童がこの時点で、学校を去っていることになる。各段階ごとの平均年齢は、8.34 歳、9.78 歳、11.42 歳、12.40 歳、11.43 歳である。両親の職業では、圧倒的に多いのが石工 maçon（24 名）で、次に使用人 employé（16 名）、皮革業 cordonnier（14 名）、軍人 enfant de troupe（13 名）、治安警察 gardien de paix（10 名）、パリ市警察 garde de Paris（3 名）、仕立屋 tailleur（9 名）、管理人 concierge（7 名）、ワイン商 marchand de vins（7 名）、樽商 tonnelier（7 名）、指物師 menuiser（6 名）が続く。近代的な産業形態の労働者である機械工 mécanicien や賃労働者 ouvrier は少なく、それぞれ 1 名と 2 名に過ぎない。この他、馬具、帽子、彫金、理容（美容）、鋳

---

(205) A.P., VD 6 570, file no.3.

(206) *Ibid.*

(207) *Ibid.*

(208) 第 10 区のフォブール–サン–マルタン 157 番地の公立男子学校の開校に関する声明では、初等・中等教育の就学年齢は 6 歳から 15 歳とされている（*M.P.F.1874*, t. 2, p. 325）。

造、組紐、錠前、壁紙、瓦屋など多くの専門的で職人的な職業にわたっている。両親の職業と児童の進級率の相関を知るために、その割合を比較すると、石工の児童の初級から中級への進級率は8％であるのに対して、軍人の児童は31％、指物師の児童は50％、仕立屋44％である。この数字は、両親の職業に必要とされる識字率が、児童の初等教育における進級率に強く反映していることを示している。

　次に、同じ第5区のヴィクトール-クザン街12番地女子学校（非宗教系公立）の1871年11月1日付の視学官への報告書によれば、収容人数は230名、入学登録者数264名、平均出席者数230名（対入学登録者数87％）、このうち貧困児童数は180名（対平均出席者数78％）であった。[209]この女子学校にも、在籍児童の学年別、生年月日、住所、両親の職業が記入された在籍名簿（1872年）がある[210]。これによれば、1年次、2年次、3年次以上の3段階があり、それぞれ99名、67名、69名とクラス不明（2名）が在籍しており、合計237名である。1年次から2年次への進級時に30％以上が減少し、2年次から3年次以上（1864年入学者から1870年入学者までが含まれている）への進級時の数字にはほとんど変化がないが、3年次以上クラスの中の1870年入学者のみを対象に減少率をみれば54％の減少率となる。各クラスごとの平均年齢は、8.45歳、9.24歳、10.14歳である。両親の職業では、比較的多いのが仕立屋 tailleur（15名）で、次に使用人 employé（13名）、皮革業 cordonnier（12名）、ワイン商 marchand de vins（11名）、管理人 concierge（7名）、指物師 menuiser（7名）が続く。近代的な産業形態の労働者である機械工 mécanicienr は6名である。他には多くの専門的な職人、宝石細工師、金細工師、既製服製造、家具、陶器、磁器、造花、生花、石膏など多岐にわたっている。両親の職業として、美容 coiffeur、料理人 cuisinière、お針子 couturière、絨毯織 tapissière、助産婦 sage femme など、女性の専門的職業と、印刷、マーブル印刷、製本、本屋といった活字関係の職業が目を引く。後者の職業はいずれも識字率、基礎教育（演算や図形処理）の必要性と密接に関連している。

---

(209) A.P., VD 6 570, file no. 3.

(210) A.P., VD 6 570, file no. 3, mss.

総じて、同じ第5区であり、サン - ヴィクトール地区（男子学校）とソルボンヌ地区（女子学校）と地域は異なるが、直線距離にして約800メートル離れた距離にある、この二つの公立校は特に両親の社会階層が大きく異なっていることを示している。それは、男子学校と女子学校という違いだけでなく、教育に対する両親の期待の表れでもあるのではないだろうか。修道会の影響下にある宗教的な色彩の強い初等教育か、世俗教師による実際的な初等教育か、このどちらを、子どものために選ぶかという問題である。少なくとも、この2校の例を見る限りにおいては、識字率が高く、社会階層としてもより幅広い知見をもつ両親は、非宗教系の学校に多いという結果になる。また、女性の社会的位置と意識を具体的に示しているともいえる。さらに、第12区における就学率（80％台）の統計結果を勘案しても、第5区における初等教育への恒常的な就学者は、中途退学率を考慮すると50％以下になるものと推計される。[211]

　地域の教師が集い、教育改革運動をすすめてきた「新教育協会」が、1871年4月初旬にパリ・コミューンに提出した請願書には、これらの子どもたちをめぐる教育、徒弟修業そして社会状況が強く反映されている。

　請願書では、まず教育の原理について、「自律する若者を育てることが、共和政のもとでは、必要である」こと、そして教育は、「あらゆる政治的、社会的な問題を包含し左右する根本にして包括的な問題であって、教育問題の解決なくしては真の永続的な改革は達成しえない」と述べたうえで、カトリック教会の教育への干渉を排除するために、「宗教的あるいはドグマ的教育はそれぞれの宗派の主導性と一門の独自の指導へと、そっくりそのまま引き渡されること、費用が税金で賄われているすべての学校、すべての施設では、そうした教育は、男女にかかわらず、完全にかつ速やかに、廃止されるべき」であり、「これらの教育の建物においては、どのような宗派的偶像であっても、どのような宗教画像であっても、児童や公衆の目の届くところに展示しない

---

(211) 視学官への報告書には、男子学校で中級（intermédiaire）まで、女子学校では3段階のクラス別人数が示されているに過ぎない。従って、それ以上の段階のクラスについて、同史料ではその存在の有無を確認することはできない。

こと。祈り、教義、個人の良心に委ねられるべきことは、公共の場で、教えられ実践されてはならない」としたうえで、「物質的、物理的、精神的、知的など、どのような性質のものであっても、常にその観察に基づく実験的あるいは科学的方法がもっぱら採用されるべき」であると主張している。

　徒弟修業についても、「教育の質は、第一に、個人生活、職業生活および政治・社会生活のできるだけ良い徒弟修業となるはずの、理性的で、総合的な教育 instruction rationnelle, intégrale により決まる」とし、教育の無償、義務制については、

> 教育が公共事業の第一番目にあること、結果的に、職業的専門性を身につけるための唯一の援助条件として、両性のすべての子どもに対して無償かつ完全であるべきことを表明する。終わりに、教育が義務であることを要求する。つまり、義務教育は、どのような社会的立場であろうとも、すべての子どもの手に入る権利であって、その両親の、保護者の、社会の義務を意味している、

と述べている。[212]

　初等教育から徒弟修業を経て、社会へ巣立つという一連の流れのなかで、初等教育における基礎的な知識は重要だったはずである。例えば仕立屋の仕事に従事する徒弟にとっては、縫製から仕上げ、寸法取りや材質の吟味、一つの服に必要な布地の量の算出、そして流行についての情報の理解などに必要な読み書き、演算と幾何学の基礎知識は必須だった。[213] 先にあげた（注208 参照）第10区の声明では、世俗の教師による教育をおこない、具体的な科目名を両親に提示して、児童の就学を促した。これらの科目名は、どのような授業が行われていたのかを示している。

　ファルー法に示された必修科目の「宗教教育」は廃止され、代わりにファルー法にはなかった「理性的モラル」が加えられ、基礎科目として読み書き、

---

(212) *J.O.*, pp. 129-130. (le 2 avril, 1871).　巻末の史資料編「A2.　新教育協会声明」を参照。
(213) 赤司、前掲書、144 頁。
(214) 【資料4】初等教育教科科目の比較表。

文法、算術、メートル法、幾何学の基礎、職業に結びつく「芸術デッサン」、「工業デッサン」という科目が必須科目として盛り込まれており、新たな理念に基づく実践的な教育を開始しようとする意気込みが表明されている。と、同時に児童の両親をも対象とした公開講座を開講するなど、ここには一般市民の政治意識の向上の働きかけもみられた。[216]

【資料4】初等教育教科科目の比較表

ファルー法 1850年3月15日施行 第23条　初等教育は次のものを含む。	パリ・コミューン 1871年4月22日発表 パリ第10区フォブール・サンマルタン157番地公立男子校に関する声明	フェリー法 1882年3月28日施行 第1条　初等教育は次のものを含む。
道徳および宗教教育		道徳・公民教育
	理性的モラル	
読みかた、書きかた	読み、書き	読みかた、書きかた
フランス語の基礎	文法	国語とフランス文学の基礎知識
計算および法定度量衡法	算数、メートル法	
実地の演算に応用される算術	幾何学の初歩	
歴史と地理の基礎	地理、フランス史	地理学、特にフランスの地理。歴史、特に現在までのフランスの歴史
		法律学・経済学の若干の日常的な基礎知識
日用に応用できる物理と博物の概要		
農業・工業・衛生についての基礎的知識		自然科学・物理学・数学の基礎知識、それらの農業・衛生・工業科学・手仕事・主要な仕事の道具の利用への応用
測量・水準測量		
用器画	芸術デッサン、工業デッサン	製図・塑像・音楽の基礎知識
唱歌	声楽	
体操		体育
		男子生徒の軍事教練・女子生徒の針仕事

□□□ は必修科目を示す。

---

(215) 第10区における公立男子学校を 4月22日に設置し、開校するにあたっての声明 (*M.P.F.1874*, t. 2, p. 325)。

(216) *Ibid.*

第 4 章　女性組織

DEFENSE DE PARIS. — Un garde national descendant de garde.

前線から帰還する夫（国民衛兵）をむかえる妻と子どもたち
(*L'Illustration* 1870 年 11 月 12 日号)

ヴェルサイユ側の捕虜となった夫への手紙を託して、幼児を抱く妻と女性たち（*The Illustrated London News* 1871年6月17日号）

パリ・コミューンが成立する直接の要因となった、モンマルトルにおける騒擾について、P.O.リサガレーは、「大革命の諸事件のように、最初に女たちが腰をあげた。籠城で陽焼けした三月十八日の女たちは、(中略)、亭主たちを待ってはいなかった。彼女たちは霰弾砲をとり囲んで係の隊長に詰問する。「ひどいじゃないの！あんた達、そこで何してるのよ。」兵士たちは黙っている。時折り下士官が、「さあさあ、おかみさん達、むこうへ行ってくれよ」という。その声は荒々しいものではない。彼女たちは退かない。」と描写し、政府軍による作戦の遂行が女性たちの手によって阻まれつつある状況を綴っている[1]。事態は騒擾状態になりつつあったのである。その中心にいたのは、女性たちであった。

　実際に、女性たちの活動は前年の第二帝政崩壊にともなう民衆組織の形成と同時におこなわれていた。9月4日に共和国が宣言され、臨時国防政府が成立すると、第6区では「第6区婦人団結協会」Société de solidarité des dames du VIe arrondissement が声明を出し[2]、12日には第5区の区長が「第5区の女性に対する声明[3]」を発表、翌13日には第3区でも同様に区内の女性たちに対して区長が声明[4]を出している。これらの声明は、いずれも抗戦の継続と物資の供出、負傷者救護への協力を女性たちに要請する内容であった。特に、第3区では協力を要請するだけでなく、その協力活動を実行に移すための、女性たちによる地域の活動組織 sections の設立をも求めていた[5]。

　10月に入ると、明確に女性たちが自分たちの意思をもって活動を始めた。10月11日には、「女性委員会」Comité des femmes が市内全域の女

---

(1) リサガレー『パリ・コミューン』上、126頁。

(2) *Les murailles politiques de la France pendant la Révolution de 1870-71*, Paris [s.d.] (以下、*M.P.F., Claretie* と略記), p.34. *Appel de la Société de solidarité des dames du VIe arrondissement.*

(3) *M.P.F., Claretie*, p. 43. *Mairie du Ve arrondissement aux femmes du Ve arrondissement.*

(4) *M.P.F., Claretie*, p. 45. *Mairie du 3e arrondissement, L'ennémie est aux portes de Paris ...* 区長ボンヴァレ Bonvalet は助役3名 (Murat, Cleray et Chavagnat) と連名で、この声明を出した。

(5) Ibid. 〈... Que nos généreuses Concitoyennes s'organisent donc au plus vite, par quatre ou six sections dans chaque Quartier.〉と具体的な提案をおこなっている。

性を対象として集会を通知し、同じ日に「戦争犠牲者のための支援協会」Société de secours aux victimes de la guerre が声明を出している。前者の主催者には G. ヴィヴィアン（教師）が、後者にはアンドレ・レオが含まれていた。特筆すべきは、この両者とも女性の社会的地位の改善を訴える女性社会運動家であり、戦争による負傷者だけでなく、女性の困窮者の救護と生活支援とともに、女子教育の制度的改革を運動の目標にあげたことである。こうして、女性たちの活動は、組織的に展開されていく。その後、11月29日の第1区長による市内全20区における女性組織の設置提案を経て、12月10日には前記の「戦争犠牲者のための支援協会」が物資の支援に加えて、女性のための作業場の設置をおこなった。

夫を、息子を、父を戦場に奪われた女性たちの多くは、急速に難局へと陥っていた。この窮状から脱するために女性たち自身が立ち上がり、それが帝政崩壊後の女性の自立運動やパリ・コミューンの諸局面における女性の活動へと結びついていった。

---

(6) *M.P.F., Claretie*, p. 183. *Solidarité sociale, Comité des femmes de la rue d'Arras, 3.*

(7) *M.P.F., Claretie*, p. 247. *Société de secours aux victimes de la guerre.*

(8) *M.P.F., Claretie*, p. 516. *Mairie du 1ᵉ arrondissement, Avis, Une Association de Dames s'est constituée sous le nom de Société de secours fies Vingt Arrondissements.*

(9) *M.P.F., Claretie*, p. 605. *Appel au commerce par la Société de secours aux victimes de la guerre.*

(10) 国民衛兵の日当は1フラン50サンチームで、家族手当が75サンチームであった。ちなみに、この当時、鶏卵1個が1フランという物価であった。(Thomas, *op. cit.*, pp. 31-32)

(11) パリ・コミューンが形成される前後の社会運動において、女性たちの活動は必ずしも最初から順調に推移したわけではない。この時期のフランスの社会運動にもっとも大きな思想的影響をもっていた P. J. プルードン (Proudhon) もロンドンに本部があったインターナショナルも当初、一般女性の社会的進出を援助するどころか、否定的見解を表明していた (Eugene Schulkind,〈Socialist women during the 1871 Paris Commune〉, *Past and Present*, no. 106, 1985, p.142 では、インターナショナル・ジュネーヴ大会 (1866年) に出席したフランス代表が女性の社会進出について、「女性がいる場所は家庭であり、働く場所ではない」と述べている。)。そのため、インターナショナルの影響下にある労働組合でも女性の加入はもとより組合内部の議決権などについて差別条項を設けていたくらいである (*Ibid.*, pp. 136, 139-140)。このような状況が、戦死した国民衛兵の妻に対する法律上ないし内縁関係を問わない、あるいはその子供の嫡出、非嫡出を問わない遺族年金の受給の権利や女性による労働の協同組合組織化の検討、実施をコミューン議会へ要求し (*M.P.F.1874*, t. 2, p. 522)、地域の行政組織の間で実行に移そうとするなかで大きく変わっていった (*P.V.C.*, t. 1, pp. 159-161. (le 10 avril 1871))。

第4章　女性組織　　*147*

　各区に生活支援組織を置くとともに、市内全区を組織化し、労働の場を確保することによって女性たちを経済的に自立させようという、新たな支援策に着手したのである。この動きを受けたのが第3区と第6区である。第3区ではパリの名産品を製造する女性たちのために、売り場として区役所を提供し、第6区の「団結協会」Association de solidarité は、女性のための労働と賃金の確保を活動に含めながら、毎週木曜日と日曜日に公開集会を開催することによって、支援のすそ野を広げようとしていた。[13]

　こうして、各区と地域が自治組織としての体制を具体的に示しながら、抗戦の継続と民衆自身の手による自立自助の経験を深めていく一方、国家権力（共和国）を市自治に優先させ、プロイセンとの和平交渉を進めようとする政府（臨時国防政府）とは徐々に相反ないし敵対的な関係に陥っていく。年が改まり、国民議会選挙を経て第三共和政を確立した政府が、正規軍によって遂行した1871年3月18日のモンマルトルにおける大砲奪取作戦は、まさにこのような緊張関係からもたらされた不可避の事態だったのである。

　女性たちによる活動はその後、男性有権者だけの普通選挙に基づいてパリ・コミューンが成立し、パリ自治市政とヴェルサイユに移転した政府側との緊張関係が高まるなかで再開される。新たな女性組織"女性同盟"の登場である。前章では、女性たちのクラブにおける活動の一部を取り上げたが、本章では「女性同盟」とそれに関連する組織を中心にみていきたい。

---

(12) *M.P.F., Claretie*, p. 660. *Au profit de atelier de travail pour les femmes fondé dans le 3me arrondissement de Paris.*

(13) *M.P.F., Claretie*, p. 604. *Aux dames- du 6e arrondissement, L'Association de solidarité de cet arrondissement s'est constituée dès les premiers jours de septembre, en vue de venir en aide aux nombreuses ouvrières.*

第1節「女性同盟」の成立

　"女性同盟" Union des femmes によるものとされる最初の活動は、「パリの女性たちへのアピール」[14]によって始まった。[15]　4月11日の官報に掲載されたこの声明は、"ある女性グループ" Un groupe de citoyennes によると表記されているが、実際にはロシア出身の女性 E. ドミトリエフ(Dmitrieff)[16]が執筆した。[17]　E. ドミトリエフは、故国を離れて、ジュネーヴでロシア出身の革命派と交流を持った後に、ロンドンで K. マルクスたちの運動に合流した。E. ドミトリエフは「コミューンには、全部合わせても、たった二人しかいないマルクス主義者のうちのひとりである」と後に評されるほど、ロンドンにいた K. マルクスとの関係が密であった。[18]

　このアピールには、明らかにインターナショナル派の影響とみられる表現が随所にあるが、[19]　E・ドミトリエフが3月28日か29日にパリに到着した後、コミューン議会の発足を目の当たりにしながら、インターナ

---

(14)　⟨Appel aux citoyennes de Paris, un groupe de citoyennes⟩, *J.O.*(le11 avril 1871), pp. 225-226;『フランスの内乱』岩波文庫、236-240頁。岩波文庫によれば、このアピールは4月12日に公表されたものとされている。

(15)　井手伸雄の先行研究によれば、「4月10日の労働委員会の各区役所に宛てた回状」がパリ・コミューンによる女性労働に関する「最初の動き」であると述べたうえで (井手伸雄「1871年のパリ・コミューン下における労働の組織化の試み──婦人労働の場合──」立正大学文学部西洋史研究室内酒井三郎博士喜寿記念事業会編『酒井三郎博士喜寿記念世界史研究叢書』1977年、134頁)、この記述の論拠として、L'action des femmes (Bruhat, *op. cit.*, p.184) を挙げている。

(16)　Elisabeth Dmitrieff (1851-1910) ロシア・プスコフ地方の貴族出身、出国後スイス、イギリスを経てパリへ、コミューン下の女性組織で活動した (*D.B.M.O.F.*, t. 5, p. 355)。

(17)　C.J.Eichner, *Surmounting the barricades,* Bloomington, Id., Indiana Univ. Press, 2004, p. 71によれば、E. ドミトリエフがパリに着いたのは、3月28日か29日である。

(18)　Rougerie, Paris libre, p.189.　ちなみに、もうひとりは A. セライエ (Serraillier)* である。労働・交換委員会で中心的役割を務めた L. フランケル (Frankel)** は、ここに入っていない。*Auguste Serraillier (1840-1916 ?) ブーツ職人、インターナショナル総務委員会構成員、コミューン議員、労働・交換委員会で活動 (*D.B.M.O.F.,* t. 9, pp. 122-123)。**Léo Frankel (1844-96) ハンガリー・ブダペスト出身、鍛冶職人、インター会員、パリ市内の外国人活動家を連携させた。コミューン議員、労働・交換委員会で活動 (*D.B.M.O.F.*, t. 6, pp. 91-94)。

(19)　Thomas, *op. cit.*, p. 56.

ショナル派の議員や女性活動家たちと文案を検討し、公表したものである。[20]パリの女性たちに向けて、「武器をとれ！　祖国は危機に瀕している！われわれの兄弟を虐殺しつつあるのは、ヨーロッパの暴君どもの連合軍であろうか？　──否、この敵、この人民と自由との暗殺者は、フランス人なのだ。──万人のための労働と幸福、──人民自身による人民の政府、──コミューンだ、──労働によって自由に生きるか、さもなければ、闘争によって死ぬかだ！」と訴えているが、文中にはフランス革命期の女性たちのヴェルサイユへの行進を引用するなど、ややアナクロニズムと評されかねない表現もみられる。このアピールは市内の壁に貼られて公表された。[21]

　この翌日、4月12日、第20区において"女性同盟"は会員の登録を開始し、13日には第2回会議を開催し暫定中央委員会による計画と戦略を発表、21日には第3回会議を開催した。

「女性同盟」前史

　なお、この間の14日には、「パリ・コミューン執行部に対する女性市民の声明」[22]を提出している。この声明は、コミューン執行委員会に対して、女性による組織的な活動を保障するために、各区に対して恒常的な施設や場所の提供等を命じるよう要請したものである。11日のアピールが「ある女性市民グループ」による発表であったのに対して、この14日の声明は、「女

---

(20) Eichner, *op. cit.*, p. 71 によれば、インターナショナル・パリ支部の B. マロンや女性運動の活動家である M. ルルプ (Leloup)*、B. ルフェーヴル (Lefèvre)**、コラン (Collin)*** たちと協議したとされる。　*Marceline Leloup (?-?) お針子、女性同盟中央委員会第11区代表、同執行委員 (*D.B.M.O.F.*, t. 7, p. 108)。**Blanche Lefèvre (?-?) 第17区で洗濯業に従事、第10区居住、サン–ミシェル–バティニョル教会の社会革命クラブで活動 (*D.B.M.O.F.*, t. 7, p. 82)。***Collin (?-?) 女性同盟中央委員会の執行委員として「女性労働者へのアピール」に署名 (*D.B.M.O.F.*, t. 5, p. 148)。

(21) *Ibid.*, pp. 72-73.

(22) Addresse des citoyennes à la Commission Exécutive de la Commune de Paris. *J.O.*, p. 260. (le 14 avril 1871). 官報に掲載されている人名表記は、Adélaïde Valentin, Noémie Colleuille, Marcand, Sophie Graix, Joséphine Pratt, Céline Delvainquier, Aimée Delvanquier, Elizabeth Dmitrieff である。これに対し、E. トマ は、Elizabeth Dmitrieff と Adélaîde Valentin, Noémie Colleville, Marquant, Sophie Graix, Joséphine Prat, Céline and Aimée Delvainquier と表記している。

性市民中央委員会」comité[Comité] central des citoyennes によるもので、この組織名に続けて A. ヴァランタン Adélaïde Valentin, ouvrière、N. コルヴィル Noëmie Colleville, ouvrière⁽²³⁾、マルカンド Marcand, ouvrière⁽²⁴⁾、S. グレー Sophie Graix, ouvrière⁽²⁵⁾、J. プラ Joséphine Pratt, ouvrière⁽²⁶⁾、C. デルヴァンキエ Céline Delvainquier, ouvrière⁽²⁷⁾、A. デルヴァンキエ Aimée Delvainquier, ouvrière⁽²⁸⁾ と E. ドミトリエフ Elisabeth Dmitrieff という個人名に、E. ドミトリエフ以外は、あえて「女性労働者」ouvrière であることを付記し発表している。

わずか３日という短い日時を経て、活動の主体を組織として具体化させ、より明確にしたことになる。ただし、ここでも"女性同盟"ではなく、「女性市民中央委員会」という組織名が使用されている。

なお、この 14 日の声明の末尾には、上述した要請が箇条書きで、次のように記されている。

1．パリ防衛のための組織化をおこなうために、女性たちが区委員会、中央委員会を設置できるように、区役所内に部屋を一室、それが不可能な時は、委員会が恒常的に使用するための独立した場所を提供するよう、区に対して命令を発すること。

2．同様の目的のために、女性市民たちが公開集会をおこなえるよう、広い場所を提供すること。

3．女性たちの委員会等が必要と認める、広報のための通知、ビラ、声明の作成を、コミューンの費用で負担すること。

この後の４月 26 日付の国民衛兵第 8 師団への装備売渡書（2 件）には、「女性の労働のための国際協会」Association internationale pour le travail

---

(23) Noëmie Colleville (?–?)　女性市民中央委員会委員、4 月 14 日の声明に署名（*D.B.M.O.F.*, t. 5, p. 148）。
(24) Marcand (?–?) 同上（*Id.*, t. 7, p. 243）。
(25) Sophie Graix (?–?) 同上（*Id.*, t. 6, p. 228）。
(26) Joséphine Pratt (?–?)　同上（*Id.*, t. 8, p. 242）。
(27) Céline Delvainquier (?–?)　*Id.* (*Id.*, t. 5, p. 299)。
(28) Aimée Delvainquier (?–?)　*Id.* (*Id.*)。

des femmes という組織名がみられる[(29)]。なお、この文書には四角いスタンプ印が押印されており、「女性の組織化と労働のための協会」Association pour l'organisation et travail des femmes と刻印されている[(30)]。この文書は、女性たちの労働組織によって生産した製品を国民衛兵に売り渡すという内容の書類で、第8区において女性たちが労働組織を立ち上げ、実際に業務を遂行していたことが記録されている。

この翌日、4月27日付の「女性同盟、委員会」Le Comité, L'Union des femmes による、第2区における物資（馬1頭、車両2両）徴発命令の文書がある[(31)]。この文書で、「女性同盟」という表記が初めて登場する。ただし、この文書は手書きの連絡文であり、一般に公開し、流通した文書ではないことに留意しなければならない。

これら女性たちによる一連の活動は、従来、「女性同盟」もしくは、その活動家によるものと解釈されてきた。しかし、「女性同盟」として具体的な活動をおこなったといわれる組織は、国防省文書館が所蔵する史料に限定すれば、少なくとも4月27日までは存在していなかったこと、従って、コミューン議会への要請を通じて区行政と連携し、地域における活動を公的なものとして始めた組織は「女性同盟」ではなかったはずである。

「女性同盟」の展開

一方、5月3日になると、労働・交換委員会宛てに、第13区の女性労働者たちが請願をおこなっている。イタリア通り18番地に住む O. タルディフ（Tardif）以下85名の[(32)]、女性たちの署名を添えた請願文書は、各種産業の生産・商業活動が放棄され停止しているために、生活の糧が途絶えた女性たちに仕事をもたらす計画を提案したものである[(33)]。国民衛兵

---

(29) A.H.G., Ly22, mss.

(30) A.H.G., Ly22, mss.

(31) A.H.G., Ly22, ms.

(32) Octavie Tardif (?-?)　既製服製造職人、インターナショナル・パリ支部の第13区（パンテオン）地区会員として書記を務め、夫とともに活動し、女性同盟のリーダーのひとり（*D.B.M.O.F.*, t. 9, p. 174）。

(33) A.H.G., Ly22, mss. この請願文書の署名欄の先頭には、《Octavie Tardif, Avenue d'Italie 18, *13ème* Arrond.》と記されている。

の被服、装備、野営用品の製造に関わる仕事を、各区に割り当てるように との請願を、議員の「代弁人」interprète としておこなうと述べている。 この請願の宛先が、コミューン議会ではなく、直接の担当部局である労働・ 交換委員会宛てであること、この文書に「女性同盟」という組織名が見当 たらないことも注目される。同時に、同区選出の議員への配慮が、請願 を議員に対する「代弁人」という立場からおこなっているとの記述に示さ れている。女性の労働の組織化は、このように、コミューン議会の投票 権も認められない女性たち自身が、地域で自律的に発議し、実行された のである。それは、決して議会や議員たちの指導や指示に基づくものでは なかった。また、必ずしも「女性同盟」というパリ市内全域を横断する 組織に依ることもなく、地域の女性組織がパリ・コミューンの中央組織 (コミューン議会、労働・交換委員会等) へ要求を表明していたことの意 義は大きい。

　5月6日に発表された、女性同盟中央委員会による「女性労働者連合協 議会」Chambre fédérale des travailleuses の結成を呼びかけたマニフェ ストで、初めて「女性同盟」Union des femmes という名称が印刷物に使 用され、公になっている。原題は「パリ防衛と負傷者看護のための女性同 盟中央委員会のマニフェスト」Manifeste du Comité central de l'Union des femmes pour la défense de Paris et les soins aux blessés である。「女 性同盟」は、"パリ防衛と負傷者看護のため"という名称のとおり、ここで は4月11日の「ある市民グループ」によるアピールよりもさらに強い表 現でヴェルサイユ側との対決姿勢を表し、ヴェルサイユ側との調停を排除 し、徹底抗戦を要求するという激しい内容となった。署名者は、中央委員 会執行部 N. ルメル (Lemel)[34]、A. ジャキエ (Jacquier)[35]、B. ルフェーヴル、

---

(34) Natalie Lemel (1827-1921)　製本職人、インター会員、医学校クラブ、サン-ジ ェルマン-ロクセルロワ教会クラブ、トリニテ教会クラブ、ノートルダム-ド-ラ- クロワ教会クラブで活動、E. ヴァランとともに製本工組合を組織し、マルミト を設立して困窮した労働者のために共同食堂を運営し、女性同盟の成立に際して は E. ドミトリエフに協力した (*D.B.M.O.F.*, t. 7, pp. 114-115)。

(35) Aline Jacquier (?-?)　パンフレット作製工、女性同盟中央委員会施行部委員で第 16区を代表、5月6日のマニフェスト、その後の組合協議会の結成にも関与し た (*D.B.M.O.F.*, t. 6, p. 368)。

M. ルルプ、E. ドミトリエフである[36]。

　この後、5月8日の月曜日には、女性同盟中央委員会による第20回公開集会がおこなわれ、5月10日、12日の女性軍団の創設（第12区長フィリップが指導）へと進んでいく。5月11日には、第5区女性同盟委員会 Le Comité de l'Union des femmes du 5me arrondissement の書記 secrétaire による通行証の発行を指示した文書があり[37]、5月15日には、女性同盟中央委員会は各区の委員会で女性労働者が労働の組織化のために登録することができることを通知（Avis）した文書（第11区）がある[38]。

　このような女性たちの活動をみていくと、「労働・交換省［委員会］代表のレオ・フランケルによる承認を経ている」Vu et approuvé: Le délégué au département du Travail et de l'Échange, Léo Frankel と表記された、5月17日付けの「女性労働者へのアピール」に戸惑いをおぼえる[39]。議会や議員たちが女性労働の組織化に関与したという印象を与えかねないからである。このビラには、「女性労働者へのアピール」という見出しに続いて、女性労働を組織化し、「女性労働者連合組合協議会」Chambres syndicales et fédérales des travailleuses unies を結成する任務を与えられているという記述もある[40]。このアピールの署名者は、N. ルメル、A. ジャキエ、M. ルルプ、B. ルフェーヴル、コラン、A. ジャリ（Jarry）[41]と E. ドミトリエフすなわち執行委員の7名である。そして、5月20日には、女性同盟中央委員会による、上記の「女性労働者連合組合協議会」を結成するための集会（5月21日）

---

(36) 5月6日付マニフェスト（印刷）に署名のある中央委員会執行部 N. ルメル、A. ジャキエ、B. ルフェーヴル、M. ルルプ、E. ドミトリエフのうち、インターナショナル派は N. ルメル、E. ドミトリエフ。区ごとに、Natalie Lemel(6. arr.),Aline Jacquier(16. Arr.),Blanche Lefebvre(10. Arr.), Marie Leloup(11. Arr.) として、委員会リスト（A.H.G., Ly22）に記録されている。本マニフェストは邦訳があり、5月6日のマニフェスト（手稿）として、岩波文庫『フランスの内乱』240–243頁「婦人同志たちからのアドレス」に収録されている。

(37) A.H.G., Ly22, mss.

(38) Ibid.

(39) 同アピールは翌日の18日にも印刷、公表されているが、こちらのビラには「フランケルによる承認」の文言は印刷されていない。何らかの理由で、削除されたのであろう。

(40) *Paris libre*, No. 38, (le 19 mai, p. 2).

(41) Aglaé Jarry（？－？）「女性同盟」の第17区代表（*D.B.M.O.F.*, t. 6, p. 378）。

の開催通知 (Avis) がある。しかし、その結成趣旨は女性たちによる自主的な活動が既にもたらしたものだったことは、パリ市内の各地域における女性たちの多様な活動、とりわけ、このアピールより二週間も前に、労働・交換委員会へ提出された O. タルディフの請願書を参照すれば明らかなのである。この他、労働・交換委員会へ同様の請求をした E. ドミトリエフ署名の文書、「労働・交換委員会に対する女性同盟中央委員会の請願」（手稿）がある。この文書は、「女性同盟中央委員会執行部」Union des femmes pour la défense de Paris et les soins aux blessés, Comité central, Commission exécutive と、レターヘッドが印刷されており、末尾には「執行部書記長、E. ドミトリエフ」Pour la Commission exécutive, le Secrétaire général E. Dmitrief という職名を付した署名があるが、日付はない。

他に、"爆発事件の犠牲者"のための支援を女性委員会 Comité des femmes を通じておこなうと表記された、5月19日付けの文書がある。前々日の第7区ラップ街爆発事件で多数の死傷者が出た折に、女性組織がこの支援にあたったことを示す文書である。この文書の筆者による誤記でないとすれば、これは、前年の10月に創設された「女性委員会」Comité des femmes が、「女性同盟」が公的な存在になった後も存続していた可能性を示している。

パリ・コミューンにおける女性たちの活動は、従来、インターナショナル派の影響の下で活動した「女性同盟」に関心が集中してきた。しかし、「女性同盟」の成立過程を精査すると、女性たちの活動は前年の9月、帝政の崩壊とともに創成された多様な組織が、パリ・コミューンの成立以後も活動を継続する一方、新たに設立された組織として「女性同盟」が活動を始めたことに気づく。女性たちによる労働の組織化や社会変革の活動は、「女性

---

(42) A.H.G., Ly22, mss. Adresse du Comité Central de l'Union des femmes à la Commission de travail et d'échange.

(43) 井手伸雄、前掲論文、143 頁では「日付がないとされる」としているが、小松善雄「パリ・コミューン期の移行過程論」『立教経済学研究』第 61 巻、第 3 号、2008 年、53 頁では「この呼びかけに呼応して 4 月 10 日、「労働・交換委員会に対する婦人同盟中央委員会の請願」がなされる。」と述べている。

(44) A.H.G., Ly22.

同盟」から始まった訳ではないこと、そしてインターナショナル派と呼ばれた女性たちにしても、女性同盟中央委員会執行部のE.ドミトリエフたちと第13区におけるO.タルディフたちとは必ずしも一枚岩の活動をしていなかったことは、パリ・コミューンにおける女性運動を特徴づける重要な側面である。この点について、多くの先行研究では顧みられていない。[45]

第2節 組織構造と規約

国防省文書館には、"女性同盟"の規約類が手稿として収蔵されている[46]。これらの規約は、印刷に付されることはなかったものの、組織のなかで検討され、それを成案として実際に適用しようとしたものと思われる。規約は区ごとの組織に分けて作成されたものと「女性同盟」として作成されたものがある。区ごとの規約としては、第7区、第8区、第18区、第19区のものがあり、第7区の規約は、区委員会、中央委員会、一般会員、区委員会内規の4件で構成されており、他の三つの区は部分的、断片的な規約（区委員会規約）のみとなっている。また、これらの規約の内容には異同が認められ、第7区区委員会には異版の規約があり、第18区の区委員会規約は第7区区委員会とは異なる箇所がある。

女性組織「女性市民中央委員会」は、前述（p.149）したように、4月14日にコミューン執行部に対して、各区における恒常的な組織活動の保障を求めていた。同時に、組織としての体制作りの準備を進めていた。

第7区の規約

続いて、4月20日には、次のような規約が公表された、とE.トマは指摘している[47]。この規約は、冒頭に「第7区のために（pour le 7eme arrondiss.）」と記載したうえで、二つ折りにした1枚の用紙に表裏4頁にわたって、区委

---

(45) 井手伸雄 (1977)、Eichner (2004)、小松善雄 (2008) など。

(46) A.H.G., Ly22. 巻末の史資料編「B10.」を参照。

(47) Thomas, *op. cit.*, p.64, 65 で、*La Sociale*, le 20 avril 1871 にて公表されたと述べている；Johnson, *op. cit.*, p.247 では、これらの規約を、「"女性同盟"の規約」とみなして論述を展開している。

員会、中央委員会、会員の順に記述している。ただし、この文書には、“女性同盟”という表記も日付もない。「女性同盟、第7区」Union des femmes, VII arrondt. というスタンプ印が押印されているのみである。

　規約の構成は、区委員会規約（Statuts, Administration des comités d'arrondissement）が10カ条、中央委員会規約（Administration du Comité central）が16カ条、会員規約（Règlement pour les membres de l'Union）が3カ条となっている。さらに、別紙（1枚、表裏2頁）として内規があり、区委員会内規（Statuts interieur, Administration du Comité du 7^{ieme} arrondissement）が16カ条により定められている。

　区委員会の規約は、任務の内容（第1条、a項〜g項）、委員会の構成人数（第2条）、委員会の運営方法（第3条〜第7条）、中央委員会との関係（第8条、第10条）、委員会の内規について（第9条）で構成されている。ここでは、特に中央委員会との緊密な関係が注目される。すなわち、中央委員会との間における垂直的な指示・命令系統、従属関係を示す条文がある。また、従属関係という点では、「政府の委員会」commissions du gouvernement（コミューン議会の各種委員会を指すものと思われる）から依頼される招集業務が含まれている。一方、区委員会の委員の就任（選任）の方法について規定した条項はない。

　中央委員会の規約は、委員会の構成人数、運営方法、政府委員会との関係に関する条文からなる。同委員会は、各区の区委員会から選出された派遣委員が務め、すなわち20名の中央委員で構成された。また、中央委員の業務は相当に負荷が大きく、「昼夜を問わず、24時間体制の下で委員の三分の一が委員会に詰めていること」（第3条）とされ、「委員会の会議は、24時間に2回以上行われるものとし、詰めている委員全員が出席しなければならない」（第5条）という条項もある。

　以上、規約総体としては、区委員会の活動を規定する詳細な内規（16カ条）もあり、“女性同盟”の活動主体が区委員会にあったことを彷彿とさせる。そのうえで、中央委員会は全20区の区委員会相互の調整や連絡をおこない、その結果に基づき区委員会への垂直的な指揮・命令系統を担保し、影響力をもつものと想定されていた。なお、運営主体となる区委員会や中央委員会の規

約と比べると、一般の会員についてはごく簡単な規則が存在するのみである。

区委員会

　まず最初に、区委員会の運営に関する規約と、あわせて区委員会の運営内規をみておきたい。区委員会の運営が中央委員会と密接な関係性を有していたことは、関連の条項が多数にわたることからも明らかである。区委員会の規則の第1条は区委員会の任務を規定したものであるが、7項目のうち4項目が中央委員会との関係業務を規定したものとなっている。(これに加えて、第8条と第10条も中央委員会との関係を定めたものである。)続く第2条は、委員会の構成人数を定めている。11名を委員数とし、うち1名を中央委員会への派遣委員として選任することとしていた。ただし、11名の委員がどのようにして、その1名を選出するのか、その方法については定めていない。なお、一般会員の規約にも、区委員会委員の選出等に関する条項はない。ちなみに、一般会員の規約は極めて簡潔で、3カ条より構成されており、入会金(第1条)、奉仕業務と寄付(第3条)、遵守モラル(第2条)を定めているにすぎない。

　区委員会規約の第4条と5条では、委員の職務体制を定めており、昼夜を問わず三分の一以上の委員が区委員会に詰めていなければならず、毎日会議を行ない、この会議には全員が出席することと定められていた。昼夜を問わずという服務時間を考慮すると、委員は職務に専念し、仕事や家事との兼務はかなり困難だったものと思われる。なお、第3条の「区委員会は、常設とする」は、4月14日にコミューン執行部に対して要請した、物理的支援、すなわち施設、場所の提供、確保と結びついた成果ともいえる。

　区委員会内規(第7区)は、区委員会の職務をさらに詳細に規定している。まず、「すべての委員は、昼夜を問わず危険に身を晒すものとする」(第1条)としたうえで、「すべての者は、区当局に従うものとする」(第2条)と規定し、パリ防衛の任務と区行政への忠誠を強調している。そのうえで、「朝は8時に任務にあたり、夕方の7時に退出しなければならない時も、2名が順番で夜の9時まで詰めなければならない」(第4条)とし、「可能な限り、委員は夕方6時まで勤め、毎日開催される会議に出席しなければなら

ない」（第9条）と定めている。区委員会規約の第4条の「昼夜を問わず」
とは、内規によれば、実際には朝8時から夕方6時までの通常服務と交代
制による夜9時までの服務であることになる。区委員会の第5条で定めて
いる会議への出席義務も、内規では「可能な限り」とされている。日曜日、
祝祭日に際して、事務所は開いておくものの、「事務所は、日曜日は一日
中、すべての祝日は開かれているものとする」（第6条）と定められており、
区委員が服務していないことも推定される。土曜日についても、「委員会
の各委員は、土曜日は5時まで勤め」（第11条）と定めているので、夕方
5時までの服務であった。この他、内規では区委員会委員の報酬（内規第
15条、日当3フラン50サンチーム）について定めている。

　以上、区委員会の規約とその内規をもとに、区委員会を構造的な観点か
ら考察した。区委員会の委員の任務を規定する規約は一見すると厳しくみ
えるが、内規とあわせて対照すると、それなりの報酬をともなうことによっ
て委員の生活を保障しており、実際的な規則としての意義を有していた。

中央委員会

　次に、パリの全20区を束ねる中央委員会の規約と組織を確認する。既
に述べたように、中央委員会は区委員会から選出された代表委員20名に
よって構成された。規約第2条では、常設の委員会として位置づけられて
いるが、開催条件は8名の発議と10名の承認に基づく（第1条）とされ
ている。服務体制については、「昼夜を問わず、委員会委員の3分の1以
上の出席を、常時、義務とする」（第3条）と「委員会の会議は、24時間
に2回以上行われるものとし、委員全員が出席しなければならない」（第
5条）とされている。全委員20名のうち7名以上が昼夜を問わず詰めな
ければならず、24時間に2回開催される会議へは20名全員が出席しな
ければならないと解釈すべきなのだろう。つまり、20名のうち交代ある
いは特定の7名が中央委員会へ詰め、会議の開催は20名の都合を調整し
て開催するということになる。仮に、全員が交代で昼夜を問わず詰めると
すれば、各委員のスケジュール調整はかなり煩雑だったはずである。

　その会議について、議題として採択するには「すべての提案、すなわち、

公開集会の議題を取り上げるためには、委員会の委員 10 名以上の賛同を得るものとする」(第 7 条) としたうえで、決議は「招集された委員会における事前の審議と委員会の委員の過半数以上でなければおこなわれない」(第 4 条) とした。議事の進め方についても、「議長は、委員会の委員による交代制とし、会議ごとに更新するものとする」(第 6 条) とし、発言は「最長で 10 分とし、同じ発言者による同じ質問は 1 回の会議で 2 回までとする」(第 8 条) ときめ細かく定めていた。ここまでみてきたところでは、会議の進め方は、構成員全員が平等の立場で参加している形式をとっている。しかし、規約の第 11 条では、「委員会は、その内部で、救護と炊事を担当する政府委員会と交渉をおこなう 7 名の委員によって構成される執行委員会 une commission exécutive を選出し、任命する。この執行委員会は、区委員会に伝達する時には、政府委員会より必要な指示と情報を受け取るものとする」と定めており、政府と交渉をおこなうことを専門とする委員として 7 名からなる執行部を設定している。各区の代表者を集めた組織が中央委員会であったとすれば、さらにそこから代表者 (執行委員会) を選んだことになる。これらの執行委員会のメンバーは、5 月 6 日と 18 日のビラに記載されており、実行性をともなう条文であったことになる。5 月 6 日のマニフェストには執行委員 5 名の名前が、5 月 18 日のアピールには 7 名の名前が印刷されている。しかも、この 7 名という人数は、中央委員会に「昼夜を問わず」詰める委員の人数 (第 3 条) と重なる。偶然の一致かも知れないが、この 7 名が中央委員会を動かす実質的なメンバーであった可能性は高い。この条文が実際に適用され、上記のマニフェストの委員会にあてはまるからである。

さて、「女性同盟」は、"パリの防衛を任務とする"ことになっており、軍事的貢献をおこなう規約を公表、中央委員会規約第 14 条 c 項「戦闘をおこなう女性市民の石油と武器の購入。万が一の場合は、武器の配布はくじ引きでおこなわれる」と規定されている。[48] 先に言及した、第 7 区の委員会規約の異版でも、その前文および条文のなかでバリケードの構築について

---

(48) Johnson, *op.cit.*, p.247. この点については C. エイクナーと M.P. ジョンソンでは見解が分かれている。

リール街(パリ第7区)の防衛に向かう
女性市民(シトワイエンヌ)
ベルタル作(リトグラフ) 1880年刊

定めており、同規約第1条a項では
こう述べている。

a. 救護もしくは炊事、バリケード
構築に従事する準備ができてい
る女性の登録業務。

以上から、「女性同盟」は、女性た
ちを自立した労働者として組織化し、
さらに市街戦を想定した武器(銃、石
油)の配布と防衛(バリケード構築)
までを活動範囲としていたことが、
規約の考察から明らかになった。ま
た、コミューン議員や区(第17区)
行政委員と比較しても、その勤務体
制は厳密であったものと想定される。

コミューン議会では、「議員の会議は、毎日午前10時から始め、各委員
会のために市役所に常駐すること」と規定し、「議会は午後2時から始めて、
各委員会の会議は夕方7時から始めることが提案され、これを承認した」
ことが審議記録に残されている。なお、市議会議員は1831年3月21日法
以来、無給とされており、コミューン議会もこれを踏襲したものと思われる。

第17区の委員会については、巻末の史資料編「B9. 第17区区役所委員

---

(49) A.H.G., Ly22-592 には。また、第18区の委員会規約の第1条a項でもバリケ
ード構築について規定している。
(50) 1871年4月6日議会 (P.V.C., t. 1, p. 132; J.O., le 6 avril)。
(51) 1871年4月7日議会 (P.V.C., t. 1, p. 143)。
(52) 議会の開催時間について、このような審議がおこなわれたが、議事録に記載され
ている記録を確認すると、開始時刻が午後3時以前であったことはほぼ皆無で、
長引く審議のために、議会そのものの開催が深夜におよぶことが度々あった。従
って、午前中から開催する議会、議会終了後の委員会の開催などほぼ不可能であ
ったことが推測される。
(53) 長井伸仁「議員とその資産」『社会経済史学』67巻6号、2002年3月、66頁。

会規則」を参照されたい。

　ここで、区委員会に焦点を合わせて、その活動をふりかえってみたい。区委員は区委員会が「昼夜を問わず、3分の1以上が出席しているものとする（第4条）」としたうえで、「少なくとも毎日1回は会議をもつこと。この会議には、委員会のすべての委員が出席すること（第5条）」とされていた。執務時間は、「朝は8時に任務にあたり、夕方の7時に退出しなければならない時も、2名が順番で夜の9時まで詰めなければならない（第7区委員会規則、第4条）」とされており、一週当たりの就労時間は、議員や前出の区行政委員と比較しても長い。また、毎日、終日勤務する委員たちの手当てを、第7区区委員会では3フラン50サンチームとしていた。確かに、国民衛兵の日当が1フラン50サンチームであったことと比較すると、かなり[54]の厚遇ともいえるが、女性労働者が多かった被服関係、繊維関係の平均的な収入層の分布値を示す統計[55]とほぼ一致していることから、手当てを決めるに際し、いわゆる世間相場を勘案したものと思われる。さらに重要な点は、産業活動や商業活動が滞っていたことである。プロイセン軍による攻囲とそれに続くヴェルサイユ側との対峙によって、市内の商工業、産業施設の多くが所有者によって放棄され、女性たちは生活の糧である労働の場を失っており、支給される手当は重要な収入源となっていたはずである。

区独自の女性組織

　この他、規約の存在は確認できないが、女性同盟と類似する女性組織の存在が認められる区がある。第1区、第12区、第18区の行政組織である。

　第1区には警察調査史料によれば、"女性同盟"のメンバーとして、13名の名前が挙がっている[56]。これらの女性のうち、5名（ブランベール（Blambert）ベスト縫製業[57]、シャンジュール（Changeur）ネクタイ縫製

---

(54) *J.O.*, p. 114 (le 1 avril, 1871).

(55) *Statistique de l'industrie à Paris: resultant de l'enquête faite par la Chambre de commerce pour l'année 1860*, Paris, 1864, Tableau général, salaire par jour, résultat par groupe d'industries.

(56) A.H.G., Ly27. 1 er *Arrondissement, Union des femmes, Ecoles.*

(57) Blambert (?-?)　女性同盟の第1区委員会委員（*D.B.M.O.F.*, t. 4, p. 309）.

業、ラングロワ（Langlois）職業不明[59]、メイェ（Maillet [Maillot]）お針子[60]、マレイユ（Mareille[Mareslle, Elisa]）職業不明[61]）は「二十区小委員会事務局」secrétariats des s-comités des 20 arrondissements のメンバーのリスト[62]に名前がある。

第12区では各種の行政業務として、「救護・炊事業務職員」（全員女性）8名が任命されている。この内訳は、薬剤師1名、救護3名、衣類1名、炊事3名という業務分担である[63]。これら区の中央業務と併行して、「ピクピュス街衣類工場」に3名、「困窮者支援委員会」にも3名が任命されている。いずれも女性である。全体としては、「女性同盟」の活動と比較して、軍事活動に関する組織以外はほぼ同様の活動組織を第12区の行政のなかで機能させていたことになる。これら14名の女性たちは、「女性同盟」の構成員リストとは一致しない。同区では、「女性同盟」と類似する組織を設置しつつも、「女性同盟」とは一線を画した組織を存在させていたのである。

第18区の女性組織は、「女性委員会」Comité des femmes という名称で組織されていた。この委員会を構成する5名の女性全員が、「女性同盟」のメンバーリストと一致する。ただし、警察史料によれば、この組織は、上記のとおり、同区では「女性委員会」と称されていたことに留意しなければならない。前年10月に発足した女性組織が、名実ともに存続していたことを物語っている。

以上、「女性同盟」の諸規約を精査し、さらに議会議員、区行政委員の行動規範となる規則等を対照し、その差異や特徴を確認した。これによって、「女性同盟」を含む女性組織が地域の行政組織、民衆組織（監視委員会、クラブ等）と密接な関係（区委員会内規第2条）を保持しつつ、コミューン議会とその各種機関に対して請願などにより民意を示していたことを組織と構造面から確認した。男性中心の組織である、各区の監視委員会や民衆

---

(58) Changeur (?-?) Id., (*Id.*, t. 5, p. 55)。
(59) Langlois　経歴不詳。
(60) Maillet [Maillot]　経歴不詳。
(61) Mareille[Mareslle, Elisa]　経歴不詳。
(62) A.H.G., Ly22. Secretariats des s-comites des 20 arrondissements.
(63) A.H.G., Ly27. 12ᵉ *Arrondissement, Commission Municipale ou Comité de la rue d'Aligre.*

第4章 女性組織 163

クラブが区ごとに、あるいは組織ごとに独立しており、パリ市内全区を横断する組織ではなかったことに比べ、女性同盟は各区の自立性は確保しつつも、前述したとおり、中央委員会への求心力は規則上（第7区委員会規約第1条、第8条、第10条）、明確だった。それは、男性と異なり、参政権が保障されていなかった女性たちによる、直接形式をとる政治行動、人民主権の行使のひとつの形態でもあった。

第3節　女性組織と公教育

　1860年代のフランス女性解放運動の草創期を画したともいわれる女性たち、アンドレ・レオ（1824－1900）、M. ドレーム（1828－94）[64]、L. ミシェル（1830–1905）[65]、P. マンク（1839–1901）[66]たちは、女性の人権、教育、労働の権利を求めて、組織化を図った。同時に、N. ルメル（1827－1921）のように、1860年代中頃からインターナショナル・パリ支部の活動に加わり、社会主義運動に積極的に参加する女性もいた。

　1866年には、M. ドレーム、P. マンク、L. ミシェルは協力して、「女性の権利協会」Association pour le Droit des Femmes を設立。その後、女性運動は具体的テーマに取り組む。1868年には、P. マンクが「女性労働者友愛協会」Société fraternelle de l'ouvrière を立ち上げ、女性の政治的権利を擁護し、女子教育の改革を目指す運動を M. ドレーム、アンドレ・レオとともに展開し、帝政崩壊以降は、民衆クラブの集会に出席、特に第18区、第20区で活動した。

　1870年9月10日には、第8区で J. アリクスが女性組織を支援する活

----

(64) Maria Deraismes（1828–94）　自由主義女流文筆家、女性解放運動に参加し、宗教問題や社会問題に取り組む（*D.B.M.O.F.*, t. 5, pp. 313-314）。
(65) Louise Michel（1830–1905）　教師、女性解放運動家、第18区女性市民監視共和委員会議長に選出される。コミューンドで女子学校を設立、流刑地ヌメアで教育活動をおこなう。帰国後アナーキスト運動に参加（*D.B.M.O.F.*, t. 7, pp. 350-353）。
(66) Paule Mink（1839–1901）　ポーランド貴族の家系をもちフランスで生まれる。女性解放運動活動家でジャーナリスト、サン–シュルピス教会クラブ、ノートルダム–ド–ラ–クロワ教会クラブ等で活動、スイスへ亡命、コミューン崩壊後も労働運動に参加した（*D.B.M.O.F.*, t. 7, pp. 369-370）。

動を開始している。この活動には、4名の女性が参加したことが知られており、そのうち2名が後の「女性委員会」Comité des femmes の構成メンバーとなっている。[67] この「女性委員会」の設立趣意書には、労働の組織化に関するグループ、教育に関するグループ、生活支援に関するグループという三つのグループに分かれて活動すること[68]、代表者26名の女性たちの氏名、住所と既婚、未婚の敬称 (Mme., Melle.) が区ごとに記され、既婚者19名、未婚者7名で構成されていたことが記されている。[69] この趣意書は、女子教育を、教育という単独の課題ではなく、労働や生活の確保という社会的権利と密接に関連させていたことを示している。

　10月11日、市内各区で1800名以上の賛同者と160の委員会が参加して結成した「女性委員会」が、公開集会を告知し、出席を呼びかけた。また、同日には「戦争犠牲者の救護協会」Société de secours aux victimes de la guerre が、プロイセンとの戦争によって亡くなった兵士の遺族の救済を呼びかけ、ルモニエ女子職業学校の5校 (第4区チュレンヌ街27番地、第6区ダサッス街70番地、第9区ラヴァル街37番地、第12区ルイリ街25番地、第20区ピア–ベルヴィル街23番地) を食品、食材の提供場所とすることを呼びかけている。なお、同協会の会長としてジュール・シモン夫人の名が記載され、アンドレ・レオたち8名が協会役員として名を連ねていた。[70]

女子学校の設置状況

　以下、10月末から翌年のパリ・コミューン成立以降までの女子学校の設置状況を確認しておきたい。

---

(67) 1870年9月7日のJ. アリクスの社会的コミューンの宣言に、キルテ Kilther (第5区)、Mme. グレフ Greffe (第11区)、Mlle. セイタン Ceytain (第11区)、Mme. セイタン (第11区) たち4名の女性が賛同した。後に、Mme. グレフ Greffe と Mlle. セイタン Ceytain が「女性委員会」のメンバーになった。

(68) A.H.G., Ly22, Comité des femmes de la rue d'Arras, 3には、全20区の女性メンバーリストが掲載されているが、2種類の文書があり、第11区、第12区、第18区のメンバーが異なっている。

(69) A.H.G., Ly22, mss. この設立趣意書に日付はない。

(70) *M.P.F., Claretie*, p. 247. ジュール・シモンは、この時期、国防政府の閣僚を務め、第三共和政発足後は公教育大臣に就任した。

第 4 章　女性組織　　*165*

　10 月下旬には、第 12 区ラペ河岸 58 番地に初等無償学校 (Mme. ババ
ン-ティエボ女性教師) が設置され、11 月には、第 10 区ヴィネグリエ街
47 番地に非宗教系教育施設が開設されている (Duvail 区長指導)。同じく、
11 月初旬には、非宗教系女子学校が第 14 区のブズー街 26 番地 (Mme.
トルプ女性教師)、ブレザン街 35 番地 (Mme. ダヴェーヌ女性教師)、アー
ル街 12 番地 (Mme. シャンクリュ女性教師)、メーヌ路面街 3 番地 (Mme.
ルヴァルレ女性教師)、メーヌ路面街 66 番地 (Mme. デシャン女性教師)、
ダンフェール大通り 28 番地 (Mme. カルティエ女性教師)、セルス街 11
番地 (Mme. ブエ女性教師)、ダゲール街 40 番地 (Mme. ペルネイ女性教
師)、ダゲール街 46 番地 (Mme. ミロム女性教師)、ダゲール街 75 番地
(Mme. クロン女性教師)、ドランブル 14 番地 (Mme. ブルトネ女性教師)、
フォブール-サンジャック街 77 番地 (Mme. バルデル女性教師)、ラ-プロ
セシオン街 133 番地 (Mme. ピリュス女性教師)、ペルネティ街 74 番地
(Mme. ピレ女性教師)、コンスタンチーヌ街 53 番地 (Mme. ベルティニ
女性教師)、サン-メダール街 5 番地 (Mme. ランソン女性教師)、サン-メ
ダール街 8 番地 (Mme. トルード女性教師)、ラ-サブリエール街 46 番地
(Mme. コロンベ女性教師)、ベナール街 20 番地 (Mme. アロム女性教師)、
ラ-トンブ-イソワール街 39 番地 (Mme. ムト女性教師)、ラ-トンブ-イソ
ワール街 73 番地 (Mme. スヌキエ女性教師)、ダロー街 6 番地 (Mme. ス
レ女性教師) に設置され、カシーニ街 6 番地の新制女子学校には孤児院を
併設 (L. アセリーヌ Asseline [71] 区長指導) し設置した。[72]

　年が改まって、1871 年 1 月には第 2 区で 3 校 (グルネタ街 41 番地、サン-
ソヴール街 22 番地、ボールギャルド街 23 番地) の女子学校が開設されてい
る (区長ティラール Tirard)。[73] さらに、パリ・コミューンの成立以降には、4
月 3 日に第 6 区チュレンヌ街 38 番地に女子職業学校 (L. マニエール校長) が、
4 月 22 日には第 17 区バティニョル街に女子学校 (Mlle. ラモット Lamotte

---

(71) Louis Asseline (1829-78). 弁護士、文人、共和派政治家として第 14 区区長を務める。
(72) *M.P.F., Claretie*, p. 320.
(73) *M.P.F., Claretie*, p. 389.　Pierre Tirard (1827-93).　第 2 区区長、第 2 区選出コ
　　ミューン議員、当選直後に辞任 (D.B.M.O.F., t. 9, p. 216)。

女性教師による無料公開講座[74]）が、5月8日には第8区ビアンフザンス街14番地に女子学校 (G. ヴィヴィアン校長、「新教育」の理念に基づく) が、同日には第8区モンソー街14番地に女子職業学校、孤児学校を併設 (J. アリクス指導) が、5月12日には第6区デュピュイトラン街に女子工芸職業学校が、5月15日には第11区ブレゲ街15番地に女子学校が設置されている。

　11月、「第18区女性市民監視共和委員会」Comité républicain de vigilance des citoyennes du XVIIIᵉ arrondissement の議長に選出された L. ミシェルは、昼間は第18区ウドン街 Houdon24番地の女子学校の校長を務め、夜はパトリ–アン–ダンジェ・クラブで活動していた。パリ全20区に監視委員会がインターナショナル・パリ支部の主導で設置され、これらの委員会が男性を中心に運営されていたのに対して、第18区では女性たちによって共和主義の理念の下、上記の女性たちだけによる監視委員会が設置されたのである。

　コミューン発足後、1871年4月3日には、この女性監視委員会に L. ミシェルを加えた代表団の名前で、次のように、女子のための職業学校の設置を求めた請願をコミューン議会へおこなっている。

　　パリ、共和暦第79年ジェルミナル13日
　　シトワイヤン・コミューン議員たちへ
　　私たちは、私たちの息子が王による殺戮の群れになり、娘が情欲の餌食にならないようにするために、修道士と修道尼による学校と孤児院に代えて、非宗教の職業学校と孤児学校を直ちに設置されることを、精力をこめて要求する。私たちは、自由な人びとが永久に世界共和国を求められるようにするために、すべての人々が教育を受け、職業を身につけること、大地が血で肥沃にもはやならないこと、路上の堕落が売春婦によって満たされることのないことを、望んでいる。
　　共和国か、しからずんば、死か！　サリュー、平等！
　　女性市民の共和主義監視委員会のために

---

(74) Louisa Lamotte (?-?)　第17区バティニョル街に公立女子学校を開設し、無料公開講座をおこなうとのビラを配布。巻末の「A1. コミューン下の設立学校一覧」を参照。

代表団署名：L. ミシェル (Louise Michel) , ポワリエ (Poirier) , カルティエ(Cartier)[(75)], ドゲ(Dauguet)[(76)], ボグラン (Baugrand)[(77)], ビュサール (Bussard)[(78)], ルメーヌ (Lemaine)[(79)], デュプレ (Dupré)[(80)], ショヴィエール (Chauvière)[(81)].

　　　　　　　　Louise Michel, 24, rue Oudot, Montmartre, Paris.

　この請願には、余白に「公役務委員会へ回付 renvoyé à la Commission des services publics」というコメントが書かれている。また、丸いスタンプ印には、監視委員会、共和主義女性市民、第18区と刻まれている。この要求書は、L. ミシェルたちがコミューンの事務局へ持参したところ、「公役務委員会」への回付が適切と判断されたのだろう[(82)]。公教育というテーマの請願にもかかわらず、この請願は公役務 service publique 委員会へ転送され、公教育 instruction publique 委員会へは届けられていない。第18区では、モン-スニ街2番地でサン-ピエール-モンマルトル教会の施設を利用してポール・マンクが女子職業学校を開設し、同街26番地ではL. ミシェルが校長を務める女子学校が開設されたとの記録もある。

　これまでみてきたように、帝政の崩壊以降、1870年10月から12月にかけて、女子学校が25校開設され、翌年1月から5月にかけて9校が開設された。若干の学校は区長たちが指導して設置されたが、多くは女性教師たちが申請したものであった[(83)]。

---

(75) Cartier (1833-?)　なめし皮下処理工、モンマルトル監視委員会の委員として活動 (*D.B.M.O.F.*, t. 5, p. 17)。

(76) Dauguet (?-?)　モンマルトル監視委員会で活動、コミューン下で非宗教の職業学校と孤児院の開設を求めた (*D.B.M.O.F.*, t. 5, p. 235)。

(77) Baugrand　経歴不詳。

(78) Bussard 経歴不詳。

(79) Lemaine 経歴不詳。

(80) Dupré　経歴不詳。

(81) Chauvière　経歴不詳。

(82) 公役務委員会の役割は、郵便、電信、交通、鉄道といった公共事業を担当しており、公教育委員会は教育の非宗教化を任務としていた。このような役割分担からすれば、L. ミシェルたち第18区の女性監視委員会の要請を公役務委員会へ回付したことは、その理由は不明だが、適切な処理とはいえないのではないだろうか。

(83) A.H.G., Ly 27, mss.

自立を求めた女性たち

この他、第13区で区全体の女性労働組織をまとめていた O. タルディフの活動も注目に値する。彼女は、インターナショナル・パリ支部のパンテオン地区委員会の連絡書記であり、女性同盟という組織のなかでは中央委員を務めていた。この第13区の区委員会委員のうち8名が小委員会の書記でもあった。

5月3日、O. タルディフは自身を含め、同区の85名の女性たちの署名を集めて、中央委員会を経ず、直接パリ・コミューン労働・交換委員会へ請願書を出している。[84] 請願の内容は以下のとおりである。

> パリ、1871年5月3日
> 労働、交換委員会のシトワイヤンへ
> 私たちには、是非とも仕事が必要です。なぜなら、私たちの父も、夫も、息子も家族を扶養することができないからです。この仕事は、競合を避け、時間の無駄を避け、子どもをぞんざいにするという最悪の不快さを避けるために、各区に割り当てるべきでしょう。
> 私たちは、そのため、コミューンの議員に対する代弁人となるために、あなた方に明確に請願することにしました。
> この他、直ちに実施可能な仕事である、国民衛兵の被服関係、装備関係、野営関係の仕事があるはずです。それを、私たちに教えてくれたのは、市民ボシェリ Citoyen Beauchery[85] であり、示唆してくれたのは、被服製造のための手縫い作業を請け負っている市民ファーブル Citoyen Fabre[86] です。そこで、委員会の代表委員の皆さんが迅速な解決策を示す権限を有しているならば、どうぞよろしくお願いします。

この請願には、夫や息子、父たち稼ぎ手である男性が不在であることに

---

(84) A.H.G., Ly22, mss.
(85) A.H.G., Ly22, mss. の「パリ、1871年5月3日、労働・交換委員会のシトワイヤンへ」〈Paris, le 3 mai, 1871, Citoyens de la Commission du Travail et de l'Echange〉に掲載されている。署名者にも同一の姓の女性がみられることから、夫婦か親子による関係者である可能性がある。
(86) A.H.G., Ly22, mss. の「第18区民主社会主義クラブ、クラブ会員名簿」〈Club democratique et socialiste du XVIIIeme arrondissement, Liste des membres du Club〉に名前が掲載されている。

よる困窮という状況を説明するにとどまらず、女性の立場からの要求がつづられている。当時の女性たちを代表する職業として、被服、繊維労働者という立場が示されており、子育てをする環境として仕事場と住居の距離の近さを保証する手段として区ごとに仕事を割り当て、分散させることを要求しつつ、母性という重要な立場が同時に示され、かつその保証を求めていた。女性たちの労働条件の保証という観点だけではなく、女性の立場に立った育児や教育という観点からみても重要な意義をもつ請願といえる。

　以上、本章では、パリ・コミューンにおける女性の活動は、コミューンの成立によって始まった訳ではなく、前年9月からの市内各区における女性の活動がコミューン成立後も継承されることによって「女性同盟」が発足し、先行していた女性組織と併行して活動していたことを明らかにした。また、「女性同盟」がインターナショナル派の影響を受けつつ、パリ・コミューン期の女性組織を指導したという見解を批判的に論じた。女性たちは、1860年代から多様な活動を開始し、帝政崩壊を機に行政組織とも連携をとり実質的な社会施策を実行に移していた。パリ・コミューンが成立した後に、ロンドンのK.マルクスのもとからパリに来たE.ドミトリエフが主導する「女性同盟」によって指導される理由がないのである。
　地域や区行政における、死傷した国民衛兵の家族への支援のとり組みは、攻囲期に女性たちが模索しながら組織化した。その支援組織が、コミューンの成立後に、地域と区行政において公的なかたちで始まり、その後にコミューン議会でパリ全市を対象とするに至ったのである。この構図と同様に、さまざまな社会問題があるなかで、困窮家族への支援は女性たちによって先鞭をつけられ、その後に公的な社会政策とされた。未成年の女子に対する職業教育を中心とした女子教育の改革についても、L.ミシェルたちの活動の事例で述べたとおりである。この点、「女性同盟」の厳密な成立時期を確定しないまま、「女性同盟」の活動に過度な存在理由を与えてきた従来の見解は、修正の余地がある。既に述べたように、「女性同盟」という表記が、初めて印刷物に掲載されて公表されたのが1871年5月6日、手書きの文書のなかに記されたのが4月27日（159頁参照）、"ある女性グルー

プ"を根拠もなく「女性同盟」としたのが4月11日（148頁参照）なのである。E.ドミトリエフ署名の文書、「労働・交換委員会に対する女性同盟中央委員会の請願」（手稿）には日付がないにもかかわらず、なんらの根拠も示さずに4月10日とした先行研究（154頁）は、その一例である。

選挙権もなく、政治の権力構造から排除された人々、それであるにもかかわらず自身の生活と家族の生活を維持することが求められた人々、それが女性たちのおかれた立場であった。それでもなお、女性たちは労働の、公教育の、職業教育の改革に臨んだ。既に述べたように、パリの女性労働者は職種別では被服関係と繊維関係、パリの特産品関係が男性労働者数を上回り、産業別の女性の識字率でも、貴金属関係労働者が95%で高く、女性労働者の就業比率が高い被服関係、繊維関係ではそれぞれ89%と79%であった。[87]女性たちの就業率が比較的高く、文字情報による知識の取得や発信、交換、拡散を必要とする流通関連の職業が製造、生産関連の職業より識字率を押し上げていることがうかがわれる。前述した1870年末の第3区におけるパリの名産品を製造する女性たちのために、売り場として区役所を提供した取組みはこのような、産業構造における男女、未成年の就業者数比率が反映されている。

当時の諷刺画には、「女性同盟」を始めとする女性組織の参加者が"石油女"pétroleuse や女権論者等々のイメージとして描かれ、流布されていたが、女性組織の会員の多くはごくありきたりの職業をもった労働者であった。国防省文書館に所蔵されている史料（Ly22 シリーズ）に収録された延べ1,400 名弱の女性の職業のうち、主な職業名と人数を列挙すると、お針子がもっとも多く326 名で、次に生地製造業（139 名）、リネン製造業（108 名）、ズボン縫製業（78 名）、下着縫製業（28 名）、洗濯女（27 名）、婦人帽子屋（11 名）、仕立て屋（10 名）などが続く。市井に流布された視覚史料は、この時代の女性に対するイメージがいかにステレオタイプ化したものであったかをよく示している。

---

(87) *Statistique de l'industrie à Paris*, p. xliii.

結　語

　最後に、本研究の成果と課題について述べたい。

　本書は、人民主権という政治概念を一旦社会のなかに置き、地域に根ざした民衆の自律的な活動のなかでこの概念がどのように機能したのかということを、多くの史料の分析をもとに考察し、その構造を明らかにすることを通じて、パリ・コミューンにおける人民主権の展開過程を論じた。

　すでに述べたように、パリ・コミューンの解釈をめぐっては、当時の政治、社会情勢とその後の社会主義運動の影響から、イデオロギー的な解釈が強くみられた。表舞台となったコミューン議会では、インターナショナル派の議員たちが主要な委員会のポストを占め施策を発表したという、目に見える実績があったからである。これに対して、民衆たちは地域の組織において、多様で極めて重要な活動を担いながらも、いつの時代でもそうであるように、目に見えにくい存在であった。印刷物等の公にされた史資料を丹念に読み、文書館に所蔵され、必ずしも利用し易いように分類されている訳ではない多くの手稿類に記された断片的な事実をつなぎ合わせ、丹念に分析することを通じて、その活動を明らかにしなければならないからである。パリ・コミューンの場合は、戦火による消失があっただけでなく、弾圧をおそれて多くの文書が隠滅された可能性が大きい。コミューン議会が設置した各種の委員会の議事録は、これまで一切見つけることはできなかった。帝政崩壊とともに結成された多数の民衆組織やクラブの議事録についても、ごく少数が押収されて、今日に伝えられているだけである。その多くは、隠滅、喪失されたものと思われる。このような、研究上の困難さが、パリ・コミューンの解釈をめぐって、教条主義的でステレオタイプ化したコミューン像をもたらすと同時に、民衆組織の役割がややもすると軽視されてきたことの要因でもあった。

　しかし、コミューン側の公的な文書、あるいは民衆組織の文書を確認してみると、整然と行政を実行しようとする姿勢がみられる。例えば、

第2章第2節で述べた、第7区の教員給与支払い、学校施設の修繕、年金への配慮等があり、第12区では、公教育の非宗教化に関する協力の呼びかけに応じて、教師から申請があり、4月27日以後だけでも、27日（4名）、29日（1名）、30日（2名）、5月3日（以後、13日まで各1名）、5日、8日、10日、11日、13日の記録がある[1]。

　パリ・コミューンの解釈をめぐっては、成立後に発表された施策、公安委員会の設置と内紛、軍事的対応の不備などを主要テーマとし、これまで盛んに議論されてきたが、それらは本質的な議論ではない。K.マルクスにしても、『内乱』のなかで引用したコミューンの状況に関する説明の多くは伝聞に頼っており、事態の推移や組織名称などについても、大まかで、思い込みによる説明もまま見受けられる。

　パリ・コミューンは、人民主権という政治体制がいかに実行されたのか、それを具体的に見える形でわれわれに提示している。とりわけ、人民主権の具体的な行使と公教育とは、切っても切り離せない関係にあり、重要な課題としてクローズアップされたことを忘れてはならない。

（1）　A.H.G., Ly 27, ms.

附、フランス革命期の公教育検討とパリ民衆組織の省察
―モンターニュ派国民公会期（1793〜1794年）を中心に―

ブキエ法施行デクレ（共和暦第 2 年フリーメール 29 日決定）・
ポスター（フランス　リール市立図書館所蔵）

SECTION DU
FAUXBOURG MONTMARTRE

Representans du Peuple

La section Du fauxbourg Montmartre, vient Déposer dans votre sein, De la Manière la plus solennelle, son acceptation unanime De la sainte Déclaration Des Droits De l'homme, et De l'acte constitutionnel qui en consolidant la république, Lui procurera Le triomphe, La paix et Le Bonheur.

La Section Du fauxbourg Montmartre qui fut toujours ferme Dans ses principes, une des premières de cette grande cité à prendre les armes pour conquérir la Liberté et renverser la tyrannie et le tyran, à Dénoncer et Poursuivre des traitres et les Ennemis du peuple ne pouvait être la Dernière à aider à votre œuvre sublime qui immortalisera la première convention Des français.

Représentans, elle vient jurer qu'elle Défendra jusqu'à la Mort cette constitution qu'elle a acceptée avec les transports De l'amour et De l'enthousiasme. mort aux Rois, aux traitres, aux fédéralistes: union, fraternité Paix et Bonheur aux vrais Républicains; tel est, et Sera éternellement le cri Des citoyens De la section Du fg. Montmartre.

Il ne manque plus à notre Bonheur que d'avoir une prompte organisation De l'Éducation Publique

Non une de ces Éducations methaphisiques qui pervertiroit les Mœurs et les vertus républicaines;

Mais une instruction propre à perfectionner l'agriculture

18

フォブール–モンマルトル・セクションの公教育に関する決議
（1793 年 7 月 4 日）フランス国立文書館所蔵

附、フランス革命期の公教育検討とパリ民衆組織の省察　*175*

　パリ・コミューンが成立した翌々日の、1871年3月28日に発行された『ペール–デュ–シェーヌ』紙には、以下の記事が掲載された。[(1)]

　　コミューンは、労働の習性を身に着け、フランス革命の平等と愛を敬うよう、サンキュロットの青年を育成することによって、『ペール–デュ–シェーヌ』紙が物事の第一だとみなす、公教育を再組織するだろう。

　同じく、4月9日発行の同紙には、女性の地位の向上に必要な教育の必要性を指摘した記事が掲載され、

　　…もし、あなたが、フランス革命がどれほどか女性に頼っていたかを知っていたならば、女性の教育に関して目を開くだろう。また、仮にそうでなかったとしたら、無知であったことになる！

と述べ、フランス革命における女性の役割と女子教育の必要性を説いている。[(2)]　10日ばかりの間に、この民衆新聞は公教育と女子教育をテーマに二回に互り、フランス革命に言及していた。

　5月12日には、第4区区役所から、「無償学校」というタイトルの声明が出されており、この声明では、「フランス革命以前までは修道会が教育する権利を与えられていた」としたうえで、「革命によって確定した良心の自由と宗派の原則」に反している修道会による教育への関与を否定した。[(3)]　同じように教育をテーマにして、5月19日のコミューン議会では、教育代表委員のE.ヴァイヤンが教育の手段としての劇場の利用について、「…国民公会は共和暦第2年ジェルミナルのデクレで、公教育委員会が劇場の管理をおこなう決議をした」と発言している。[(4)]　これら、区役所の声明と議会の発言は、ともにフランス革命期の政策を前例として継承する姿勢を示したものである。

（1）*Le Père Duchene*, no. 13. (le 28 mars, 1871), p. 3.
（2）*Le Père Duchene*, no. 25. (le 9 avril, 1871), p. 4.
（3）*J.O.*, pp. 536-537.
（4）*Procès-verbaux du Comité d'instruction publique de la Convention nationale* (以下、*P.V.C.C.* と略記), t. 2, p. 413.

176

5月24日に発行された、『プロレテール』紙の第4号には、M. ロベスピエール (Robespierre)[5] が1793年4月24日の国民公会議場で発表した「人間と市民の権利の宣言のための完全な計画[6]」の条文を引用し、個人の所有権について論じた記事が掲載されている。行政においても、民衆を読者対象とするメディアにおいても、フランス革命期の公教育の施策と1871年のパリ・コミューンの活動とが密接に関係づけられていたのである。

　本省察では、フランス革命期における公教育の検討過程を考察することを通じて、パリ・コミューン期に言及・参照されたモンターニュ派国民公会期の公教育検討の意義をみていく。なぜならば、従来、フランス革命期あるいはモンターニュ派国民公会期の非宗教化運動や公教育に言及はあっても、その具体的な検討過程が明らかにされていないからである。そこには、パリ・コミューンにおいてなぜフランス革命期の公教育が言及されたのかという理由が内包されていたはずである。そこで、本省察ではモンターニュ派国民公会期に検討された二つの公教育案、「ルペルティエ案」と「ブキエ案」の検討過程を確認し、93年憲法を一度は成立させた議会、議員たちが徐々に民衆たちから離反し、人民主権を棄却することによって、革命を終焉に導いたことを明らかにする。

第1節　国民公会と議員による公教育案

　フランス革命期の公教育検討は、1789年8月4日の立憲議会における旧制度 ancien régime の廃止の宣言に端を発し、それまでの教会を主体とした教育体制が根本から覆されることから始まる。

　1791年9月3日に立憲議会で可決制定された「91年憲法」で、教育は、

（5）Maximilien Marie Isidore de Robespierre (1758-1794). 弁護士出身、セーヌ県選出国民公会議員。ルペルティエ案の提案者、公教育委員会、公安委員会で活動。
（6）*Le Prolétaire*, no. 4. (le 24 mai, 1871), pp. 1 -2. *Aux membres de la Commune, extraits de la déclaration des droits de l'homme par Maximilien Robespierre.*

すべての市民にとって共通で、かつすべての人びとにとって欠くこと
のできない教育の部分に関しては無償の公教育制度が創設され、組織
されるであろう。また教育施設は、段階的に、王国の行政区画と関連
して配置されるであろう。[7]

と定めた。初等教育を無償とし、その質の面ではすべての国民に共通した
内容であること、さらに量の面ではフランス全土の行政区画に応じてくま
なく配置することが謳われている。フランス全国民を対象にした、立憲王
政下（1791年9月-1792年9月）の初等教育の普及（機会均等）と教育の
質の確保（平準化と統一）を目指したのである。

　なお、同憲法の制定は、教育制度の検討と併行して進められていた。憲
法制定の発表から1週間後の9月10日、革命後最初の公教育案となる「タ
レイラン案（「憲法委員会の名において国民議会に提出された公教育に関
する報告」）[8]」が議会に提出されたのである。その特色は、検討の過程にも
示されているように、「憲法の精神を全市民の心の中に浸透徹底させるた
めの必須の手段として公教育 instruction publique を理解し、その組織化
を要求した[9]」ことにある。しかし、約1年間の月日を費やして検討された
本案は、憲法制定という目的を達した立憲議会がその役目を終えた（9月
30日）ことにより、審議されることなく、その後廃案（11月25日）となる。

　これに続いて立法議会で検討されたのが、「コンドルセ案（「公教育の一
般的組織に関する報告および法案」）[10]」である。同案は、1791年10月から
翌年の4月まで、約半年かけて検討された。M. コンドルセ（Condorcet）[11]

（7）梅根悟監修『世界教育史体系9　フランス教育史I』講談社、1975年、120頁。
（8）*Rapport sur l'instruction publique, fait au nom du Comité de Constitution a l'Assemblée nationale, les 10, 11, et 19 septembre 1791, par M. de Talleyrand-Périgord, ancien évêque d'Autune,* Paris, 1791.
（9）梅根、前掲書、122頁。
（10）*Rapport et projet de décret sur l'organisation générale de l'instruction publique, présentés à l'Assemblée nationale, au nom du comité d'instruction,* Paris, 1792.
（11）Marie Jean Antoine Nicolas de Caritat de Condorcet (1743-1794). 哲学者、数学者、立法議会議員、パリ選出国民公会議員、公教育委員会。

は冒頭で、

> 人類に属するすべての個人に、みずからの欲求を満たし、幸福を保証し、権利を認識して行使し、義務を理解して履行する手段を提供すること。各人がその生業を完成し、各人に就く権利のある社会的職務の遂行を可能にし、自然から受け取った才能を完全に開花させ、そのことによって市民間の事実上の平等を確立し、法によって認められた政治的平等を現実のものにする方策を保証すること。これらのことが国民教育 instruction nationale の第一の目的でなければならない。そしてこの観点からすれば、国民の教育 instruction は公権力にとって当然の義務である、[12]

と述べ、社会的平等の実現の手段の第一に教育を据え、社会はその成員に対して公教育を整備することが義務であるとされた。それに加え、「道徳の原理は、自然的感情と理性にもとづくもの」であり、「道徳をすべての特定の宗教の原理から切り離し、公教育においてはいかなる宗教的信仰の教育も認めないことが絶対に必要」であるとし、「宗教の原理はその宗教の寺院でそれぞれの聖職者によって教えられるべきである」[13]とした。宗教界（カトリック教会）の教育への干渉を強く否定したのである。そして、「教育の独立はいわば人類の権利の一部をなしている」とし、「どんな権力であれ、いかなる権利によっても、どこに真理があり、どこに誤謬があるかを厚かましく決定することなどできない」と述べ、政治権力の教育への介入も、同様に否認した。[14] 同教育案は社会制度として、あるいは教育理念としても傑出した教育案として讃えられたが、フランス内外の政治情勢の緊迫化、流動化にともない、審議されることなく、タレイラン案と同様の運命をたどることになった。

　国民公会期の公教育検討は、このような教育論議の変遷を経て、立法議会が設置した公教育委員会を継承し、教育問題の検討、立案にあたる体制

---

(12) 阪上孝編訳『フランス革命期の公教育論』（岩波書店、2002 年）11 頁。
(13) 同上、49 頁。
(14) 同上、97 頁。

附、フランス革命期の公教育検討とパリ民衆組織の省察　　*179*

をとった。1792 年 10 月 2 日には、公教育委員会の設置が決められ、10 月 13 日には 24 名の委員が発表された。12 月には、同委員の C.G. ロムが、「小学校設置法案」を報告し、翌年 5 月 30 日に公安委員会が国民公会に提出したが、この法案を提出したのは、国民公会内部のジロンド派とモンターニュ派の確執が、内外の政治情勢をめぐり最高潮に至っていた時期にあたる。法案提出の翌日には、パリ民衆が議会に押し寄せ、ジロンド派議員の身柄の拘束が議決される事態をむかえる。この混乱のため、法案は審議されることはなかった。

　一方、6 月 23 日に新たに採択された憲法 (1793 年) の関係条項では、

　　第132条　憲法はすべてのフランス人に対して、平等、自由、安全、所有、公債、祭祀の自由な実行、共通の教育 (instruction commune)、公の救済、出版の無制限の自由、請願権、民衆協会に集う自由、すべての人権の享受を保証する。

と定められている。このようなめまぐるしい政治状況のなかで検討されたのが「シイエス案」で、E.J. シイエス (Sieyès) たち公教育委員会委員 3 名が立案し、同公教育案 (「国民教育組織法案」) は 1793 年 6 月 26 日議会へ提出された。93 年憲法が発表された翌日のことである。

　しかし、同案は富裕層の私教育を公認し、民衆を学校以外の教育手段によって、精神的に管理しようとする特徴が顕わであった。このような公教育案に対して、民衆運動の高まりによって政権を獲得したばかりのモンターニュ派が主導権を握る議会では強い反対意見がみられた。そのため、

---

(15) Charles Gilbert Romme (1750-1795). 数学者、ピュイ-ド-ドム県選出国民公会議員。

(16) C.G. Romme, *Projet de décret sur le modèle de jugement du concours ouvert pour les prix d'architecture, de sculpture & de peinture, présenté au nom du Comité d'instruction publiques,* [Paris] : 1792.

(17) 小林亜子「フランス革命期の公教育と公共性」(安藤隆穂編『フランス革命と公共性』名古屋大学出版会、2003 年、所収)、125 頁。

(18) *Projet de décret pour l'établissement de l'instruction nationale.*Paris, 1793.

(19) E.J. シイエス (Emmanuel Joseph Sieyès (1748-1836))、J.L. ラ カ ナ ル (Joseph Lakanal (1762-1845))、P.C.F. ドヌー (Pierre Claude François Daunou(1761-1840))。

(20) *P.V.C.C.,* t. 1, p. 507.

同案は国民公会における審議で、7月3日に否決された。このような状況の中、M. ロベスピエールは「六人委員会」Commission des Six の設置を提案し、新たな公教育案を検討することになった（7月10日）。そこで提案されたのが、「国民教育計画案」（以下、「ルペルティエ案」と記す）[21]である。

　ルペルティエ案は、5歳から12歳までの「身体的・精神的存在に対し、それがいつまでも保持するであろう変形・印象・習慣を与えるのに極めて決定的な人生のこの時期に、共和国を構成すべきすべての者」[22]を対象とした。また、義務制、寄宿制であった。具体的には、すべての子どもを「国民学寮」maison d'éducation nationale に寄宿させ、この学寮を各カントン（小郡）に一つ、都市部では各地区に一つ設置し、費用は教育税を新設して充て、学寮では生徒全員が平等な食事、衣服、労働をともなう授業をおこない、学寮の運営は学区内に居住する家父たちから互選で52名の委員を選出、組織し、各委員は学寮に交代で、教師、生徒と宿泊し教育に関する助言をおこなうとされた[23]。

　その教育理念は、「私的な欲望を抑え、公共の利益をもっぱら追求すること、この公共の利益の追求を革命の祖国への献身奉仕を媒介にして具体化すること」であった[24]。それは、「新しく樹立された共和国にふさわしい人間を形成する」ためであり[25]、教育の場が教会から学校へと転換する時期にあたる[26]。

　ちなみに、ルペルティエ案の検討にあたった公教育委員会の委員（六人委員会）と社会階層は以下のとおりである。提案者のM. ロベスピエールとL. ブルドン（Bourdon）[27]を除くと、他の4名はいずれも教会関係者であった。なお、同案の立案者、L.M. ルペルティエ（Lepelletier）[28]は貴族出身である。

---

(21) *Plan d'éducation nationale de Michel Lepelletier,* Paris, 1793.

(22) 松浦義弘「フランス革命と〈習俗〉」『史学雑誌』第92輯第4号、1983年、62頁。

(23) 同上、62頁。

(24) 梅根『フランス教育史 I 』、171頁。

(25) 松浦、前掲論文、62頁。

(26) 同上、78－82頁。

(27) Léonard Bourdon (1754-1807). 　貴族出身、弁護士、教育思想家、パリ・フィニステール・セクションの活動家、オワーズ県選出国民公会議員。

(28) Louis-Michel Lepelletier (1760-1793). 　法服貴族出身、三部会議員、ヨンヌ県選出立憲議会議員、1793年1月に王党派により暗殺された。

L. ブルドン　貴族出身、弁護士、教育思想家

J.M. クペ　司祭

H. グレゴワール (Grégoire)　司祭

J. ラカナル　キリスト教教育修道会

M. ロベスピエール　弁護士

P.J. ルール (Rùhl)　牧師の息子

　次に、国民公会における検討過程を確認しておきたい。この議論が掲載されている、公教育委員会議事録には、C. ドラクロワ (Delacroix)、M. ロベスピエール、N. ラフロン・デュ・トルイェ (Raffron du Trouillet)、G.J. ダントン (Danton)、J. ジェ・ド・サント–フォワ (Jay de Sainte-Foy)、R. ガストン (Gaston)、L. ブルドン、C.G. ロンム、L.J. シャルリエ (Charlier)、P.M.A. ギヨマール (Guyomar)、J.J. ブレアール (Bréard) の 11 名の国民公会議員の発言が収められている。これらの議員の出身階層は、法曹 (M. ロベスピエール、G.J. ダントン、N. ラフロン、R. ガストン、L.J. シャルリエ)、行政 (C. ドラクロワ、J.J. ブレアール)、聖職者 (J. ジェ・ド・サント–フォワ)、貴族 (L. ブルドン)、商人 (P.M.A. ギヨマール)、学者 (C.G. ロンム) であり、法曹と行政関係者が大半 (約64%) を占めている反面、

---

(29) Henri Grégoire (1750-1831).　農民出身、司祭、ロワール–エ–シェール県選出国民公会 議員。

(30) Philippe-Jacques Rùhl (1737-1795). 牧師の息子、バ–ラン県選出国民公会議員。

(31) *P.V.C.C.,* t. 2, pp. 273-280.

(32) Charles Delacroix (1741-1805). マルヌ県選出国民公会議員。

(33) Nicolas Raffron de Trouillet(1723-1801). パリ選出国民公会議員。

(34) Georges Jacques Danton(1759-1794). 弁護士、革命期の代表的政治家、セ–ヌ県選出国民公会議員。

(35) Jean Jay de Sainte-Foy (1743-1807). カルヴァン派牧師、ジロンド県選出国民公会議員、保安委員会委員。

(36) Raymond Gaston(1757-1836). アリエージュ県選出国民公会議員。

(37) Louis Joseph Charlier (1754-97). マルヌ県選出国民公会議員。

(38) Pierre Marie Augustin Guyomar(1757-1826). コテ–デュ–ノール県選出国民公会議員。

(39) Jean Jacques Bréard(1751-1840). シャラント–アンフェリウール県選出国民公会議員。

宗教関係者は1名だけで、法案の提出母体である六人委員会とは対照的な顔ぶれであった。これが後に、ルペルティエ案の採否に大きな影響をもつことになるのである。

さて、ルペルティエの教育案の採否をめぐる議論に戻ろう。議論の焦点はいくつかに絞られるが、ここでは無償、義務制、教育理念、民衆に対する意識の4点について、各議員の意見を考察してみたい。

最初に、公教育（初等教育）を民衆層に普及させるための要となる無償制に関する議論をみてみよう。これについては、4名の議員が発言している。

C.ドラクロワは「教育は国民に共通したものであることが望ましいし、同時に国の責務でもあるべきだ」[40]とし、無償であることを主張したが、J.J.ブレアールは「わが国のようにとても大きな共和国においては実際的ではない。もっと小さな共和国、ヴェネツィアやジェノヴァのような国以外では不可能だ。（中略）その巨額な費用はこれらの知育をもっとも享受できない状態の市民たちにさえも負担をかけ過ぎることになるだろう」[41]と述べ、無償教育が非現実的であり、却って国民の負担を増大させると反対意見を述べる。G.J.ダントンは、

　　もっとも大きな障害は、財政上の問題だ。しかし、すでに述べたように、それは実質的な支出というものではなく、公共の利益のための当然の用途なのだ。そして、この原理について、こう付け加えておこう。人びとの子どもは不正の蓄財をした者たちの無益な経費で養育すべきであると。それはあなた方、著名な共和主義者たちなのだ。わたしが呼びかけているのは。ここであなた方の空想に火をつけてください、あなた方の気骨のエネルギーのすべてを示してください。それは人民なのです。国民教育éducation nationaleを施さなければならないのは。共和国の広大な原野に種をまくのに、その費用を値段で計算してはいけないのです。パンの後は、教育éducationこそが人民の第一に必要なものなのです。（拍手）わたしは、こう質問させていただくこと

---

(40) *P.V.C.C.*, t. 2, pp. 273-274,
(41) *Ibid.*, pp. 276-277.

を要求する。国民の費用で制度を作るのか、それとも市民それぞれが公教育 instruction publique を受ける子どもたちを送り出すためにそれぞれが能力をもつべきなのか？と。[42]

と述べ、無償とするだけでなく、公教育の経費を富者からの徴取で賄うことを主張し、施行に際しての、より具体的な提言をおこなった。M. ロベスピエールは、この教育案の発案者 L.M. ルペルティエの意図に触れて、

> 彼は、貧しい市民は子どもたちを学校へ出す以上に養育することができず、共和国が子どもたちを養育し、同時に教育をおこなうことがよいと考えた。[43]

と述べ、教育費を無償にするだけでなく、子どもたちが生活を一緒にすることによって生活費（扶養費）の負担も併せておこなうことにより初等公教育の普及を求めた。

　以上、無償に関する議論は、国庫の負担増を考慮すると非現実的な提案であるとの批判的立場からの意見、かえって民衆の負担を増大させることを懸念する意見もあったが、G.J. ダントンは富裕者から国庫への負担増加により実現可能であると主張。M. ロベスピエールも、全寮制の教育制度を支持する立場から、教育費のみならず児童の養育費（生活費）も国家が負担するべきとの見解を明らかにした。

　次に、教育を受けることを強制し、義務制とする点についてはどのように論議されたのだろうか。これについては、7 名の議員が発言しており、このうち M. ロベスピエールと G.J. ダントンがそれぞれ 2 度発言したことが記録されている。

　C. ドラクロワは「それが強制であるべきだとは思わない。というのは、両親のための富をもたらし、子どもを役に立てることにならないからだ」[44]と述べ、子どもたちの家庭における労働力あるいは農作業労働力としての

---

(42) *Ibid.*, p. 277.

(43) *Ibid.*

(44) *Ibid.*, pp. 273-274.

現状を肯定する発言をおこなった。これに対して、M. ロベスピエールは
公教育の公益性の立場から、

> それは強制されるべきか、それとも随意であるべきか、換言すれば、
> 個人の特殊意志 (volonté particulière) はどの点まで公共の福祉のみ
> を目的とする一般意志 (volonté générale) に譲歩すべきかを検討す
> ることである[45]、

と述べ、強制的であるべきだと主張した。R. ガストンは、「強制的な教育
は自由の原則に反している。科学や技術を教えるための 12 年間、自分の
子どもを手もとから放してしまうことは、家族の父親を嫌がらせるだろう。
しかし、この教育は必要な教育なのである。それは、われわれが公の仕事
をするときに必要だろうし、社会にとっても役立つことになる。それゆえ、
強制されるべきであろう。すべての市民の子どもたちが学ぶ日々を決める
べきだと思う[46]」と述べ、公教育の強制性を是認する。ただし、最後のフレー
ズにあるように、必ずしもルペルティエの教育案にあるような全寮制の集
団教育ではなく、日数を限って登校する方式を主張したものと思われる。
これに対して、J.J. ブレアールは義務制に反対するだけでなく、私教育の
意義を語り、

> 小作人は、その息子を常にこれらの国民学寮に送り出すことはでき
> ないだろう。(中略) すべての教師たちが愛国者だと保証できるとは
> 限らない。だから、腐敗した教師たちよりも、愛国者の父親の手に
> 子どもたちを委ねた方が、その危険性は少ないはずだ。共通学寮で
> は無駄に子どもたちの知育をおこなうことになるだろう。子どもた
> ちが美徳を身につけて卒業し、父親のもとにある学寮がそれをもた
> らすだろう[47]。

と述べ、農民たちの子どもに強制することに反対し、父権の下の私教育と

---

(45) *Ibid*., p. 274.
(46) *Ibid*., p. 275.
(47) *Ibid*., p. 276-277.

学寮を求めた。G.J. ダントンは、このような主張を受け、

> 立法議員はなにを為すべきか？原理に相応しいものと状況に相応しい
> ものとを両立させることだ。父性の愛がこの計画の実施に異を唱え、
> それはおそらく自然を尊重し、それからの逸脱のせいで、この教育計
> 画に反対なのだと聞こえる。しかし、義務教育を決議しないことで、
> 貧者の子どもたちに教育を禁じることはできないはずだ。[48]

と述べ、明確に貧者（民衆）の子どもたちの公教育を義務制にすべきだと
の意見を表明する。L.J. シャルリエは、「国民教育 éducation nationale は
随意であるべきことを要求する[49]」との意見を述べた。P.M.A. ギヨマールは、
「国立の施設で、強制的な教育 éducation をおこなう計画に反対だ。共和
国の最善の絆は父親への子どもたちの愛情であることを支持する。わたし
は、彼らの教育 éducation は彼らに任せるべきである[50]」との反対意見を述
べた。最後に、M. ロベスピエールは、教育における父親の関与に言及して、

> 貧しい市民は子どもたちを学校へ出す以上に養育することができず、
> 共和国が子どもたちを養育し、同時に教育をおこなうことがよいと考
> えた。(中略) 子どもたちは生後5年間を父母とともに過ごす。その後
> 7年間のみ祖国の手に委ねられ、父母のもとを離れるのである。しか
> しこの間も本案には自然にしたがった崇高な創意がみられる。すなわ
> ち父親で組織される委員会が教師を監督し、評価するのである。また
> 本案が採択されるならば、子どもの誕生は貧困家庭にとって、災禍で
> はなくなるであろう。なお人びとは、5歳以後子どもの労働力を父母
> に提供し得ない点を批判するが、ほとんどとるに足らないこの時期
> の労力に代わる比較し得ない教育の重要な価値を考えるべきである。[51]

と L.M. ルペルティエの公教育構想を再び代弁し、義務制を支持した。G.J.

---

(48) *Ibid.*, p. 277.

(49) *Ibid.*

(50) *Ibid.*

(51) *Ibid.*, pp. 277-278.

ダントンは、これに対して、

> 共通教育を実施しよう。家庭教育ではすべてが委縮する。共通教育で
> はすべてが拡充される。人びとは父母の愛情を問題にして本案を批判
> した。しかしわたしもまた父である。共通教育に反対する特権階級以
> 上に父親である。(中略) わたしの子どもはわたしに属さない。子ども
> は共和国のものである。それは、共和国なのだ。子どもがよく奉仕で
> きるようにそれを彼に指示するのは。人びとは子どもの労働力を利用
> できない点を指摘し、とくに農業労働者が嫌悪すると批判した。それ
> はもっともである。彼らを強制するな。彼らには権利を与えておけ。
> そう望むなら、日曜だけ子どもを出席させるクラスを作ればいい。[52]

と述べ、全児童を対象とした初等公教育の確立を求める一方で、農民たち
の実情を踏まえた折衷案を提示し、「日曜日だけのクラスを作ればいい」と
さえ主張した。

　以上の議論にみるように、公教育の強制的な義務制について大半の議員
が反対の立場をとったことがわかる。この議論において、M. ロベスピエー
ルは発言者のなかで孤立していたのである。その結果、G.J. ダントンの
修正案が最終的に採用され、ルペルティエ案の全寮制による無償・義務制
の学校制度は否決されたも同然であった。

　「教育の理念」をめぐって展開された、知育 (instruction) と徳育
(éducation) に関する論議も重要である。これについては、6 名の議員が
発言しており、前記の無償制と義務制が制度上あるいは組織上についての
議論であるところから民衆というイメージをあえて喚起せずに議論をすす
める傾向があったが、「教育の理念」は教育の対象者である民衆のイメージ
なくしては議論が困難であるところから、各発言者の民衆像が必然的に浮
かび上がってくる。N. ラフロンは、

> この議論をさらに進める前に、重要な留意点について述べておきたい。
> それは、〈徳育 (éducation)〉と〈知育 (instruction)〉という非常に明

---

(52) *Ibid*., pp. 278-279.

らかなこの二つの件を混同しているようにみえることである。知育は精神（esprit）を啓発し、徳育は心（coeur）を形成する。わたしには、どうするべきかを言う勇気はない。というのは、知恵によって、ある民族を美徳の道に導くための大きな自信をもつべきだが、そうするべきではないとあえて言いたい。そして、わたしは、徳育と知育を区別するべきだとは思っている。[53]

と述べている。ジェ・ド・サント-フォワは、

その組織化が必要かどうかは吟味せずに、共和主義の徳育について語ってみたい。わたしはその必要がないと思っている。この徳育は自然のうちにおこなわれており、自然の手から離れながら、人間には平等の原則が浸透していく。知育は、公の習俗のなかに、祝祭に、軍事訓練に、民衆協会に、初等教育の教科書にある。あなた方は、この簡潔な知育を衒学主義や王党主義の手に委ねていいと思っているのか？あなた方が国民に約束したのは、共和主義の徳育ではない。知育の共通教育 instruction commune である。わたしは、この共通教育においては、実際的で緊急性のあるものであるべきだと考えている。[54]

と述べた。ここで、L. ブルドンは、国民に共通する公教育を強調する立場から、

共通知育 instruction commune と徳育 éducation は区別されるべきだ。この議会で、子どもたちが知育を受ける共通学寮を設置するべきであると決定することを要求する。[55]

と述べた。C.G. ロンムは学者であり、教育者という経験を踏まえて、

徳育 éducation と知育 instructiion を区別するのはもっともである。

---

(53) *Ibid.*, p. 274.
(54) *Ibid.*, pp. 274-275.
(55) *Ibid.*, p. 275.

知育は知的能力を発達させ、徳育は気骨と道徳的能力を発達させる。知育によって、諸科学における行動の仕方を身につけ、徳育によって、社会における振るまい方を身につける。徳育こそが、予見とともに良き習俗を授ける。知育こそが、才能を賦与し、思い上がりも授ける。これら二つを合わせ、純粋な習俗と光明を人に与えよう。私は、国民的知育はふたつの結びつきの下にあるべきだと思う。すべての人びとに相応しい知育とは何だろうか？　各人に個別に相応しい知育は何だろうか？それぞれの権利と義務を知らなくてもよい、たった一人の個人さえも存在し得ない。だから、知育はわれわれに相応しいが、例えば、すべての人びとが技術者になることはできない。これは、個人的な知育の場合だ。私が、委員会にそれぞれの教育計画を提出して欲しいのは、このような二つのまったく異なった目的についてなのだ。私は、一方で共通の知育を、他方で坊さんの徳育を望んでいる。憲法制定議会がルイ・カペに与えた大金が共和国の子どもたちの徳育のためになるべきだと望んでいるからだ。私は、これらの基礎が採用され、それに基づく計画案が提出されるよう、委員会に送付されることを求める。[56]

と述べた。J.J. ブレアールは、家庭教育を重視する立場から、

共通学寮では無駄に子どもたちに知育をおこなうことになるだろう。子どもたちが美徳を身につけて卒業するのは、父親のもとにある学寮がそれをもたらすだろう。われわれは、より簡明で実用的な、より危険性の低い知育の方法を探さなければならない。子どもたちがそこで読み書きを学び、同胞や家族のために役立つ可能性がある技芸を解説する学校を設置しなければならないと思う。[57]

と、公教育に対する否定的な見解を述べた。

　M. ロベスピエールは、共和国の保全のための徳育を強調して、

---

(56) *Ibid.*, pp. 275-276.
(57) *Ibid.*, pp. 276-277.

この計画案を思いついた人物は、共和国の保全を保障するためには、すべての人びとの魂に原則を植え付けなければならないと考え、知育 instruction はその影響を精神に及ぼすにはあまりに不完全であり、そこに徳育 éducation と結びつけるべきであると痛感していたのだ。[58]

と、公教育における徳育の意義を語った。

　最後に、民衆イメージが示されている発言を考察する。民衆にかかわる文脈が、義務制や教育の理念と一部重なるため、前述した個所と一部重複した引用となるが、M. ロベスピエールとジェ・ド・サント–フォワの意見を考察する。M. ロベスピエールは、

　論議の中心問題は、公教育組織はいかにあるべきか、すなわち、それは強制されるべきか、それとも随意であるべきか、換言すれば、個人の特殊意志 (volonté particulière) はどの点まで公共の福祉のみを目的とする一般意志 (volonté générale) に譲歩すべきかを検討することである、[59]

と述べ、最後に「わたしは一方に本案を拒斥する富者の階級を見、他方にこれを要求する人民を見る。」[60]という言葉で締めくくった。ジェ・ド・サント–フォワは、

　その組織化が必要かどうかは吟味せずに、共和主義の徳育について語ってみたい。わたしはその必要がないと思っている。この徳育は自然のうちにおこなわれており、自然の手から離れながら、人間には平等の原則が浸透していく。知育は、公の習俗のなかに、祝祭に、軍事訓練に、民衆協会に、初等教育の教科書にある。あなた方は、この簡潔な知育を衒学主義や王党主義の手に委ねていいと思っているのか？ あなた方が国民に約束したのは、共和主義の徳育ではない。知育の共

---

(58) *Ibid*., pp.277-278.
(59) 梅根『フランス教育史Ⅰ』、143 頁。
(60) *P.V.C.C.,* t. 2, pp. 277-278.

通教育である。わたしは、この共通教育においては、実際的で緊急性のあるものであるべきだと考えている。[61]

と述べた。

　M.ロベスピエールの主張は、公教育の義務制をめぐって、個人の特殊意志は公共の福祉を目的とする一般意志に従うべきであり、人民がそれを要求しているというのである。しかし、この義務制の論議について多くの議員が、というよりもM.ロベスピエール以外の多くが、特に農民たちが義務制に反対しているとの意見を述べている。ここにおけるM.ロベスピエールの主張は、現状とあまりにもかけ離れていたと言わざるを得ない。ジェ・ド・サント−フォワは公教育の理念をめぐって、M.ロベスピエールを含む大多数の議員とは反対に、恣意的な徳育は不要であり、むしろ知育の充実を主張する。彼の意見は、

　　国民と約束したのは、共和主義の徳育ではない。共通の知育である *Vous promis à la nation, non une éducation républicaine, mais une instruction commune.*（下線は本書筆者による）

というのである。この国民との「約束」について、議論のなかでは、それが何に基づくのかは示されていないが、6月23日に採択された93年憲法を指しているのではないだろうか。その条項の第132条では、

　　憲法はすべてのフランス人に対して、平等、自由、安全、所有、公債、祭祀の自由な実行、共通の知育 *instruction commune*、公の救済、出版の無制限の自由、請願権、民衆協会に集う自由、すべての人権の享受を保証する。（下線は本書筆者による）

と謳っているからである。

　以上、革命下で検討された多くの教育案のうち、モンターニュ派国民公会期を代表する教育案「ルペルティエ案」の検討過程を通じて、議員

---

(61) *Ibid.*, pp. 274-275.

たちが抱く民衆像を分析し、ルペルティエ案の中心的課題として位置づけられた公教育の「無償制」「義務制」および「理念」「民衆イメージ」に対する議員たちの意見を比較、検討した。その結果、理想とする新しい国家体制「共和国」を建設するために、最小限の国庫負担で実施できる公教育を採択することが、国民公会議員たちの意見に共通していることが明らかになった。M.ロベスピエールたち六人委員会が提案したルペルティエ案は全寮制を導入することにともない、父母と児童との隔絶や財政的な問題をいたずらに惹起するだけで、国民の圧倒的多数を占める貧しい民衆を主体とする社会の建設に必要な教育制度の導入という議論は、ついにみられなかったのである。近代国家の創立と教育、公教育の理念がどのように交差するのか、国民公会議員たちの財政負担を案じた"常識的"観点と六人委員会議員たちの「徳の共和国」構想に基づく"理想的"観点の対立は、元をたどれば、それぞれの議員たちの出身階層を反映したものであり、想定されるべき結論だった。また、義務制をめぐる議員たちの「父性」や「父権」に傾斜する議論においても、肝心の民衆たちへの言及がほとんどみられない。その一方、本法案をめぐって、「それを要求する人民」がいると主張するM.ロベスピエールの論調は、明らかに、議論の矛先を富者の階層に向けつつ二項対立の図式を作りあげて、本法案反対者を論破するために民衆の存在を牽強付会しようとしたことは否めない。

　一方、ブキエ案はその前文で、

　　市民諸君、諸君は公教育委員会に初等学校の組織化に関する布告の改訂の任務を与えた。委員会はこの役目を果した。しかし、それを手にしてみると、公教育の組織化にとって大きな問題がいくつもの形で出現するかもしれないことが分かった。そこで、私は新しい案を諸君に示すことを決めた。すなわち、簡単で自然、実行するに容易な案で、アカデミー団体、科学学会、教育における階級制度のあらゆる思想を決定的に追放する案で、さらに最終的に、自由と平等、簡潔という憲法と同じ基盤をもつ案である。

と述べ[62]、さらに、「純粋に思弁的な科学は、それに従う諸個人を社会から切り離し、長期的には共和国を掘り崩し、弱らせ、破壊する毒薬となる」と続け[63]、そして「人民が創ったこの簡潔で至高の組織の代わりに、アカデミーの定款を模倣したまがい物の組織をおかないようにしよう」と締めくくっている[64]。

　このように、ブキエ案は、冒頭からアカデミーを始めとする学術、教育団体を批判の対象とし、既成の教育観に基づく知育主義、知性主義をやり玉にあげた。

　1793年12月1日に公教育委員会で朗読され、8日に議会へ提出されたブキエ案は、全体が14頁、5部 (section) に分かれており、それぞれの部の内部に条項 (article) をたてる構成となっている。5部全体の条項を総計すると43となる。第1部は教育全般について (4か条)、第2部は教育の管理について (3か条)、第3部は教育の第一段階について (15か条)、第4部は教育の最終段階について (15か条)、第5部は教育の全般的な方法について (6か条) である

　第1部第1条は、極めて簡潔である。いわく、「教育は自由である (L'enseignement est libre)」と定めている。しかし、この「自由」は何を指しているのか、不明である。これについて、天野知恵子は、

> 革命独裁が完成し，反体制派に対するきびしい弾圧が行われていた状況を考えると，いささか違和感を覚える冒頭の一文であるが，これには意味があった。当時，革命政府は，非キリスト教化運動の展開が各地で革命への反感を呼び起こすのではないかと懸念していた。そこでこの動きに対抗するため，聖職者に対する過度の迫害を戒めるべく，彼らを一律に教職から追い払うことを断念したのである。さらに教師不足への対処も考慮し，一般市民の中から広く教員を募る意図を込めて，「教育の自由」が掲げられたのである。

---

(62) 王立科学アカデミー (1793年8月)、士官学校 (同9月)、大学 (同9月) が閉鎖されている (Bouquier, *Rapport et projet de décret formant un plan général d' instruction publique*, pp. 1 - 2)。

(63) *Ibid.*, p. 2.

(64) *Ibid.*, p. 4.

と述べている。[65]

　第２条も第１条と同様に、きわめて簡潔だが抽象的で、法律として何を定めているのか、これもまた不明である。第２条の「それは公におこなわれるものとする」(Il sera fait publiquement) について、天野は「続く第２条は，教育は公に行われなければならない、として秘密の学校を禁止した。教師が正規の生徒以外の子どもをあずかることも許されなかった」と述べる。[66] つまり、当局の許可なしに、秘密裏に学校を開くことは禁止されたわけである。また、その授業等も公開を原則とした。

　第３条からは法律の条項に似つかわしい条文となり、第３条は３項から構成されている。ここでは、第１条で定められている「教育の自由」を行使する主体について定めている。

　　第３条　教育の自由を行使することを望む男女市民は、以下に従うこと。
　　第１項　学校を開校する予定の市町村または自治体に申請すること。
　　第２項　教授を申告する科学または技芸の分野を指定すること。
　　第３項　市民証一通と住居のある場所またはもっとも近い場所の自治体の総会のメンバーの半数またはセクションの自治委員会の委員２名の署名がなされた品行証明書を作成すること。

　これについて、天野は「教職に就きたいと願う男女は，市民証の提示を義務づけられ，教師として承認を受けてからも，市町村当局やセクションや，子どもたちの父母や後見人や財産管理人たちの監視下に，そして全市民の監視下におかれることとされた」と指摘している。[67]

　以上ブキエ案第１部第１条から第３条を考察したが、法律の条文として

---

(65) 天野知恵子「フランス革命期の初等教育をめぐって」『愛知県立大学外国語学部紀要』36、2004 年、82-83 頁。
(66) 同上、83 頁。
(67) 天野、同上論文。コンドルセ案では、同じく教えることの自由を規定しているが、その指導、監督をめぐっては、政治的な干渉を防止するため、行政機関から切り離した、学者代表で組織される公教育機関に委ねる構想であった；梅根『フランス教育史Ｉ』、126 頁。

はやや違和感がある。例えば、第１条で教育の自由を謳う一方で、第２条では「教育は公であること」とすることによって、当局による管理体制の下にあることが示されており、第１条と第２条の間に矛盾が生じているようにみえる。また、条文が定めている内容が不明確なため、恣意的な法解釈の下に当局の権力が乱用される怖れが充分あるようにも見受けられる。その意味では、天野が述べた「革命独裁が完成し，反体制派に対するきびしい弾圧が行われていた状況」を反映した公教育案とも言えよう。

　また、原案では、第１部第３条の客体である児童の両親や後見人たちの義務や権利に関わる無償制や義務制などを定めるべき条項がみごとに抜け落ちていることに注目しておくべきであろう。

　次に、第４部をみてみたい。第４部は２つの見出しで構成されている。すなわち、「教育の最終段階」と「社会に役立つ諸科学の教育」である。祭典に関する条項は、ここに収められている。

　「教育の最終段階」は、以下の３か条で構成されている。

　　第１条　民衆協会における市民の集会、劇場、市民競技会、軍事演習、全国および地方祭典 [les fêtes nationales et locales] が、公教育の第二段階を構成する。

　　第２条　民衆協会の集会、全国および地方祭典、市民競技会、軍事演習の開催、そして革命演劇の上演の便宜をはかるため、国民公会は、現在放棄されたままになっている教会と旧司教館は市町村の所有物であることを宣言する。

　　第３条　国民公会は、公教育の完成に役立つことになる諸科学に関する初級読本を選択し、および、われわれに欠けている書物の編集を促進することを、公教育委員会に任務として課す。[68]

───────────

(68) 竹中幸史「理想の公教育への挑戦」(山﨑耕一・松浦義弘編『フランス革命史の現在』山川出版社、2013年、所収)、149-150頁、では、第１条の「全国および地方祭典」は、「国民祭典および地方祭典」と訳されている。第３条では、「国民公会は公教育委員会に、公教育の完成に貢献するに違いない、諸科学の初等教育用教科書を選択するように、またわれわれに不足している分野のそれの作成を急がせるよう命じる」と訳されている。

第2の見出しである「社会に役立つ諸科学の教育」の第1から第3条は保健
所、福祉施設に関する事項、第4条から第6条は軍事関係の教育に関する
事項、第7条と第8条は天文観測施設に関する事項、第9条は海事関係事項、
第10条から第12条は関連する教員の給与等に関する事項となっている。

　このように、学校という教育施設以外でおこなわれる公教育について定め
た第4部において、「祭典」に関する条項は最初の見出しの第1条と第2条の
わずか2か条に過ぎない。前述したシイエス案 (21 か条)、クペ案 (4 か条)、
ルキニオ案 (8 か条) と比較すると、ブキエ案の条文の簡略さは一目瞭然で
ある。ブキエ案の条文は G. ブキエ (Bouquier) 自身が述べるような簡潔さと
いう面よりも、むしろ、非常に簡略な条文であることが際立っている。やや
もすると、定義している対象や範囲が不十分であると、いわざるを得ない。

　また、ブキエ案が発表された 12 月の時点においても、この祭典に関わ
る条項は、議会において特に注目されたという記録はない。ブキエ自身が
本格的に祭典に関与するようになるのは、翌年 1794 年の 5 月に入って、
全国祭典 fêtes nationales の実施について具体案を作成するよう議会で指
名されてからである。

　さて、ブキエ案は 12 月 8 日に議会で発表された後、9 日、11 日に、
対案であるロンム案と比較し、審議され、採用することが決定された。次
いで、12 日、13 日、19 日に案の内容が逐次審議され、修正を加えて 19
日に承認された。

　ブキエ案のもっとも大きな修正は、原案にはなかった、教育の義務制を
定めた条項が追加されたことである。この修正は 12 日に、原案の第3部
第6条の「父母、後見人または保佐人は、下記に定める事項を遵守し、教
育の第一段階の学校へ、彼らの子どもまたは生徒を、彼らの任意において
行かせることができる」の「任意において行かせることができる」を「行
かせなければならない」と修正することを、L. J. シャルリエが発言した
ことによる。これに対して、A.C. チボドー〈Thibaudeau〉が「原則的に、

---

(69) Gabriel Bouquier (1739-1810).　画家、詩人、ドルドーニュ県選出国民公会議員。
(70) *P.V.C.C.,* t. 4, pp. 472-475.
(71) *Ibid.*, t. 3, pp. 191-195.

自然法に基づくべき」であるとし、この修正に反対した。しかし、G. J. ダントンは「この偉大な原則を復活するべき時である。つまり、まったく評価されていないが、子どもたちはその両親のものであるより以前に、共和国のものであるという原則である。(中略) 両親のエゴイズムによって働いている子どもたちが、共和国にとって危険なものにならないと、誰が請け合えるのだろうか？　愛情はもう充分に尽くした。両親たちに言おう。われわれはあなたがたの子どもたちを引き離すのではないと。だが、あなたがたは国家的な影響から免れることはできないのだと。国家的理由の前に、個人的理由を優先しなければならないのだろうか。誰が、この永久的な断絶⁽⁷²⁾を生み出すかもしれない危険を見過ごすよう言えるだろうか。子どもたちが共和国の母乳を飲むべきところは、国立の学校においてである。単一にして不可分の共和国。公教育も同様に、この結合の中心に立つべきである」と主張し、この修正が可決された。⁽⁷³⁾

　こうして、原案の第3部第6条は修正後の第3部第6条として、「父母、後見人または保佐人は、下記に定める事項を遵守し、教育の第一段階の学校へ、彼らの子どもまたは生徒を、行かせなければならない」とされた。⁽⁷⁴⁾と同時に、その就学年限と違反者に対する罰則条項が、次のように追加されている。

　　　第3部第8条　子どもたちは満6歳になる以前には学校へ受け入れられない。8歳になる前に学校へ行かせるものとする。父母、後見人または保佐人は、継続して少なくとも3年の期間、学校に通うことを妨げることはできないものとする。

　　　第3部第9条　この第3部の第6条、7条、8条の条項に従わない父母、後見人、保佐人は、軽犯罪裁判所 (tribunal de la police correctionnelle) に告発されるものとする。そして、法に従わない動機が正当ではない場合は、有罪とされ、初犯の時は収入

---

(72) Antoine Claire Thibaudeau (1765-1854).　ヴィエンヌ県選出国民公会議員、後に総裁政府の下で五百人委員会議長を務める。

(73) *Ibid.*, t. 3, pp. 150-151.

(74) *Ibid.*, p. 193.

の4分の1を罰金として科すものとする。累犯の時は罰金は2倍とし、違反者は平等の敵と見做し、市民権を10年間剥奪するものとする。この場合は、判決を公告する。

　このように、罰則はかなり厳しい。その結果、原案の第1条に定められていた「教育は自由である」という条項は、修正後もそのまま残っていたが、同じ「教育の自由」でも修正前（12月8日）と修正後（12月19日）では、大きな隔たりがあった。為政者にとって、「裁量の自由」が大幅に増加したことは間違いない。

　また、原案の第4部以下は、12月19日の段階では、改めて審議することとなった。祭典を含む、「最終段階の教育」が改めて審議されたのは、民衆協会が命令により閉鎖され、エベール派の逮捕（3月13日、24日処刑）、革命軍の廃止（3月27日）、コンドルセの逮捕（3月28日、その後自殺）、ダントン派逮捕（3月30日、4月5日処刑）へと続く、モンターニュ派の独裁とテルールの嵐が吹き荒れていた、3月15日の第213回公教育委員会においてである。修正案の採択後、すでに3カ月が経過し、状況は激しく変化していた。[75] G. ブキエは、前年12月19日の審議で保留とされた教育案の後半部分を補訂し、この第213回公教育委員会で朗読し審議された。なお、12月19日付の決定が印刷に付されデクレとして公表された（ヴァントーズ27日［1794年3月17日］）。本デクレには、第4部以下の祭典等についての条項は追って加える、と述べられている。

　祭典関係の条項は大きな変更はないものの、この審議では原案にはみられなかった幾つかの語句の追加と変更がみられる。主な個所を示すと、以下のとおりである。

　原案では第4部とし、見出しとして「教育の最終段階について」であったのが、第1部に変更され、見出しは「教育の普及方法」になっている。

　第1条の「民衆協会における市民の集会、劇場、市民競技会、軍事演習、全国および地方祭典が、公教育の<u>第二段階</u>を構成する」（下線は本書筆者に

---

(75) *Ibid.*, pp. 569-581. 原案の第4部以下の部分は改訂されて、*Rapport et projet de décret sur le dernier degré d'instruction,* Paris, 1794 として公刊された。

よる）は、「コミューン、セクションの会議および民衆協会における市民の集会、劇場、市民競技会、軍事演習、全国および地方祭典が、公教育の最終段階を構成する」（下線は本書筆者による）と変更されている。

第3条の「公教育の完成に役立つことになる諸科学に関する初級読本を選択し、(中略)書物の編集を促進することを、」（下線は本書筆者による）は「公教育の完成に役立つことになる諸科学および技芸に関する初級読本を選択し、(中略)書物の編集をコンクールによって促進することを、」（下線は本書筆者による）と変更されている。

この教育案は、前述したテルールの大嵐の後、4月13日開催の国民公会の議会へ提出され、印刷された。しかし、審議がおこなわれたという記録はない。[76]

この間、2月17日（プリュヴィオーズ29日）、公教育委員会はG. ブキエに対して、生徒の公教育について定めた法律を施行するための解説書（instruction）をできるだけ早く作成する職務を任命した。[77] そのため、3月31日には、「初等学校に関する布告に付随するべき解説書の作成のため」に、A.C. チボドーの協力を得ることになり、さらに5月13日はJ.M. クペをこれに加えたが、[78] 完成せず、結局5月24日に指示書（indications）として提出されていた。[79]

以上の公教育案について、いくつかの先行研究をみておきたい。

松浦義弘の論文「フランス革命と〈習俗〉」（1983）では、B. バチコ（Baczko）による指摘を引用して、公教育の手段を学校だけでなく、広く社会のなかに求める動きがあったことの重要性を指摘し、「教会から学校へのイデオロギー装置の転換の企図が修正を迫られた1793年、共和第2年における民衆運動の激化と対応する時期に、何よりも、現存の人民自体を緊急に教育する必要性を痛感させられたことから、初等学校に加えて、国民祭典等の多様な教育手段が新たに〈習俗〉の再生を担うことになっていた」と述べた。[80]

---

(76) *Ibid.*, t. 4, p. 164.
(77) *Ibid.*, t. 3, p. 469.
(78) *Ibid.*, t. 4, p. 421.
(79) *Ibid.*, p. 472.
(80) 杉浦、前掲論文、78–82頁。

小林亜子の論文「フランス革命期の公教育と公共性」(2003) では、この時期の社会における民衆の立場について、「民衆が「政治的な主体」と考えられることはありえなかった。(中略)「職人と農民」からなる民衆こそが、「つねに国民のもっとも大多数で、もっとも不可欠の部分」をなしていると考えられているが、助言と代表をかいして統治に参加することができるとは考えられていない」[81]と述べ、さらに、コンドルセ、マルモンテル、ダランベール等の見解をひきあいにして、「〈公論〉とは「最高の権威、究極的な調停者」、「安定していて、単一であり、理性に立脚するもの」とみなされており、〈公論〉を形成する主体として、〈民衆〉は位置づけられえなかった」と指摘している。[82]

　竹中幸史の「理想の公教育への挑戦」(2013) では、ブキエ法に基づく公教育が実施されたルーアンを例にとり、その施行状況を分析し、「無償・義務・非カトリックの学校教育を、早くも18世紀末にある程度実現させていた。(中略) 法の条文は、あたかも国家から教育上のフリーハンドが与えられたかのようなイメージさえ受ける。そして生涯教育のように新しい市民を創造するブキエ法の試みは、21世紀の教育を先取りしたような、「理想的」なものにさえ思えてくる」とブキエ法を評価しつつ、「社会全体に張り巡らされた「教育」という権力は、徹底して人びとを監視・管理するようになる。ブキエ法は異分子を認めない非寛容の法、統制策でもあった。自由と平等を愛する善良な市民を間違いなく育成するための方策こそが、子どもたちに画一的教育を強い、大人から自由な会話やプライバシーを奪う、こうしてフランス革命期においてもっとも民主化が進展したはずの共和暦2年に、かくも息苦しい民主主義が生まれてしまったのである」と結論づけている。[83]

　このように、いずれの先行研究においても、国民公会期、モンターニュ派等の時期を問わず、フランス革命期における公教育の検討は革命政府と

---

(81) 小林亜子「フランス革命期の公教育と公共性」(安藤隆穂編『フランス革命と公共性』　名古屋大学出版会、2003年、所収) 102頁。
(82) 同上。
(83) 竹中、前掲 (注68) 論文、165 − 166頁；同、『フランス革命と結社』(昭和堂、2005年)、174-185頁。

その検討組織が主体となっておこなわれたとされ、そこには民衆、あるいは民衆を構成員とした組織からの要求について言及したものは、A. ソブールの研究を除くと、ほぼ皆無であった。

A. ソブールの『共和暦第 2 年のパリ・サンキュロットたち』[84](1968) は、本文の第 2 部 (La sans-culotterie parisienne ; tendances et organnisation)、第 2 節 (Les aspirations de la sans-culotterie parisienne) の第 4 項 (Pour le droit à l'instruction) で、モンターニュ派国民公会期のパリ市内の民衆組織について言及し、その多くは 48 の各セクションにおける活動に触れている。しかし、論述は個々の活動のごく簡略な記述にとどまり、その意義づけ、すなわち、民衆組織における教育に対する要求の内容と国民公会における教育案検討との連関について詳細に言及するまでには至っていない。

B. バチコは『フランス革命事典 I』(1992) において、フランス革命による新しい国家理念は、「国民の再生なしには、市民の育成なしには存在しえない」と述べたうえで、「公共精神が全力をあげて発揮されうるのは、ただ教育によってのみである。だから、革命の将来は巨大な教育事業と不可分」であるとした。そして、「教育者である国家と教育さるべき人民のあいだの社会的役割の明確な割り当てについての表象と、仮にこの人民が提供される教育をわがものにしないとすれば、それは人民の偏見と僧侶のせいだという幻想がかつてのようによみがえった」と述べている。[85]さらに、ブキエ法の国民祭典等について、B. バチコは「人民にたいする称賛を学校の抑圧の弁護と結びつけ、教育を教えこむことに従属させ、……」と述べた。

こうして、共和政国家における人民主権という課題が残り、それは第三共和政の成立まで継続した。[86]

---

(84) 邦訳書の A. ソブール (井上幸治監訳)『フランス革命と民衆』は、原著の第 2 部のみの翻訳版であり、教育問題に言及している部分が他の個所にもある。翻訳版は、原著全体からみると分量的には約三分の一で、本文頁の脚注、巻末の資料編、索引などが割愛された抄訳版である。

(85) B. Baczko, 〈Instruction publique〉, in, Dictionnaire critique de la Révolution française, Paris, 1992, pp. 275-297 ; B. バチコ (阪上孝訳)「公教育」(F. フュレ、M. オズーフ 編著『フランス革命事典・1』 みすず書房、1995 年、所収)、721、736 頁。

(86) P. Rosanvallon, L'état en France de 1789 à nos jours, Paris, 1990, pp. 100-103, 108-110.

第2節 民衆組織による公教育構想

　一方、民衆たちは議会、公教育委員会の動向を考慮しつつ、セクションや民衆協会での決議や請願の検討を通じて、公教育の構想を具体化させていた。本節では、民衆運動が頂点をむかえる1793年の春から翌年の春まで、この期間における民衆組織（セクション、民衆協会）の要求の軌跡を、概ね時系列で追ってみたい。

　ミュティウス - スケヴォラ・セクションにあった、「リュクサンブール愛国者協会」Société patriotique du Luxembourg が教育について、その総会で決議したのは1793年3月17日である。公教育について、革命後に多くの教育案が提出されたにもかかわらず、ほとんど審議もつくされないままに次々と廃案になっていく状況のなか、C.G. ロンムによって「小学校設置法案」（5月30日、国民公会に提出）が準備されていた時期にあたる。手工業や商店の小経営者である会員たちは、早急な初等教育の発足を求めていたことが、この決議から伝わってくる。

　決議は、20か条からなっており、

　　何らの読み書きの初歩も教えられていないことの緊急性にかんがみ（第1条）、協会は6歳から12歳までの少年少女を（第2条、第3条）、1週間に2回、日曜日と木曜日、午前10時から正午まで、遅くとも午後1時まで、木曜日は午後5時から午後7時まで受入れる（第4条）、備えることが必要な本は、協会の費用でまかない、そこに置かれる（第18条）という制度面とともに、教育の基礎は、子どもたちの母国と両親に対する義務と責務の説明、社会に役立つようになるための習俗と情操の発露に置くものとする。すなわち、自然の善良さを養い、高齢者たちを敬い、もっとも弱々しい昆虫からもっとも役立つ動物まで、いかなる存在にも敬意を払い、慈悲の心をもつことにある（第13条）という道徳的側面と、自然な比較によって、それらを示し、社会全体の目的を示す。採用し得るさまざまな政府の形態について、そのなか

では自由と法に基づいた政府について示す（第14条）、生徒に自然法、政治的法律、民事法の説明をおこなう（第15条）、あるいは、それに主権の定義、人民による批准 la sanction du peuple、自由と平等、共和国、専制君主の政府における不幸と共和国政府から自然に生じる幸福についての教えを加えるものとする（第16条）、古代の偉大な人びとの観察、つまり彼らの愛国主義と美徳が教育の一部をなす（第17条）、母国のために、もっとも重大で、もっとも容易にできる奉仕を市民に課すことになる、よく鍛えあげられた能力の児童の肉体的能力の開発のために、軍事訓練その他をおこなうことを提案する（第20条）

という、主権の定義と人民による批准を前提とした公民としての教育を内容とする決議であった。[87] その後、1794年4月に民衆協会の解散命令が発せられる事態となったが、同協会はこれを拒否したことで知られている。[88]

　この民衆協会による、上記に示した自主的で自律的な教育観はその前年（1792年）におけるパリ民衆蜂起（8月）と国民公会の発足（9月）と無縁ではない。民衆運動を精神的に鼓舞する論理が活字のパンフレットとして、この時期巷に流布されていたことも見逃せない。

　J. ヴァルレ[89]は、多くの民衆運動家たちのなかでも、人民主権に立脚する発言と行動で注目を集めてきたが、1792年7月24日には、「人民主権」の立場から議会の議員に対するサン-キュロットの要求を提示する『自由なフランス人の願望』[90]と題した請願をロワ-ド-シシル・セクションの総会

---

(87) B.N. Mss. Nouv. Acq. Fr. 2704, p. 146.
(88) Soboul, *Les sans-culottes parisiens en l'an II*, 2. éd., Paris, 1962, p. 1088.
(89) Jean Varlet (1764-1837). ドロワ-ド-ロム・セクションで活動。
(90) J. Varlet, *Vœux formés par des Français libres, ou, Pétition des sans culottes, signé sur l'autel de la patrie pendant trois jours, & présentée à l'Assemblée nationale : revétue de 50 pages de signatures*, Paris, 1792（専修大学図書館所蔵版）；マルタン・ワルテル『フランス革命史目録』（フランス国立図書館）に収録されている版は、書名の一部が異なっており、《*Voeux formés par des français libres, ou pétition manifeste d'une partie du Souverain à ses délégues pour être signée sur l'autel de la patrie et présente le jour où le peuple se levera en masse pour résister à l'oppression avec les seules armes de la raison*》と記されている。

で発表した。この請願のなかには、1789 年の人権宣言に基づいて改革を
すすめることを骨子とし、91 年憲法の改訂、経済・行政の執行権を人民
の手に委ねること、とりわけ能動的市民と受動的市民の区別を廃止すべき
ことが盛り込まれていた。これらは、A.F. モモロ（Momoro）[91]、P.G. ショー
メット（Chaumette）[92]たちが同年（1792 年）6 月に発した宣言とも共通す
る課題でもあったことから、多くの民衆がこの区別の廃止を求めていたこ
とを反映しているともいえる。[93]書名からも明らかなように、この請願書に
は賛同者の署名（50 頁に及ぶ）が多数寄せられており、末尾に〈revétue
de 50 pages de signatures〉という語句とともに賛同者名が付されている。

　さらに、その 2 か月後（1792 年 8 月）に J. ヴァルレは、『国民公会にお
ける人民の受任者に対する特別かつ命令的委任の草案』というパンフレッ[94]
トを配布している。J. ヴァルレはこのなかで、人権宣言を実現化するため
には、「社会的幸福」の基礎を築くべきであり、それは自由と平等の原理に
基づく「国民教育計画」を構想すること、「いかなる家長も子弟のために個
人教師をもたず、完全に公教育に参加させる義務を負うべきであること」[95]
と述べている。公教育とそこからもたらされる全国民に共通した教育こそ
が、共和国を支える国民を育成することの重要性を説いたのである。同時
に、富裕層が求める個人教授を念頭に、それを否定し、

　　　従来無視されていた社会的幸福（bonheur social）の基礎を定めるこ
　　　と。自由、平等の原則に立脚する国民教育計画を定めることである。
　　　子供はすべて公教育を受けるべきである。

と述べている。[96]前作の『請願書』と比較すると、人民主権の具体的形態と

---

(91) Antoine François Momoro (1756-1794).　テアトル−フランセ・セクションの議
　　　長を務め、コルドリエ・クラブで活動。
(92) Pierre-Gaspard Chaumette (1763-1794). パリ・コミューンの総代。
(93) Soboul, *Les sans-culottes parisiens en l'an II*, pp. 59-63.
(94) J. Varlet, *Projet d'un mandat spécial et impératif aux mandataires du Peuple
　　　à la Convention Nationale*, Paris, 1792.(Gallica).
(95) Varlet, *Projet*, p. 14-15；辻村みよ子「フランス 1793 年憲法とジャコバン主義」
　　　7『成城法学』32、1989 年、74 頁。
(96) Varlet, *Projet*, p. 15.

して第一次集会を人民主権の「基本単位」として位置づけていること、信教の自由と関連して国家と宗教の分離を求めていること、教育計画の一環として公教育の義務化を提案するなど、この時期の政治・社会状況の微妙な変化を反映している。

その後、『社会的政体における人間の権利に関する厳粛なる宣言』[97]を1793年5月に発表し、教育に関しては「宣言」の第5条に記されており、「徳育 (l'éducation)、知育 (l'instruction)、公共倫理の流布は、市民に対する国家の神聖な責務であり、それらのみが市民による市民の権利の享有を実行可能なものとすることができる」と述べている。

1793年5月29日の「権利の宣言」(ジロンド派) の発表前後には、憲法の制定とその原則に沿った教育案の作成の要求が、オプセルヴァトワール、フィニステール、サン−キュロット、パンテオン−フランセの諸セクションによる請願にみられ、5月22日のグラヴィリエ・セクションによる要請、6月16日のアミ−ド−ラ−パトリ・セクションの総会における初等学校の組織化の要求等にも含まれていた[98]。この5、6月という時期は、民衆による教育への要求が最高潮に達していた。

6月27日には、パンテオン−フランセ・セクションによる「司祭団、貴族の偏見に対抗する共通の共和的制度の布告」の要求 があり、フェデレ・セクションによる「民衆的な原理にもとづいた国民教育」の要請 がおこなわれた。7月以降に活発化する議会・公教育委員会における公教育案の検討に先だって、このような具体的な要求が、民衆組織においてみられたのである。

フォブール−モンマルトル・セクションが、教育に関する請願を決議した1793年7月4日は、国民公会においてモンターニュ派が実権を握り、公教育の検討を新たな体制の下でおこなうため、六人委員会を発足させた7月3日の翌日にあたる。この決議では、

---

(97) J.Varlet, *Déclaration solennelle des droits de l'homme dans l'État Social*, Paris, 1793.(Gallica).

(98) Soboul, Les sans-culottes parisiens en l'an II, p. 497 ; ソブール『フランス革命と民衆』、125、126頁。

> われわれの幸福にとって、早急な公教育の組織化は欠くことができない。共和主義的な習俗と徳を無力にするような形而上学的教育ではなく、農業や技芸を練磨し、国民的産業に飛躍的な発展をもたらし、商工業に活力を与え、われわれの周りに存在する専制政治、策謀やあらゆる種類のそれらの萌芽を永久に根絶する

にふさわしい教育と述べ、日常の労働に必要な知識、実際的な学習の内容の教育を要求している。ここでは、この時期に度々議論された「徳育」か「知育」かではなく、具体的に「産業に飛躍的な発展をもたらし、商工業に活力を与える」教育の早急な実現を求めていた。

　このフォブール－モンマルトル・セクションと、同日に同じような趣旨の決議をおこなったのが、フォブール－サンタントワーヌ地区の３セクションである。

　フォブール－サンタントワーヌ地区は、ポパンクール、モンルイユ、キャンズヴァンの３セクションを合せた地区で、能動的市民が住民中に占める割合は11.09％でやや平均を下回る程度であるが、貧困者が住民中に占める比率は34.43％に達し、平均をはるかに上回っている。全体として、新開地ということもあり、労使ともに貧しい地域である。

　このフォブール－サンタントワーヌの３セクションは、フォブール－モンマルトル・セクションと同じ日、教育に関する決議をおこなっている。この決議では、６月23日に採択された憲法について、「憲法における原則はその精神において厳かであり、住民たちは地方の同胞たちが同じ感情、つまりこの切望と正しい認識の義務をもって、みなさんに伝えるべく、直ちにパリの住民たちと団結することを疑わない」と述べた後、「貧民はこれまで革命を支え、憲法を成立させるのに、あなた方を支援してきたことを顧慮してください。これまでの成果を収穫し始める、その時なのです[99]」と続ける。そして、公教育の確立について、

　教育に関する法律について、われわれはつぎのことを十分に確信して

---

(99) 原文では、貧民を le pauvre と記している。

いる。

発明によって耕作者は作業を単純化し、その成果を増大させることができる。

こういうあらゆる発明を耕作者に享受させる方法は教育のなかにみいだされる。

また商工業の要である手工業者は教育に自分の技術を完成する方法を、労働者は自分の才能をみいだすであろう。

そしてあなた方は、教育から迷信の精神をよみがえらせ、それを永存させる可能性のあるものすべてを遠ざけるべきである。[100]

と述べ、経済・産業の振興に役立つ教育を要求しており、現実的な課題を教育によって解決しようとする姿勢がみられる。前述したフォブール–モンマルトル・セクションが求めた公教育の内容と類似していることも注意を引く。

前節でも述べたように、7月13日、M.ロベスピエールは国民公会において、ルペルティエの公教育案を通告し、29日、公教育委員会の名において、この計画の採用を提案した。7月29、30、8月1、3、5日にルペルティエ案は審議され、13日に最終討議の末、原案を大きく修正したうえで採択されたが、同案の骨格をなす全寮制と義務制については削除されており、民衆のための公教育 (instruction publique) という課題は残されたままとなっていた。

このような状況にあって、7月17日には、「革命的共和主義女性協会」Société des femmes républicaines révolutionnaires は公教育の組織化を要求している。[101] また、民衆活動家ルクレル (Leclerc) は、8月17日に発行された『人民の友』紙において、全児童に普通共通教育を授ける計画の立案者、つまり L.M. ルペルティエを称賛する一方、「なにゆえ国民公会は、この賢明な政策を全面的に採用しなかったのか。なにゆえ国民

---

(100) *Archives parlementaires*, LXVIII, Paris, 1905, p. 256.
(101) Soboul, *Les sans-culottes parisiens en l'an II*, p.498 ; ソブール『フランス革命と民衆』、127頁。

公会は、児童を差別なく共同の建物に送り込んで、かれらの両親を強制的に平等の基準にしたがわせるのを恐れたのか」と国民公会を批判している。J.R. エベールの表明はさらに激しく、「すぐれた教育によって人間を改造するまで、立派な将軍も、有能な行政官も決して現れないだろう」し、「国民公会は法律家と秀才の専制からサン - キュロットを救出するために、かれらに教育を授けることを急いでもらいたい」と主張した。前節で考察した、国民公会の議員たちの公教育に取り組む姿勢を、明白に批判したのである。

　9月3日のユニテ - セクションの7か条の声明には、公教育の実施方法の早急な決定と革命裁判所の設置要求を、以下のように掲げ、

　　主権者であるセクションは、あなたがたが自分の持ち場を固めて欲しいこと、また、あなたがたの憲法の毅然とした支配力を保証する手段として、以下の請願を提出する。
　1．貴族や聖職者のために従事する一般人や軍人を解任すること。
　2．投機人、買占め人やその容疑者に対する布告が無駄にならないようにすること。
　3．共和国の隅々まで食糧を保障すること。
　4．公教育の方式をできる限り早く決定すること。
　5．単一の民法典を制定し、煩瑣な訴訟手続きの忌まわしい怪物を一掃すること。
　6．カペー未亡人、ブリソ、すべての裏切者に対する最終的な判決をくだすこと。
　7．最後に、これらの決断を早めるため、法律の厳格な適用から逃れるために大悪党の役に立つことになる回りくどい形式を取り

---

(102) *Ibid*.；同上書、127-128 頁。
(103) Jacques René Hebert (1757-1794)　ジャーナリスト、コルドリエ・クラブ会員、オテル - ド - ヴィル・セクションで活動、パリ・コミューン総代補佐を務める。
(104) *Le Père Duchene*, no. 277；Soboul, *Les sans-culottes parisiens en l'an II*, p.499；ソブール『フランス革命と民衆』、128 頁。
(105)　Archives Nationale (以下 A.N.), C271, pl. 665, p. 35.

やめることのできる、革命的な判決をくだす革命裁判所をパリの12カ所に設置すること。

を主張した。請願の2と3は、「穀物最高価格法」（5月4日制定）と「一般最高価格法」（9月29日制定）に関連し、請願の5、6、7は「反革命容疑者法」（9月17日制定）と密接に関連している。これらの法律は、制定される以前に、民衆のセクション集会ですでに決議されていたのである。

パンテオン–フランセ・セクションが1793年9月12日に教育に関する請願をセクション総会で決議したのは、パリの民衆運動が最高潮に達する一方、M.ロベスピエールが強硬に推進しようとしたルペルティエ案が8月13日に大幅な修正が加えられる事態となり、その後の公教育をめぐる議論の方向性が揺れ始めていた時期にあたる。9月16日には公教育委員会のメンバーを改組し、6名の委員会に4名が追加された。[106]なお、この4名は全員が学者という経歴を有していた。10月19日には、一旦修正可決したルペルティエ案を廃案にしている。

このパンテオン–フランセ・セクションの請願の内容は、その「揺れ」を直接に反映するものであり、転換点をも示していた。

それまでの議論の積み重ねであった初等教育の早急な確立についての言及がなく、成人教育へと範囲を広げる議論へ変化している点である。しかも、具体的な教育の範疇を越えて、道徳的、精神的な高揚を強調するばかりで、きわめて抽象的な内容となっている。請願のタイトルは「パンテオン–フランセ・セクションの自由学校の創設を要求する請願」とされ、「祖国にとって、第一の災厄は自由に反対して同盟する専制君主たちの連合ではない。理性に反対して同盟する専制君主たちの連合である」と続く。そして、「教皇至上主義派の詭弁の宗教を一掃し、原始的簡素さへ回帰させよう。狂信を徹底的に探し出し、戦い、消滅させよう」と述べるとともに、遵法精神や理性信仰への傾斜がみられ、革命の方向を統制しようとする兆しが現れており、

---

(106) この4名とは、L.B. ギトン–モルヴォー Guyton-Morveau（1737-1816, 化学者）、M.E. プティ Petit（1739-1795, 外科医）、L.F.A. アルボガスト Arbogast（1759-1803, 数学者）、C.G. ロンム（数学者）である。（*P.V.C.C.*, t. 2, p. X）

フランス国内の各セクション、カントンにおいては直ちに、公立で無償の学校を設置すること。本学校においては、祖国への愛、栄光、美徳、狂信への嫌悪、遵法精神、死を恐れないこと、そして何よりも、最悪の王とその死を恐れないことが説かれるべきである。なぜならば、彼ら王たちは生きている人々を永続的な死の状態にしておいたからである（第1条）。これらの学校は日曜日と祝日、特にフランス革命のもっとも美しい時期を描く際に、開かれるだろう。アテネの哲学者たちは、偉大なる人々が埋葬されている、有名な場所で授業をおこなった。それにならい、われわれのパンテオンを自由の学校とすることに少しの違いもない。現在の状況を鑑み、祖国が危機に瀕している状況においては、これら理性の使徒たちは寺院において狂信と戦い、公共の場所において戦闘への勇気を奮い立たせるために赴くよう促されるだろう（第4条）[107]。

という、全部で6か条の布告をおこなうよう、国民公会に要請している。この請願書は印刷され、国民公会と47のセクション、民衆協会へ配布された[108]。

この時期、内外情勢においては、イギリス軍に要所（トゥーロン、ヴァランシエンヌ）を占領され、逆にマルセイユでは共和国軍が勝利を収めるなど、一進一退を繰り返すなかで、より革命の求心力を高めようと、民心をも包摂した「革命の統制」が始まり、「理性の信仰」とそれを具現化した祭典がおこなわれ、やがて「モンターニュ派の独裁体制の確立」へと導かれていく。

数カ月前（7月17日）に公教育の要求を提出した「革命的共和主義女性協会」は、10月30日に活動禁止となった[109]。この活動禁止は、全国すべての女性のクラブに適用され、この翌日31日には21名のジロンド派議員

---

(107) A.N., C272, dossier 673, pièce 47.

(108) *Ibid.*

(109) 天野知恵子「1793年パリの革命婦人協会」『史学雑誌』第90巻6号、1981年、54頁。

の処刑が続いた。恐怖政治が始まったのである。

　11月17日（ブリュメール27日）には、ボンヌ‐ヌヴェール・セクションは、「道徳、理性講座」un cours de morale et de raison を設立し、ラゾウスキ民衆協会（フィニステール・セクション）は「青年市民の道徳学校」une école de morale pour les jeunes citoyens を開設した。レユニオン・セクションの民衆協会も11月17日（ブリュメール27日）に「自然と真理に合致した道徳講座」un cours de morale conforme aux principes de la nature et de la vérité を提案したのに対して、セクション総会はこの計画を採択し、この地域の公教育 instruction publique 委員会を独自に設置し、具体的に地域の学校をスタートさせようとした。

　9月中旬以降、パンテオン‐フランセ・セクションで決議された請願をはじめとする、これらの決議には、いずれも共和国のモラル、つまりは反キリスト教的なモラルの確立という装いの新たな理性信仰がみられる。なお、これらの動きは、この時期のキリスト教をめぐる政治と密接な相関関係、すなわち11月7日のパリ大司教 J.B. ゴベルの国民公会における還俗式や同10日のノートルダム聖堂（パリ）における理性の祭典の執行などとも関連している。

　さらに、11月26日（フリメール6日）のミュティウス‐スケヴォラ・セクションの集会では、代表を議会に送り、請願することを決議している。同セクションの「児童」が動員され、議会で「小学校の組織化を一刻も早く実現することを懇願するため」に出頭することになったのである。

　この時期の公教育の検討をめぐっては、B. バチコがブキエ案を評して、「政治的な脈略からすると、彼の案は公安委員会の賛同なしに公会に提出されるはずがなかった」と指摘しているように、公教育の検討をめぐって、政略的思惑の影響がみられる。

　ブキエ案の前半部分が12月19日（フリメール29日）に修正し採択され、

---

(110) B.N., Mss.N.A.F., 2662, f. 54.

(111) Soboul, *Les sans-culottes parisiens en l'an II*, p.500 ; A.N., F7, 2492.

(112) A.N., C 285, pl. 829, p. 11.

(113) バチコ、前掲書、730 頁。

附、フランス革命期の公教育検討とパリ民衆組織の省察 *211*

ブキエ法として施行される 1794 年 3 月中旬までの期間、民衆組織はこれにどう反応したのであろうか。

1794 年 1 月 6 日 (共和 2 年プリュヴィオーズ 17 日) には、パリのミュティウス–スケヴォラ・セクションの集会では「小学校の早急な設立」が要望され、「祖国愛、知恵とあらゆる徳性の原理 (amour de la patrie, les principes de la sagesse et de toutes les vertus)」をくみとれる初級読本が要求されている。[114] 2 月 28 日 (ヴァントーズ 10 日) には、パリのサン–キュロット・セクションの集会でも、初等教育の組織化を請願することを次のように決議し、[115]

　　　教育が共和国のすべての児童にとり平等であるべきことに鑑み、各人がその自然権を最大限に享受するために必要な能力と美徳を得るようにすることが極めて緊急であることを鑑み、それがなければ、いかなる自由も、共和国もあり得なく、すべての平等の原理をすべての若い市民たちの魂に生まれるようにし、育ち、成熟するようにすることが必要不可欠であること[116]

に鑑みて、独自の教育案を提案している。この教育案は、前年に廃案になったルペルティエ案をほぼ踏襲したもので、その後に施行されたブキエ法とは異なる内容となっている。

また、同セクションの民衆協会では会員たちが、「国民公会が公教育について中断することなく専念するように、国民公会へ行く必要がある。(中略) 民衆はもう一度決起して国民公会を強制し、議事に教育を加えることを強いる必要がある」(同年 3 月 4 日)[117] とまで宣言している。

さらに 4 月に入っても、学校が設立されていないという苦情を示す記録もある。アル–オ–ブレ・セクションの委員 commissaire は、

　　　場所も教科書も設備もすべて、ないものばかりであった。地区もコ

---

(114) A.N., C292, pl. 936, p. 14.

(115) ソブール『フランス革命と民衆』、130 頁 ; B.N., Lb40 2131.

(116) B.N., Lb40 2131(2), p. 1.

(117) A.N., CW76, d. 3, p. 195.

ミューンも学校設立に十分な資力をもっていなかった。ジェルミナー
　　　ル 19 日、アル-オ-ブレの委員は、県に自分の地区には学校施設がまっ
　　　たくないことを報告した。少年の学校と少女の学校を、それぞれ一校
　　　ずつ設立するために、委員は二つの国有建築物の使用を申請した。椅
　　　子や机については、刑務所に模様替えされたコレージュ・デュプレシ
　　　のものを使用することを認めるよう要求した。県はこのアル-オ-ブレ
　　　の委員を公教育委員会に同行することを、県職員に依頼することしか
　　　できなかった。それにしても、公教育委員会も国有財産の帰属を決定
　　　する権限はなかったのである、[118]

と証言しているのである。この反応からは、一見するとブキエ法が施行さ
れたにもかかわらず、十分に実行されなかったのかというような疑問が生
ずるかも知れない。

　しかし、これらの証言は、まさにブキエ法の特徴を示しているのである。
ブキエ法には学校の建物に関して、それを誰がどのように確保し、提供す
るのか、それを定めた条項はない。それは、B. バチコが指摘するように、「最
小限の能力さえあれば、すべての市民が制限なしに学校を開設し、教える
ことができる」ことを前提としており、国の関与は規定されていなかった
からである。[119] しかしその一方で、前述したように民衆協会の集会や祭典等
のために、放棄された教会や旧司教館を公共物として接収し利用させると
いう条項を備えていた（第4部第2条）。教科書についても、1794 年 3 月
中旬になって、ようやく前年 12 月 19 日に棚上げとされていた教科書に
関する条項について、公教育委員会で言及され始めたのである。

　このように、ブキエ法は後半の部分（原案の第 4 部、第 5 部）を未決定
のまま 3 月中旬を迎えた。それゆえ、サン-キュロット・セクションでは
2 月 28 日の集会で「独自」の教育案を提案し、[120] 3 月 4 日には、「国民公会

---

(118) ソブール『フランス革命と民衆』、130 － 131 頁；A.N., DXXXVIII2, d. 17.
(119) B. バチコ（阪上孝訳）「公教育」（F. フュレ，M. オズーフ 編著『フランス革命事典・
　　1』 みすず書房、1995 年、所収）、731 頁。
(120) *Section des Sans-Culottes, Etrait des registres des déliberations.* （B.N., Lb40
　　2131）

が公教育について中断することなく専念するように、国民公会へ行く必要がある」とまで宣言したのであろう[121]。

　以上、各セクションと民衆協会の総会等における教育に対する要求を、決議や請願という形式で確認した。パンテオン–フランセ・セクションを除くと、すべてのセクションが、具体的な教育像を描き、それを要求としてまとめているのである。フォブール–モンマルトルやフォブール–サンタントワーヌ地区の3セクションのようにセクションの経済・産業構造に沿った教育案を提出しているところもあり、この同じ時期の議会における議員たちの公教育に対する取り組みと比べても、なんらの遜色もない。議員たちの議論がややもすると机上の空論に近く、理念ばかりが強調されていることに対して、パリのセクションや民衆協会では教育理念と具体的施行とが包摂された教育案を提起していたのである。特に、ブキエ案には、民衆組織に対する議会側による禁止や圧力が、条文のなかで民衆組織の存在の軽視や純粋科学、学術的あるいは教育的権威の排除というかたちで織りこまれており、民衆組織の役割を教育法に含めることによって、表面的には民衆組織を尊重する体裁をとりながら、実際には民衆組織の役割を固定化し、限定することが含意されていた。同時に、異論を唱える政敵を死をもって排除するという政治的テロリズム、すなわち恐怖政治が進行していた。

　F. フュレ（Furet）は、『フランス革命を考える』（1978年）において、従前のフランス革命の解釈を根本から見直すことを提唱し、既存のイデオロギー的解釈を排して新たなフランス革命像の構築を目指した。同書では、直接、公教育について触れてはいないが、モンターニュ派国民公会期の民衆運動を「1793–94年には、ジャコバン主義がその諸機関、つまり活動家によってひそかに操られたセクション・委員会を通じて、結社の統治における絶頂期を形づくる。」（同書、347頁）と述べ、さらに、「1793年の数カ月は、過程が最高潮に達する。すなわち、ジャコバン主義は〈民衆〉という虚構のもとに、市民社会と国家にとってかわる。これ以後、民衆＝王は、一般意志をとおして神話的に権力と合致する。この信仰は全体主義

───────────────

(121) 拙稿「フランス革命期の公教育検討とパリ民衆組織──モンターニュ派国民公会期（1793 〜 1794年）を中心に」『総合科学研究』第22号、2014、17 − 18頁。

の母胎である。」(同書、323 頁) とまで断じた。このように、フランス革命期の民衆運動について厳しい視点をもっていることからも、先行研究として看過しえないと思われるので、当該の記述部分をここに引用した。[122] また、『マルクスとフランス革命』(1986 年) において、[123] マルクスがフランス革命を「君主政が開始した近代国家の形成プロセスの帰結」と結論づけたと指摘し、さらにパリ・コミューンについては、「1871 年に、支配階級が近く終焉を迎えるという不条理な確信をもつに至った」と述べ、マルクスの見解に対して否定的な評価を下している。こうして、F. フュレは「マルクスが歴史を社会のいわゆる進化のたんなる反映以外のものとして考えることができないことを、またしても証明した」と断じ、マルクスの唯物史観の機械的な歴史解釈を批判するだけでなく、さらにその射程を延長して、フランス革命における民衆運動そのものの意義をも否定したが、反王政勢力を一束にして「民衆」とする議論は到底受け入れがたい。国民公会の議員たちを民衆と呼ぶには無理がある。

　G. リューデは『イデオロギーと民衆抗議』(1980 年) において、1792 年から 95 年にかけてのサン–キュロットたちの活動を、「これらの「たたかいの日々」とそれに先立つ日々との記憶は生き続け、われわれは、その記憶がその後のフランス史における多くの革命や「事件」に息吹を与えるのを見ることになるだろう。(中略) パリのサン–キュロットが先導した大衆的民衆行動と「直接」民主制の伝統、ならびに彼らと共に歩んだ理念の多くは、その後も生き続けたのである」と述べ、具体的にパリ・コミューンを挙げていないものの、[124] その後に続く民衆運動に対するフランス革命の影響を指摘している。

---

(122) F. Furet, *Penser la Révolution française,* Paris, 1978；F. フュレ (大津真作訳) 『フランス革命を考える』(岩波書店、1989 年) 347 頁ほか。

(123) Id, *Marx et la Révolution française*, Paris, 1986；同上 (今村仁司、今村真介訳) 『フランス革命とマルクス』(法政大学出版局、2008 年) 138 頁ほか。

(124) G. Rudé, *Ideology and popular protest*, London, 1980；G. リューデ (古賀秀男等訳)『イデオロギーと民衆抗議』(法律文化社、1984) 142 頁。

第3節　残された課題

　ここまで、モンターニュ派国民公会期（1793 − 1794 年）におけるパリの各セクションや民衆結社の動向を精査し、集会の議事録や請願等を通じ、具体的な要求を考察し、教育に対する民衆の関わりを確認した。

　この時期のパリ民衆は 1793 年の 5 月末から 6 月 2 日にかけて蜂起し、実質的な力をもつことによって、「総動員令」（8 月 23 日）、「革命軍の設置」（9 月 9 日）、「反革命容疑者法」（9 月 17 日）や「一般最高価格法」（9 月 29 日）などを、議会に圧力をかけて成立させ、一定の政治的発言力を強めていた。しかし、公教育に関する民衆の要求と政府組織とのかかわり合いについて、具体的、歴史的な様相は、ほとんど明らかにされてこなかった。

　国内の文献では、梅根悟が国民公会期に検討されたルペルティエ案に対する、パリ市内のセクションの動きについて触れ、

　　この教育計画（ルペルティエ案）に対して的確な反応を示した民間組
　　織は、わずかにパリの地区のみであった。しかしその動きは緩慢かつ
　　穏健なものであった。8 月 20 日、ロンバール地区が 13 日の公会決
　　定を白紙にもどし、ルペルティエ＝六人委案の無修正可決、強制的学
　　寮教育方式の採用を議会に請願することを決議し、他の 47 地区に同
　　調のよびかけを行なった」（丸括弧内は本書筆者が補記）

と述べるにとどまっている。A. ソブールにおいても、パリ市内の各セクション等における教育に対する要求に言及しているが、それらは時系列で、しかもごく簡略な記述にとどまり、その意義づけ、すなわち国民公会における公教育案検討との連関や要求の内容について詳細に論じていない。なお、国民公会以前の各議会でも同様で、民衆の行動について言及した記述は非常に少ない。

　本省察では、国民公会への請願、セクション等における集会等の記録に

---

(125) 柴田三千雄『フランス革命』（岩波現代文庫）（岩波書店、2007 年）、174-175 頁。
(126) 梅根『フランス教育史Ⅰ』、145 頁。

基づき、公教育の検討に対する民衆組織の姿勢や反応を分析することを通じて、国民公会や公教育委員会の議員よりも先行した民衆の要求があり、議会や議員の議論はややもすると表面的な政争の具となっていたことを考察したうえで、民衆の要求を具体的に提示し、民衆組織による自律的な公教育の検討過程を明らかにした。

　これらの考察を通じてみえてきたことは、民衆たちは地域の実情に応じて、地域独自の運動を自律的にすすめたという事実である。

　ユニテ・セクションが1793年9月3日に発表した声明では、政府が法的な措置として施行する以前に、経済的あるいは社会的要求として、食料の確保、公教育案の早期決定や反革命容疑者等についての処断を求めていた。[127]その直後に、「一般最高価格法」(9月29日制定)と「反革命容疑者法」(9月17日制定)が実際に、国民公会政府によって施行されたのである。サン-キュロット・セクションでは、ブキエ法の一部が施行準備の段階にあった後でもなお、廃案になったルペルティエ案と同様の教育理念を求める決議が1794年2月28日に行われただけでなく、[128]同セクションの民衆協会は公教育の実施をめぐり、決起を促す宣言(3月4日)さえも発している。[129]

　具体的な、地域の実情の反映が公教育の検討過程にみられたことも注目しなければならない。ミュティウス-スケヴォラ・セクションの「リュクサンブール愛国者協会」の初等教育の発足を求めた、1793年3月17日の決議では、道徳や国家に対する義務といった公民としての教育と同時に、授業日を週二日(日曜日、木曜日)に限定し、日曜日は午前10から正午(場合によっては午後1時)、木曜日は夜間(午後5時から7時)とすることや教科書を協会が提供すること、法的な権利や共和国について学ぶことなどが明らかにされている。[130]同年7月4日のフォブール-モンマルトル・セクションの請願でも、「農業や技芸を錬磨し、国民的産業に飛躍的な発展をもたらし、商工業に活力を与える」教育が求められ、[131]この同日のフォブー

---

(127) A.N., C271, pl. 665, p. 35.

(128) B.N., Lb40 2131(2), p. 1.

(129) A.N., CW76, d. 3, p. 195.

(130) B.N., Mss.Nouv.Acq.Fr. 2704, p.146.

(131) A.N., C261, dossier 573, pièce 18.

ル−サンタントワーヌの３セクションでもこの請願とほぼ同じ内容の宣言をおこなった。[132]

　同時に、どの請願、声明や宣言、要求にも共通しているのは、共和国や母国への愛、専制者への憎しみの表明である。ここには、国民公会の議員たちの政治スローガンである「共和国の賛美」や「反革命容疑者の処分」を唱和することによって同調の姿勢をとりつつ、議会や委員会で公に検討されている公教育案を意識し、地域の利害に沿った公教育案の実施を求めた民衆の堅実で、したたかな姿が見えてくる。

　フランス革命期における、以上のような民衆運動の記憶は、約80年の歳月を経たパリ・コミューンにおける民衆組織の行動の意義を照射している。公教育を検討する立場にある議員たちの理想や希望、そして政治的思惑や限界を再びあらわにした。公教育の義務制や無償制といった公教育の基本的概念が、実は民衆たち個々人の社会的平等を目指すものなのか、議員たちが求める共和国という国家体制に相応しい人間を育成するためなのかという極めて深刻な相克を生み出していた。

　この課題は、1871年３月のパリ・コミューンの発足直前に実施された、２月の国民議会選挙における二つの共和国の選択という選挙テーマとして甦る。すなわち民衆の自律的な組織に基づく「人民主権の共和国」か、民衆たちがその主権を議員たちに委ねる「国民主権の共和国」か、という問いへと導かれるのである。

---

(132) Archives parlementaires, LXVIII, p. 256.

参考文献

パリ市役所炎上（*The Illustrated London News* 1871年6月10日号）

軍事法廷（*The Illustrated London News* 1871 年 9 月 9 日号）

Ⅰ. 史料

1. 一次史料（本書の執筆にあたって利用した、主な史資料と所蔵機関）

Bibliothèque Nationale (B.N.).

- Mss. Nouv. Acq. Fr. 2704, p. 146. リシュリュー館が所蔵する史料で、リュクサンブール愛国者協会の 1793 年 3 月 17 日の総会決議を記した史料である。
- Lb40 2131(2), p. 1. フランソワ–ミッテラン館が所蔵する史料で、1794 年 2 月 28 日のサン - キュロット・セクションにおいて公教育を要求することが決議されたことを示す史料である。

Archives Nationale (A.N.).

- C258, dossier 533, pièce 19. 1793 年 6 月 27 日のパンテオン–フランセ・セクションの国民学校設置の主張が記されている。
- C261, dossier 573, pièce 2. 民衆地区であるフォブール–サン–タントワーヌ・セクションにおける民衆たちの 93 年憲法の支持と教育の要求を決議した、1793 年 7 月 4 日の文書で、モンターニュ派国民公会期の公教育に対する民衆の意識が表明されている。
- C261, dossier 573, pièce 18. フォブール–サン–タントワーヌ・セクションとフォブール–モンマルトル・セクションの民衆は職業教育の必要性と技能教育を求めていたと報告している (1793 年 7 月 4 日)。
- C272, dossier 673, pièce 47. パンテオン–フランセ・セクションにおいて、1793 年 9 月 12 日に決議された文書で、民衆の法意識と教育との関連を示している。
- CW76, dossier 3, pièce 195. 1794 年 3 月 13 日にサン–キュロット・セクションにおける発言の記録で、民衆の活動が議会に影響力をもつこと、教育制度が未実施であることを述べている。
- D XXXVIII 2, dossier 17. アル–オーブレ・セクションの委員が県に対して、教科書も設備もないと報告した文書 (1794 年 4 月 8 日)。

Archives Historiques du Ministère de la Guerre (A.H.G.).

- Ly16. 第 8 区の教育行政担当者名が記された警察調書、同区内の教育行政に関する文書が収録されている。
- Ly20. 1871 年 3 月から 5 月にかけての国民衛兵の中央委員会の活動を制度面から反映する規約類が収録されている。
- Ly22. 第 1 区のサン–ルー教会クラブ Club de l'Eglise St. Leu 、第 3 区のニコラ - デ - シャン・クラブ Club communal de Nicolas des Champs、第 10 区共和主義クラブ Club ou Cercle Républicain des 10ᵉ arrondissement、第 11 区のプロレテール・クラブ Club des Prolétaires、第 13 区の社会民主主義クラブ Club democratique et socialiste du 13ᵉᵐᵉ Arrondissement、第 18 区のサン–ベルナール教会クラブ Club de l' Eglise St. Bernard と女性クラブ Club des femmes, ambulancières et pétroleuses 等の民衆組織の活動を示す文書と女性同盟 Union des femmes pour la défense de Paris et

les soins aux blessés に関連する文書がまとまって収録されている。

- Ly26. コミューン議会の文書群、月別に整理された事務局、執行委員会などの文書が含まれている。第 11 区の議員 J.P. ジョアナール (Johannard) への通知 notification no. 157 は、コミューンと区行政との関係を示す文書である。
- Ly27. 各区の行政組織に関連する文書と、第 14 区監視委員会 Comité de Vigilance に関する大量の文書が含まれており、これらの区の民衆組織と区行政の実態を反映する文書。この他、第 4 区社会主義者クラブ Club socialiste du 4ᵉ Arrondissement のクラブ規約等が収録されている。
- 8 J 10 d126. (Louis Adolphe Bertin 調書) 第 14 区警視の立場から宗教施設を捜索し、関係者を逮捕した容疑に関する個人ファイル。
- 8 J 10 d548. (Bourlet 調書) 第 8 区区役所の行政関係文書、同区監視委員会の動向についての個人ファイル。
- 8 J 147 d1256. (Jules Victor Delaruelle 調書) 第 14 区監視委員会 (警視) の立場から宗教施設を捜索し、関係者を逮捕した容疑に関する個人ファイル。
- 8 J 187 d458. (Capellaro 調書) 第 11 区国民衛兵師団代表を務めたカペラロの個人ファイルで、同区の民衆組織の活動を示す多数の文書を収録している。
- 8 J 345 d48. (Parthenay 調書) 第 11 区区役所の小委員会委員を務めたパルトネの個人ファイル。

Bibliothèque historique de la Ville de Paris (B.H.V.P.).

- Ms. 1125, Fol. 113. は、第 11 区のプロレテール・クラブの機関紙『プロレテール』紙の予約登録簿を収録しており、5 月 3 日と 4 月の予約者リストがある。

Archives de Préfecture de Police (A.P.P.).

- Ba364-4. 第 16 区の区議会議事録 Procès verbaux(1871 年 4 月 1 日～ 15 日)を収録。
- Ba364-5. 第 5 区の公教育の確立について記した文書 (A. シカール (Sicard))、第 15 区の教育の非宗教化について記した文書 (4 月 26 日、V. クレマン (Clement))、第 17 区における教員たちの活動を示す文書 (4 月 8 日、Aux instituteurs et institutrices des écoles et salles d'asiles communales) 等を収録。
- Ba364-6. コミューンによる視学官サピア (Sapia) の任命に関する文書、コミューンが設置した職業学校に関する文書、第 6 区、7 区、15 区、17 区における教育関係の施策に関する文書、各区 (第 6 区、8 区、12 区、17 区) から教育代表委員 E. ヴァイヤンに宛てた書簡等、関係文書を収録している。

Archives de Paris (A.P.).

- VD 3 -0013. 第 4 区の教員集会 (1871 年 4 月 13 日) の議事録、第 4 区サン - ポール教会の接収 (1871 年 4 月 7 日) を記録した日誌、第 5 区区長 D.T. レジェールの学校予算横領問題関係文書、第 7 区の区行政の人事文書などがある。いずれも区行政に関わる事件、実態を示す史料。
- VD 3 -0014. 第 11 区における帝政崩壊後の区行政が主体となった教育の非宗教化運動 (1870 年 10 月) に関する文書が収録されている。

- VD 3-0015. 第17区における教員たちの教育改革の要求が記された文書、人事文書、食糧配給カード、国民衛兵給与支払い票などが収録されており、同区の実態を鮮明に映し出す史料群である。
- VD 6-568. セーヌ-エ-マルヌ県の郡教育委員会 délégué cantonaux の文書、no.1(1852-1878)、no. 2(1857-1859) の二つのファイルを収録。
- VD 6-570. 1856 年におけるパリ第10区の公立初等学校一覧表 (相互教育校5校、修道会系校6校の所在地、男子学校4校、女子学校4校、成人男子学校2校、成人女子学校1校等の種別、相互教育校5校、修道僧校2校、修道尼校4校) に関する詳細と、教師への給与配布表、1851-73年の時期のパリ第7区の初等教育学校の視学官の文書、教員給与表等の文書を収録。
- VD 6-696. パリ第12区学校状況一覧 (1857 年1月31日) があり、ここには、公立学校男子学校8校 (非宗教系3校 929 名、宗教系5校 1,419 名)、公立女子学校 (非宗教系3校 631 名、宗教系6校 1,363 名)、私立学校 (男・女、無料・有料)、成人学校 (男・女、公立・有料)、幼稚園 (公立・私立) 等の詳細も記されている。また、同史料には、パリ第5区の初等教育校の概要がまとめられた印刷パンフレット (1870 年刊) があり、ここには、男女別学校数、生徒数、幼稚園についての記述がみられる。この史料は、パリ市内における初等学校の学校行政、教師の動向、生徒の実態が詳細に示されている。
- VD 6-704. 1856-1874 年の第6区における学校設置申請書を収録。
- VBIS 7 R 1-3. 第10区の初等教育委員会議事録、第1回 (1850 年12月) ～第68回 (1868 年11月) を収録。
- VD 6-568. セーヌ-エ-マルヌ県の郡教育委員会 délégué cantonaux の文書、no.1(1852-1878)、no. 2(1857-1859) の二つのファイルを収録。

２．刊行史資料

法令集

La Législation de l'instruction primaire en France depuis 1789 jusqu'à nos jours, recueil des lois, décrets, ordonnances, arrêtés, règlements... suivid'une table... et précédé d'une introduction historique, par Octave Gréard,.... t.3 : 1848-1863, t.4: 1863-1879, t.5 : 1879-1887, Paris, s.d.

MICHEL, Henry, *La loi Falloux, 4 janvier 1849 - 15 mars 1850*, Paris, 1906.

統計書

L'enseignement primaire et ses extensions: annuaire statistique, 19e - 20e siècle, Paris, 1987.

Chambre de commerce et d'industrie (Paris). *Statistique de l'industrie à Paris : résultant de l'enquête faite... pour... 1860,* Paris. 1864.

LOUA, Toussaint, *Atlas statistique de la population de Paris*, Paris, 1873.

Ministère du travail et de la prévoyance sociale, *Statistique générale de la France, Salaires et coût de l'existence : à diverses époques, jusqu'en 1910*, Paris, 1911.

書誌

Guide des sources de la Commune de Paris et du mouvement communaliste (1864-1880), Paris et Île-de-France, Paris, 2007.

LEQUILLEC, Robert, *Bibliographie critique de la Commune de Paris 1871*, Paris, 2006.

国民議会調査記録

BRAME, Jules, *Enquête parlementaire sur les actes du Gouvernement de la Défense nationale*,Paris, 1872.

議事録

Archives parlementaires de 1787 à 1860, premier série(1787-1799), Paris, 1899-1912.

BOURGIN, G. et HENRIOT, G., Procès-verbaux de la Commune de 1871, 2 vols., Paris, 1924, 1945. (略、*P.V.C.*)

Les Comités d'Instruction Publique sous la Révolution, Principaux Rapports & Projets de Décrets. Québec, 1992.

GUILLAUME, M.J.(éd.), *Procès-verbaux du Comité d'instruction publique de la Convention nationale*, 6 vols., Paris, 1891-1907.

Id.*, Procès-verbaux du Comité d'instruction publique de l'Assemblée legislative*, Paris, 1889.

官報

Réimpression du Journal officiel de la République Française sous La Commune, Paris, 1871. (略、*J.O.*)

Les séances officielles de l'Internationale à Paris pendant le siège et pendant la Commune, Paris, E. Lachaud, 1872.

布告・声明ビラ集

MAILLard, Firmin, *Elections des 26 mars et 16 avril 1871 : affiches, professions de foi, documents officiels, clubs et comités pendant la Commune*, Paris, E. Dentu, 1871

Les murailles politiques françaises, Paris, 1874. (略、*M.P.F.1874*)

Les murailles politiques de la France pendant la Révolution de 1870-71, Paris, [s.d.] (略、*M.P.F., Claretie*)

Les murailles politiques françaises : depuis le 4 septembre 1870. Paris, 1873-1874. (略、*M.P.F. , Chevalier*)

Bibliothèque nationale de France, *Collection de Vinck*. (略、*C.V.*)

ROSSEL, A., *1871 La Commune ou l'experience du pouvoir par l'affiche et l'image*, Paris, 1970.

新聞

Journaux de la périiode de la Commune de Paris.[microform] Paris, 1967.

Bulletin communal.(S.Froumov, *La Commune de Paris et la démocratisation*

参考文献　　*225*

    de l'école, p. 211)

      La commune. no.　1 (20 mar., 1871)-60(14 mai, 1871) [microform]　(*ibid*.,
        pp.109, 126-128, 150-151, 158-161, 192-195, 200-203)

      Le cri du peuple. no. 1 (22 fév., 1871)-83(23 mai, 1871).

      La montagne.(*ibid*., p.181)

      Le père duchène.(*ibid*.)

      Le prolétaire.(*ibid*., pp.111)

      Le rappel. (*ibid*., pp.123-125)

      Le réveil du peuple. no.1(18 avr., 1871)-34(22 mai, 1871) [microform] (*ibid*.)

      La révolution politique et sociale.(*ibid*., p.119-120)

      Le vengeur. no. 1 (20 mar., 1871)-56(24 mai, 1871) [microform]　(*ibid*.)

LAVEAUX, J. Ch.(red.), *Journal de la Montagne ([Reprod.]) 1793-1794*. (Gallica)

〈モンターニュ派国民公会期の公教育委員会委員の主著〉

BOUQUIER, Gabriel, *Rapport et projet de décret formant un plan général d'instruction publique.* [Paris,1793]

Id., *Rapport et projet de décret sur le dernier degré d'instruction.* [Paris, 1794.]

COUPÉ,Jacques Michel, *Motion d'ordre sur la discussion de l'instruction publique.* [Paris,1793]

LEPELLETIER DE SAINT FARGEAU, Louis-Michel, *Plan d'éducation nationale de Michel Lepelletier.* [Paris,1793]

LEQUINIO, Maria Joseph, *Éducation nationale : plan proposé à la Convention nationale dans la séance du 2 juillet.* [Paris, 1793]

ROMMES, Charles Gilbert, *Projet de décret sur les écoles nationale,* Paris, 1793. (Gallica).

Id., *Projet de décret sur le modéle de jugement du concours ouvert pour les prix d'architecture, de sculpture & de peinture, présenté au nom du Comité d'instruction publiques,* [Paris] 1792.

Id., *Révision du décret pour l'organisation des premières écoles , faite par le Comité d'instruction publique,* Paris, 1793.

SIEYÈS, Emmanuel Joseph et al., *Projet de décret pour l'établissement de l'instruction nationale*. Paris, 1793. (Gallica)

〈J. ヴァルレの主著〉

VARLET, Jean, *Déclaration solennelle des droits de l'homme dans l'État Social.* [Paris], 1793.

Id., *Projet d'un mandat spécial et impératif aux mandataires du Peuple à la Convention Nationale*. Paris, 1792.

Id.,*Vœux formés par des Français libres, ou, Pétition des sans culottes, signé sur l'autel de la patrie pendant trois jours, & présentée à l'Assemblée nationale : revêtue de 50 pages de signatures.* [Paris, 1792.]

Ⅱ. 研究資料

1. 外国語文献

ALLEMANE, Jean, *Mémoires d'un communard*, Paris, 1981.

ARSAC, J. d., *Les conciliabules de l'Hotel-de-Ville comptes-rendus des séances du Comité Central et de la Commune,* Paris,1871.

AUSPITS, K., *The radical bourgeoisie: the Ligue de l'Enseignement and the origins of the Third Republic 1866-1885*, Cambridge, 1982.

BACZKO, Bronislaw, Instruction publique, in *Dictionnaire critique de la Révolution française*, Paris, 1992.

BIDOUZE, René, *72 jours qui changèrent la cité*, Pantin, 2001.

Id., *La Commune de Paris telle qu'en elle-même*, Pantin, 2004.

BOURGIN, George, *La guerre de 1870-1871 et la Commune*, Paris, 1971.

BRUHAT, Jean et al., *La Commune de 1871*, Paris, 1960.

BURSTIN, H., *Le faubourg Saint-Marcel à l'époque révolutionnaire*, Paris, 1983.

Id., *L'invention du sans-culottes*, Paris, 2005.

CHAPOULIE, Jean-Michel, 《L'organisation de l'enseignement primaire de la IIIᵉ République》, *Histoire de l'éducation*, no. 105, jan. 2005, 2005.

CHOURY, Maurice, *La Commune au coeur de Paris*, Paris, 1967.

CLÉMENT, Jean Baptiste, *Le Club de la Redoute*, Paris, 1868.

DALISSON, Rémi, *Les trois couleurs, Marianne & l'Empereur*, Paris, 2004.

DALOTEL, Alain et al., *Aux origines de la Commune*, Paris, 1980.

DAUTRY, Y., SCHELER, L., *Le Comité central républicain des vingt arrondissements de Paris*, Paris, 1960.

DECOUFLÉ, André, *La Commune de Paris (1871),* Paris, 1969.

DELMAS, Guillaume, *La terreur et l'église en 1871,* Paris, 1871.

DOMMANGET, Maurice, *L'enseignement, l'enfance et la culture sous la Commune*, Paris, |s.d.|.

DUVEAU, Georges, *La pensée ouvrière sur l'éducation pendant le second République et le second Empire*, Paris, 1948.

EDWARDS, Stewart (ed.), *The communards of Paris, 1871*, New York, 1973.

Id., *The Paris Commune 1871*, London, 1971.

EICHNER, Carolyn J., *Surmounting the barricades.* Bloomington, 2004.

FAURÉ, Christine (ed.), *Political and historical encyclopedia of women,* New York, 2003.

FOURIER, Albert, 《Edouard Vaillant: Délégué à l'Enseignement》, *L'Europe*, 1970.

FROUMOV, Sergei, *La Commune de Paris et la démocratisation de l'école*, Moscou, s.d.

FURET, François, OZOUF, Mona, *Dictionnaire critique de la Révolution française*, Paris, 1988.

Id, *Marx et la Révolution française*, Paris, 1986 ; F. フュレ（今村仁司、今村真介訳）『フランス革命とマルクス』（法政大学出版局、2008 年）。

Id., *Penser la Révolution française,* Paris, 1978 ; 同（大津真作訳）『フランス革命を考える』（岩波書店、1989 年）。

GARIN, Joseph, *Petite histoire de la paroisse et consécration de l'église Saint-Ambroise de Popincourt,* Paris, 1910.

Gaumont, Jean, 《En marge de la Commune de Paris: Jules-Alexandre Mottu (1830-1907)》, *L'Actualité de l'histoire*, No. 28 (Jul. - Sep., 1959).

GREVET, René, *École, pouvoir et société (fin XVIIe siècle - 1815),* Lille, 1991.

GREW, R., HARRIGAN, P.J., *School, state, and society: the growth to elementary schooling in nineteenth-centry France, a quantitative analysis*, Ann Arbor, 1991.

JACQUEMET, Gérard, *Belleville au XIXe siècle du faubourg à la ville*, Paris, 1984.

JOHNSON, Martin Phillip, *The paradise of Association*, Ann Arbor, 1996.

JULIA, Dominique, *Les trois couleurs du tableau noir, La Révolution*, Paris, 1981.

LAVELEYE, Émile, *L'instruction du peuple*, Paris, 1872.

LECANUET, Edouard, *L'église de la France sous la troisième République*, t. 1, Paris, 1910.

LEFEBVRE, George, 《Foules révolutionnaires》, *Annales historiques de la Révolution française*, 11. Année, No. 61, 1934 ; ; G. ルフェーヴル（二宮宏之訳）『革命的群衆』（岩波文庫）（岩波書店、2007 年）

LEFRANÇAIS, Gustave, *Étude sur le mouvement communaliste à Paris en 1871*, Neuchâtel, 1871.

LISSAGARAY, Prosper Olivier, *Histoire de la Commune de 1871*, Bruxelles, 1876.

LOUIS-ALBERT, *Les orateurs des réunions publiques de Paris en 1869*, Paris, imp. 1869.

MAILLARD, Firmin, *La légende de la femme émancipée : histoires de femmes, pour servir à l'histoire contemporaine*, Paris, [1886].

MAITRON, Jean(dir.), *Dictionnaire biographique du mouvement ouvrier français*, 6 vols., Paris, 1961-1971.

MARTIN, Jean-Clément, *Nouvelle histoire de la Révolution française*, Paris, 2012.

MARTIN-FUGIER, Anne, *La place des bonnes*, Paris, 1979.

MARX, Karl, *Der Bürgerkrieg in Frankreich*, Berlin, 1891.

MAYEUR, François, *Histoire de l'enseignement et de l'éducation, 3*, Paris, 1981.

MOILIN, Tony, *Programme de discussion pour les sociétés populaires*, Paris, 1868.

MOLINARI, G. de, *Les clubs rouges pendant le siège de Paris*, Paris, 1871.

POMPÉRY, Édouard de, *La question sociale dans les réunions publiques.*

Revendication du prolétaire, Paris, 1869.

PRESSENSÉ, Edmond de, *Les réunions publiques à Paris et les élections prochaines*, Paris, 1869.

PROST, Antoine, *Histoire de l'enseignement en France 1800-1967*, Paris, 1968.

PROUDHON, Pierre-Joseph, *De la capacité politique des classes,* nouvelle éd., Paris, 1865.

QUARTATARO, A.T., *Women teachers and popular education in ninteenth-century France*, Newark, 1995.

ROSANVALLON, Pièrre, *L'état en France de 1789 à nos jours*, Paris, 1990.

ROUGERIE, Jacques,《 L'A.I.T. et le mouvement ouvrier à Paris pendant les événements de 1870-1871》, in *1871, Jalons pour une histoire de la Commune de Paris*, Assen, 1973.

Id., *Paris libre 1871*, Paris, 1971 ; J. ルージュリ『1871 民衆の中のパリ・コミューン』（上村祥二・田中正人・吉田仁志訳、ユニテ、1987 年）

ROUSSELLE, A., *Le droit de réunion et la loi du 6 juin 1868*, Paris, 1870.

RUDÉ,G. *Ideology and popular protest*, London, 1980;G. リューデ (古賀秀男等訳)『イデオロギーと民衆抗議』(法律文化社、1984)。

SCHULKIND, Eugene W.,《The activity of popular organizations during the Paris Commune of 1871》, *French historical studies*, Vol. 1, no. 4, 1960.

Id., *The Paris Commune of 1871*, London, 1972.

Id.,《Socialist women during the 1871 Paris Commune》, *Past and Present*, no. 106, 1985.

SOBOUL, Albert,《De la révolution française à la Commune de 1871》, *La Pensée*, No. 158, 1971.

Id., *Les sans-culottes parisiens en l'an II : mouvement populaire et gouvernement révolutionnaire, 2 juin 1793 – 9 thermidor an II*, 2. éd., Paris, 1962.

SUTTER-LAUMANN , *Histoire d'un trente sous (1870-1871)*, Paris, 1891.

TOCQUEVILLE, Alexis de, *De la democratie en Amerique, 2*. In Oeuvres complètes, t. 1, v. 2, Paris, 1961.

THOMAS, E., *The women incendiaries*, London, 1966.

TROTSKY, L., *Dictatorship vs. democracy: terrorism and communism*, New York, 1920.

VITU, Auguste, *Les réunions électorales à Paris, mai 1869*, Paris, 1869.

Id, *Les réunions publiques à Paris, 1868-1869*. 3. éd., Paris, 1869.

VUILLAUME, Maxime, *Mes cahiers rouges*, Paris, 1908-1914.

WOLFE, Robert,《The Parisian Club de la revolution of the 18th arrondissement 1870-1871》 *Past and Present*, no. 39, 1968.

Id., *The origins of the Paris Commune : the popular organization of 1868-71*, a thesis presented to Harvard University, 1965. Thesis(Dr.)

２．邦語文献

天野知恵子「1793 年パリの革命婦人協会」『史学雑誌』、第 90 巻 6 号、1981 年。

同「フランス革命期の初等教育をめぐって」『愛知県立大学外国語学部紀要』、36、2004 年。

井手伸雄「1871 年のパリ・コミューン下における労働の組織化の試み」(立正大学文学部西洋史研究室内酒井三郎博士喜寿記念事業会編『酒井三郎博士喜寿記念世界史研究論叢』1977 年所収)。

井上すず『ジャコバン独裁の政治構造』(御茶ノ水書房、1972 年)。

梅澤収「フランス初等教育無償法 (1881 年 6 月 16 日法) の成立過程研究」『東京大学教育学部教育行政学研究室紀要』、第 7 号、1988 年。

同「19 世紀フランス初等教育財政と学校金庫」『東京大学教育学部紀要』、第 28 号、1988 年。

梅根悟監修『フランス教育史・Ⅰ、Ⅱ』(世界教育史大系 9、10) (講談社、1975 年)。

瓜生洋一「ジャン＝ヴァルレ著『社会状態における人権の荘厳な宣言』」『九大法学』、24、1972 年。

荻野豊「公開集会から民衆クラブへ」『西洋史学』、125 号、1982 年。

荻路貫司「フランス第三共和制前期初等教育財政の成立とその特徴」『福島大学教育学部論集』、35 号、1983 年。

小熊英二『私たちはいまどこにいるのか』(毎日新聞社、2011 年)。

大仏次郎『パリ燃ゆ』、1 － 6 (朝日新聞社、1983 年)。

尾上雅信「近代フランスにおける『教育の世俗化』に関する考察」『筑波大学教育学系論集』、第 8 巻第 2 号、1981 年。

同「F.ビュイッソンの公教育思想に関する基礎的考察」(1)〜(7)『岡山大学教育学部研究集録』、第 125 号〜 132 号、2004 年〜 2006 年。

同「フランス第三共和政初期の教員養成改革に関する考察」(1)〜(7)『岡山大学教育学研究集録』、第 134 号-141 号、2007 年-2009 年。

桂圭男『パリ・コミューン』(岩波書店、1971 年)。

同「パリ・コミューン期におけるインターナショナル組織の動向」『神戸大学教養部紀要・論集』、25 号、1980 年。

金子泰子「「国民主権」と「人民主権」」『お茶の水史学』、vol.42、1998 年。

神山栄治『フランス近代初等教育制度史研究　1800-1815』(学術出版会、2009 年)。

川口幸宏「la Commune de Paris 1871 における近代公教育三原則の成立に関する研究」(1)(2)『学習院大学文学部研究年報』、48 輯、49 輯、2001 年、2002 年。

木下賢一「パリ・コミューン前夜の民衆運動」『社会運動史』1、1972 年。

同『第二帝政とパリ民衆の世界』(山川出版、2000 年)。

同「第二帝政期パリの労働運動と民衆運動」『駿台史学』、81 号、1991 年。

同「第二帝政期パリの労働運動と民衆運動 (続)」『駿台史学』、83 号、1991 年。

喜安朗『夢と反乱のフォブール』(山川出版社、1994 年)。

同『近代フランス民衆の〈個と共同性〉』(平凡社、1994 年)。

教育科学研究会編『大阪「教育改革」が問う』(かもがわ出版、2012 年)。

P. クロポトキン（大沢正道等訳）『クロポトキン・1』（三一書房、1970 年）。

小泉洋一「フランスの公立学校教育と宗教」『甲南法学』、46 巻 1 、2 号、2005 年。

同「国家の非宗教性に関する憲法学的研究」『甲南法学』、51 巻 1 号、2010 年。

同『政教分離と宗教的自由』（法律文化社、1998 年）。

同『政教分離の法』（法律文化社、2005 年）。

小林亜子「フランス革命における〈公教育〉と〈祭典〉」『教育史学会紀要』、29、1986 年。

同「フランス革命期の公教育と公共性」（安藤隆穂編『フランス革命と公共性』 名古屋
　　大学出版会、2003 年、所収）。

小松善雄「パリ・コミューン期の移行過程論」『立教経済学研究』、第 61 巻第 3 号、
　　2008 年。

小山勉「教育闘争と知のヘゲモニー」『九州大学法政研究』、61（3/4 上）、1995 年。

同「トクヴィルの公共精神論」『福岡大学法学論叢』、第 49 巻 3・4 号、2005 年。

同「フランス近代国家形成と知の権力性の集権的制覇」『九州大学法政研究』、60（3/
　　4）、1994 年。

今野健一『教育における自由と国家』（信山社、2006 年）。

阪上孝編訳『フランス革命期の公教育論』（岩波書店、2002 年）。

柴田三千雄『近代世界と民衆運動』（岩波書店、1983 年）。

同『パリ・コミューン』（中央公論社、1973 年）。

同『パリのフランス革命』（東京大学出版会、1988 年）。

同「パリ・コミューンにおける内部分裂について」（岡田与好編『近代革命の研究・下巻』
　　東京大学出版会 、1973 年、所収）。

同『フランス革命』（岩波現代文庫）（岩波書店、2007 年）。

白石正樹「人民主権の論理」『創価法学』、第 4 巻第 1 号、1974 年。

杉原泰雄『人民主権の史的展開』（岩波書店、1978 年）。

同『憲法の歴史』（岩波書店、1996 年）。

同『民衆の国家構想』（日本評論社、1992 年）。

A. ソブール（井上幸治監訳）『フランス革命と民衆』（新評論、1983 年）；Soboul, A.,
　　Les sans culottes parisiens en l'an II, Paris, 1968.

曽我雅比児「科学教育制度史試論」『岡山理科大学紀要』、B29、1994 年。

竹中幸史『フランス革命と結社』（昭和堂、2005 年）。

同「理想の公教育への挑戦」（山﨑耕一、松浦義弘編『フランス革命史の現在』 山川出
　　版社、2013 年、所収）。

遅塚忠躬『フランス革命』（岩波書店、1997 年）。

辻村みよ子「〈命令的委任法理〉に関する覚え書き」『一橋研究』、2（3）、1977 年。

同「フランス革命における 1793 年憲法の研究」序説（1）『一橋研究』、1（3）、1976 年。

同「フランス 1793 年憲法とジャコバン主義」7『成城法学』、32、1989 年。

J. デュクロ（小出峻訳）『パリ・コミューン』、上、下（新日本出版社、1971 年）。

G. デュビ、R. マンドルー（前川貞次郎ほか訳）『フランス文化史』3（人文書院、1970 年）。

長井伸仁「議員とその資産」『社会経済史学』、67 巻 6 号、2002 年。

同「一九世紀のパリ市議会議員」『帝塚山大学教養学部紀要』、56 輯、1999 年。

同「第三共和制期のパリ市議会議員　1871–1914」『史林』、82 巻 4 号、1999 年。

C. ニコレ (白井成雄、千葉通夫訳)『フランスの急進主義』(白水社、1975 年)。

西岡芳彦「アレクサンドル・マルジュラン」『明學佛文論叢』、38, 2005 年。

同「十九世紀におけるパリ民衆の政治意識」『明學佛文論叢』、42、2009 年。

同「パリ民衆地区における国民軍と 6 月蜂起」『西洋史学』、151, 1988 年。

同「パリ・コミューンにおける地域組織の形成」『明學佛文論叢』、第 39 巻、2006 年。

同「ポパンクール街区のコミューン兵士」『明治学院論叢』、561、1995 年。

野村啓介『フランス第二帝制の構造』(九州大学出版会、2002 年)。

M. バクーニン (江口幹ほか訳)『バクーニン』、1 (三一書房、1970 年)。

樋口陽一『近代国民国家の憲法構造』(東京大学出版会、1994 年)。

同『自由と国家』(岩波書店、1989 年)。

平舘利雄『パリ・コミューンと十月革命』(民衆社、1971 年)。

平野宗明「第二帝政期におけるパリ市議会の機能」『人文学報』、385、2007 年。

F. フュレ (今村仁司、今村真介訳)『フランス革命とマルクス』(法政大学出版局、2008 年)。

同 (大津真作訳)『フランス革命を考える』(岩波書店、1989 年)。

P.J. プルードン (三浦精一訳)『プルードン』、2、(三一書房、1972 年)。

G. ブルジャン (上村正訳)『パリ・コミューン』(白水社、1961 年)。

牧柾名「パリ・コミューンと人民の教育権」(『牧柾名教育学著作集』1、エムティ出版、1998 年、所収)

槇原茂「一九世紀後半フランスにおける民衆教育結社」『史学研究』、第 213 号、1996 年。

同「フランス公教育確立期の世論形成」『島根大学教育学部紀要 (人文・社会科学)』、第 33 巻、1999 年。

松井道昭「パリ・コミューンの修史上の諸問題」『横浜市立大学論叢社会科学系』、第 39 巻第 1 号、1987 年。

松浦義弘「「テルミドール 9 日のクーデタ」と 48 セクションの軍人組織」『一橋大学社会科学古典資料センター Study Series』、66、2012 年。

同「フランス革命と〈習俗〉」『史学雑誌』、第 92 輯第 4 号、1983 年。

同『フランス革命とパリの民衆』(山川出版社、2015 年)。

同「ロベスピエールと最高存在の祭典」『史学雑誌』、第 97 輯第 1 号、1988 年。

同「ロベスピエールとフランス革命」『思想』、938、2002 年。

松島鈞『フランス革命期における公教育制度の成立過程』(亜紀書房、1968 年)。

松野千鶴子「コミューンと民衆組織　－クラブ」『歴史評論』、252 号、1971 年。

K. マルクス (木下半治訳)『フランスの内乱』(岩波書店、1952 年)。

K. マルクス (山川均訳)『フランスの内乱』(新潮社、1956 年)。

K. マルクス (村田陽一訳)『フランスにおける内乱』(大月書店、1970 年)。

K. マルクス、F. エンゲルス (ソ連邦共産党中央委員会付属マルクス－レーニン主義研究所編、大内兵衛、細川嘉六監訳)『マルクス＝エンゲルス全集』、第 22 巻 (大月書店、1971 年)。

水島治郎『ポピュリズムとは何か』(中央公論社、2016 年)。

宮内広利「地上の天国に一番近づいたとき」(http://members.jcom.home.ne.jp/
　　nokato/data6.htm　2011/5/3アクセス)。

A. モロク (高橋勝之訳)『パリ・コミューン』(大月書店、1971年)。

柳春生「フランス大革命の憲法における人民主権の問題について」『九州大学法政研究』、
　　34 (5/6)、1968年。

山口二郎『ポピュリズムへの反撃』(角川書店、2010年)。

P.O.リサガレー (喜安朗・長部重康訳)『パリ・コミューン』、上、下(現代思潮社、1968年、
　　1969年)。

G. リューデ (古賀秀男等訳)『イデオロギーと民衆抗議』(法律文化社、1984年)。

G. ルフェーヴル (二宮宏之訳)『革命的群衆』(岩波書店、2007年)。

H. ルフェーヴル (河野健二・柴田朝子訳)『パリ・コミューン』上、下 (岩波書店、
　　1967、1968年)。

V. レーニン (レーニン全集刊行委員会訳)『国家と革命』(大月書店、1952年)。

A. レオン (池端次郎訳)『フランス教育史』(白水社、1969年)。

渡辺和行『近代フランスの歴史学と歴史家』(ミネルヴァ書房、2009年)。

Résumé en français

La souveraineté appartient au peuple :
Une étude sur les activités populaires sous la Commune de Paris dans le contexte de l'organisation administrative des arrondissements, de leur activité et de l'instruction publique.

Norio TAKAHASHI

Nous avons tout d'abord constaté, dans l'approche du processus d'instauration de la Commune de Paris, que ce que réclamait le peuple parisien était une municipalité autonome et non pas la mise en place d'un nouveau gouvernement. De plus, notre analyse des activités populaires a confirmé que leur principe reposait sur la souveraineté du peuple. Concrètement, nous les avons discutées dans leur implication en termes d'instruction publique.

Par ailleurs, nous avons corrigé le point de vue selon lequel les relations nouées autour des activités éducatives entre l'organe central (la Commission de l'Enseignement) et les quartiers (dans chaque arrondissement) relevaient d'affinités ou d'une hiérarchie structurée verticalement. Ceci parce que les enseignements que nous avons tirés de la comparaison des activités de l'organe central avec celles des quartiers (arrondissements) et de leur analyse à l'échelle de ces derniers ont démontré l'existence non pas d'une structure linéaire uniforme, mais celle d'activités multiformes dans les quartiers.

Le survol de la nature et de la structure de l'exécutif de la Commune de Paris et de la Commission de l'Enseignement en charge de sa politique éducative par l'analyse des membres qui la composaient, complété par l'analyse des mouvements éducatifs dans les quartiers, en faisant émerger l'existence d'une administration éducative propre à chacun d'eux, a révélé qu'il n'y eut pas formation d'une organisation hiérarchique dominée par l'exécutif de la Commune de Paris et la Commission de l'Enseignement. Ainsi le « système éducatif public » de la Commune de Paris présentait-il une structure double articulée autour de pôles éducatifs, l'un dirigé par la Commission de l'Enseignement, l'autre propre aux quartiers de chaque arrondissement.

La réorganisation de la Commission de l'Enseignement intervenue à la fin du mois d'avril a donné lieu au remplacement d'un grand nombre de ses membres.

Le tableau que nous avons construit pour comparer les caractéristiques de ses membres avant et après cette réorganisation a mis en évidence qu'Édouard Vaillant, le représentant de la Commission, exerça une forte influence sur sa composition et qu'en fin de compte plus de 70% de ses membres étaient affiliés à l'A.I.T. (Association Internationale des Travailleurs). De surcroît, nous avons pu vérifier que la Commission réorganisée n'avait quasiment pas été en capacité de publier les mesures éducatives concrètes qu'il fallait mettre en pratique.

Surtout, les recherches antérieures sur l'instruction publique sous la Commune de Paris s'étaient plutôt focalisées sur les prises de décision de la Commission de l'Enseignement, organisation centrale de la Commune. Or, le mouvement éducatif sous la Commune de Paris se caractérise par le fait que l'organisation municipale de chaque arrondissement et les écoles de quartier ont mené leurs propres activités éducatives en marge des mesures prises par la Commission de l'Enseignement. Cette situation tient largement au fait que la Commune de Paris était composée d'élus de chaque arrondissement qui assumaient des missions de « mandat impératif ».

Ainsi était-il important de clarifier les relations en matière d'éducation entre l'organe central de la Commune et les quartiers, de même que celles des activités entre le Conseil de la Commune, la Commission de l'Enseignement, les organisations municipales locales de chaque arrondissement et les écoles.

À ce propos, nous analysons au second chapitre les relations qu'avaient plutôt délaissées les études antérieures entre la Commune de Paris et l'organisation administrative de chaque arrondissement ainsi que les tendances qui se dégagent en matière d'activités déployées par l'administration éducative dans chaque arrondissement et les écoles. Nous avons ainsi explicité la nature et la structure de la Commune de Paris par l'observation de la manière dont y ont fonctionné les activités éducatives pendant sa période.

Dans la première section du second chapitre, nous étudions les orientations prises par Conseil de la Commune et les autorités d'arrondissement concernant les attributions de chaque arrondissement parisien en confrontant les procès-verbaux du Conseil de la Commune et les archives des arrondissements ; de même, nous abordons dans ce chapitre les relations entre les commissions d'enseignement d'arrondissement et les écoles. Alors que la Commune de Paris allait sur ses trois semaines d'existence, les arrondissements et les quartiers établirent des structures dédiées à la politique éducative sous l'égide de chaque administration d'arrondissement, dénommées pour la plupart « Commission d'enseignement » et chargées des réformes éducatives. De plus, nous étudions à travers nos analyses l'évolution de la mise en place de ces commissions, leurs caractéristiques organisationnelles ainsi que les écoles dans cinq arrondissements (les IIIe, VIIe, VIIIe, XIIe et XVIIe).

Nous avons conclu de ces études que les relations organisationnelles entre le Conseil de la Commune et l'administration de chaque arrondissement n'étaient pas toujours fluides sous l'angle de la verticalité hiérarchique entre le Conseil municipal et les administrations d'arrondissement. Dans le même temps, les administrations éducatives de chaque arrondissement poursuivaient avec constance leurs réformes sous des formes diverses et variées en fonction de leur situation respective.

Pour bien cerner la structure organisationnelle à la base des activités populaires, nous avons examiné les activités des clubs populaires. Les clubs populaires actifs sous la Commune de Paris trouvaient leur origine dans les réunions publiques initiées par le régime impérial en application de la loi du 6 juin 1868. Bien que diversement encadrées, ces réunions publiques exercèrent aussi une très forte influence auprès des habitants des quartiers en termes de prise de conscience politique.

Le contexte extérieur entourant les organisations populaires fut bouleversé par le passage du régime impérial au gouvernement provisoire de Défense nationale puis à l'instauration de la Commune de Paris. Toutefois, subvenir aux besoins de la vie quotidienne en aliments de base et combustible était ce qui importait au peuple. La situation militaire s'y greffa après la déclaration de guerre contre la Prusse. L'examen des affiches des réunions après l'automne 1870 révèle la fréquence de cette thématique.

Fort de ces analyses, nous avons donc mis en relief la spécificité des thèmes et des modalités de tenue des réunions publiques depuis la période du régime impérial à celle du gouvernement provisoire de Défense nationale dans le troisième chapitre. En outre, nous avons confirmé que les problèmes éducatifs avaient bien été un sujet de débat au sein des organisations populaires, sur la base des procès-verbaux de réunions publiques tenues sur le thème des problèmes éducatifs, dans le quartier de Ménilmontant du XXe arrondissement sous le régime impérial et du club du Pré-aux-Clercs dans le VIIe arrondissement sous le gouvernement provisoire de Défense nationale.

De plus, nous nous sommes livré à une analyse comparative des sujets de discussion, modalités de tenue, cotisations, droits d'entrée, etc. quant aux réunions qui se tinrent dans les clubs populaires après l'instauration de la Commune de Paris. Nous en avons aussi scruté les modalités de tenue de manière plus détaillée, etc. par l'analyse des listes de membres et des procès-verbaux du club de l'Église Saint-Ambroise, un club populaire du XIe arrondissement.

À la suite de ces analyses, nous avons constaté que les modalités d'organisation n'avaient pas fondamentalement changé tant pour les réunions publiques que les clubs populaires puisque la position égalitaire de l'ensemble des membres, principe fondamental d'un groupement populaire, était maintenue dans le système de désignation électoral par vote du président, des assesseurs et du secrétariat.

Ce constat diverge de l'exposé de J. Rougerie qui met l'accent sur l'activité du groupe de l'Internationale dans le XIe arrondissement en précisant que F. David, membre de cette association, avait dirigé ce club, mais qui passe sous silence le fait que d'autres membres en avaient occupé la présidence, en ce sens que cet auteur insiste sur le rôle remarquablement actif que F. David avait joué dans la gestion de ce club.

En outre, les procès-verbaux des clubs, etc. indiquent clairement que les organisations populaires ont cherché dans leur rapport au pouvoir politique à accéder à la démocratie directe et participative sous la forme de « mandats impératifs », tant avant l'instauration de la Commune de Paris qu'après celle-ci. À cet égard, dans les études précédentes, certains articles de fond, comme ceux mentionnés ici, ont théorisé que les clubs n'avaient commencé à manifester leur ferme volonté d'accéder à la démocratie directe et participative qu'en raison de l'insuffisance de politique sociale au sein de la Commune ou avec l'aggravation de la situation pendant le conflit. Cependant, les archives des réunions tenues dans chaque club attestent clairement que les organisations populaires ont plutôt gardé une attitude cohérente en termes de vigilance, sans rien confier à la Commune ni placer trop d'espoir en cette dernière.

Les clubs populaires et leurs membres n'ont pas voulu s'engager dans les actions du Conseil de la Commune, mais plutôt au niveau des mairies d'arrondissement en charge des affaires locales et donc de l'administration des arrondissements. Nous avons confirmé ce point au troisième chapitre. À ce propos, nous avons joint en annexe des documents dévoilant les relations humaines entre le Comité de vigilance du XIVe arrondissement et l'administration de cet arrondissement. Dans le XIVe arrondissement, quatre personnes sur les neuf que comptait le comité d'administration d'arrondissement étaient membres du Comité de vigilance.

Nous avons affiné ce point dans le contexte des relations entre la presse populaire et l'autorité officielle sous la Commune. Les activistes de l'organisation administrative du XIe arrondissement de Paris avaient fondé le 7 mai le club du Prolétaire, l'un des clubs de la Révolution du 18 mars, et s'étaient efforcés d'affermir une ligne officielle en son sein et l'administration d'arrondissement tout en recueillant les doléances sociales des habitants à travers l'organisation de réunions. Ils attendaient beaucoup du rôle joué par l'organe de presse locale *Le Prolétaire*.

Le Prolétaire était publié en édition folio, un format un peu trop grand pour être lu d'une main par le lecteur, mais imprimé sur deux pages recto verso, il ne différait donc guère des autres journaux de l'époque. Le journal dont le premier numéro (n°1) coûtait 5 centimes fut distribué gratuitement ou contre une contribution facultative dès le second (n°2). C'était à cette condition que les citoyens des classes à faible revenu pouvaient se le procurer. De plus, il est rapporté dans un article que ce journal n'avait pas atteint la fréquence de parution quotidienne en raison d'un manque de contributeurs, mais sa publication qui dépendait du contenu des articles n'était donc pas toujours quotidienne.

Les articles publiés dans *Le Prolétaire* laissent singulièrement transparaître une approche dans laquelle les problèmes sociaux familiers sont abordés sous forme de commentaires de concepts politiques destinés à des lecteurs fidèles plutôt qu'en livrant des renseignements fragmentaires comme le faisaient généralement les journaux de la presse. Dans l'éditorial « Tribune des égaux », il est fait état d'une opinion critique de la Commune de Paris comme régime politique fondé sur la souveraineté populaire et dans l'article « Suffrage universel », il est concrètement proposé un système de suffrage indirect fondé sur le soutien de la Garde nationale. D'autre part, les problèmes courants étaient débattus sous la rubrique « Notre tribune » et les comptes rendus des activités d'assistance aux habitants détaillés dans l'article « Extrait du livre de caisse de la Commission d'enquête du XIᵉ arrondissement », dans lesquels il est notamment fait maintes fois allusion à la Garde nationale entre autres.

C'est l'attitude envers la sphère religieuse qui est la plus remarquable. Il est ainsi question de stocks de nourriture déraisonnables et de scandales sexuels au sein du clergé. L'article aurait exploité la méfiance toujours refoulée que suscitent les ecclésiastiques en reprenant un thème bien connu du peuple. En fait, le journal recourait à une technique rédactionnelle consistant à insérer des articles décrivant le détail des procédures de réquisition d'églises suite à ces scandales. Par ce mode de présentation des faits, le journal entendait certainement avaliser le bien-fondé de faire des églises des lieux de réunion du peuple.

De l'examen des principaux articles écrits par les différents membres du comité de rédaction, il ressort que le ton donné à ce journal l'était par C.G. Jacqueline ainsi que E. Parthenay et leurs collègues. F. David, membre de l'Internationale, et Lesueur, par leur influence sur l'administration de l'arrondissement, rejoignirent en même temps les discussions et résolutions des clubs populaires et, en outre, eurent pour rôle de transmettre aux lecteurs des informations du quotidien concernant l'arrondissement à travers des rubriques telles que « Renseignements et avis divers ». L'analyse réalisée sur *Le Prolétaire* a corroboré le rôle central d'activiste que jouait F. David dans le XI° arrondissement ; toutefois, on peut en conclure que ce ne fut pas F. David qui transmit au peuple du XI° arrondissement la pensée motrice de ce mouvement.

La Bibliothèque Historique de la Ville de Paris (B.H.V.P.) conserve la liste des 53 abonnés à ce journal. Si le prix payé l'était au titre d'abonnement du journal, il s'agissait en fait plutôt d'un soutien financier apporté à l'éditeur ou au club qui revêtait manifestement le caractère d'une contribution. Concernant les bénéfices retirés de la vente de ce journal, il est stipulé dans son n°2 que tous ceux provenant de la publicité seront versés à la caisse de la Commission d'enquête des secours aux blessés membres de la Garde Nationale du XI° arrondissement, ainsi qu'en dispose une note signée David.

Il semblerait donc que ce fut *Le Prolétaire* en tant qu'organe de presse et le club du Prolétaire installé dans l'Église Saint-Ambroise qui eurent pour rôle de tisser des liens dans une forme d'imbrication complexe de divers facteurs sociaux tels que l'église comme lieu de réunion et le peuple, l'administration locale et le peuple, les concepts sociaux et les énergies sur lesquels s'appuyait le peuple actif localement.

Intéressons-nous à présent aux femmes. Nous avons mis en évidence que les activités des femmes sous la Commune n'ont pas débuté avec son instauration et que l'Union des Femmes issue des mouvements féminins actifs depuis le mois de septembre de l'année précédente dans les différents arrondissements a fonctionné en parallèle avec les précédentes organisations féminines. Nous avons critiqué l'idée selon laquelle l'Union des Femmes aurait dirigé les organisations féminines pendant la Commune de Paris sous l'influence de l'Association Internationale des Travailleurs.

Dans l'effort de soutien aux familles des blessés et tués de la Garde Nationale dans les quartiers et les arrondissements, les organisations d'assistance qui s'étaient structurées par tâtonnement pendant le siège prirent une coloration officielle, après quoi le Conseil de la Commune l'étendit à l'ensemble de la Ville de Paris. En s'en tenant à ce tableau, ce sont les femmes qui, dans un contexte de problèmes sociaux multiples, initièrent l'assistance aux familles indigentes avant que la politique sociale officielle n'en prenne le relais. Il en a été ainsi de la réforme de l'enseignement pour les filles axée sur la formation professionnelle des mineures, etc. comme il a déjà été mentionné pour l'action de Louise Michel. À ce stade, le point de vue classique qui exagère la raison d'être de l'Union des femmes sans déterminer avec précision la date de son institution, mérite d'être corrigé.

Sous l'Empire bien entendu mais aussi au cours du processus d'instauration de la Commune de Paris, les femmes sont ces citoyennes privées de droit de vote et exclues des structures de pouvoir politique, qui malgré tout doivent non seulement se subvenir à elles-mêmes mais aussi s'occuper de leur famille. En sus, les femmes parisiennes se trouvaient confrontées aux réformes du travail, de l'instruction publique et de la formation professionnelle. Les statistiques nous apprennent que les travailleuses parisiennes l'emportaient en effectif sur les hommes dans les secteurs d'activité suivants, donc à forte composante féminine : habillement, filature et tissage, articles de Paris. Élevé dans l'industrie des métaux précieux avec 95%, le taux d'alphabétisation des ouvrières atteignait 89% dans le secteur de l'habillement et 79% dans celui de la filature et du tissage. On constate que les professions liées aux activités de distribution qui requièrent l'acquisition de connaissances par le biais de données textuelles, leur transmission, leur échange et leur diffusion stimulaient l'alphabétisation davantage que les secteurs manufacturiers. L'engagement pris dans le IIIe arrondissement à la fin de 1870 pour mettre à la disposition des femmes produisant des articles de Paris un local de la mairie d'arrondissement comme point de vente reflète cette composition de main-d'œuvre ouvrière, hommes, femmes et mineurs, dans la structure productive.

Ainsi, l'analyse des activités autonomes des organisations populaires et celle de leur structure confirme que le système politique que la Commune de Paris tenta de mettre en place relevait d'un mouvement qui s'était nourri par le « bas » de l'énergie retirée de bouleversements opérés par le peuple, et d'une pratique de la souveraineté populaire.

À cet égard, nous avons examiné en nous appuyant sur des documents historiques l'hypothèse selon laquelle les organisations populaires sous la Commune de Paris ne se sont pas constituées suite à son instauration, mais étaient parvenues à s'affirmer à mesure que l'idéologie avait mûri dans la pratique de l'activité populaire sous le régime impérial.

Dans la dernière période du régime impérial, les réunions publiques ont été légalisées sous forme de « réunions publiques non politiques » et « réunions publiques électorales » et, bien qu'il y ait eu des restrictions en termes de présence de la part des autorités intéressées etc., elles jouèrent un rôle important dans l'évolution du mouvement ouvrier et de l'activité populaire. Elles donnèrent ainsi l'occasion non seulement d'établir un contact entre les activistes internationalistes, blanquistes et radicaux qui professaient le socialisme, mais aussi de relier ces activistes au peuple. En outre, ces réunions publiques ont permis aux citoyens sensibilisés aux problèmes sociaux de se rencontrer, entre lesquels elles ont rapidement fait émerger un sentiment de solidarité. Les réunions publiques électorales étant réservées aux seuls électeurs des habitants des circonscriptions électorales, les relations entre les candidats et les électeurs se sont de plus en plus resserrées ; de même, elles ont été le terreau à partir duquel les relations de « mandat impératif » ont évolué et ont bientôt requis d'organiser l'élection du conseil municipal (la Commune de Paris) ; les réunions publiques électorales ont pu finalement se développer jusqu'à la mise en pratique des relations de « mandat impératif ».

Après l'effondrement du régime impérial le 4 septembre 1870, la liberté de réunion ayant ainsi été accordée, le peuple tint des réunions dans les établissements scolaires ou les théâtres dont les activités commerciales avaient été totalement suspendues par ordre du préfet de faire relâche pendant la période du siège. Les réunions publiques s'étaient graduellement muées en comités de vigilance ou clubs populaires.

Après octobre, le club du Collège de France (V^e arrondissement), le club des Folies-Bergère (IXe arrondissement) et le club démocratique du Casino (idem), etc. se prononcèrent comme thème politique en faveur de la formation d'une nouvelle administration municipale, à savoir la Commune révolutionnaire de Paris, comme en témoignent les demandes émanant des quartiers de Belleville et Ménilmontant, districts de la classe ouvrière du XXe arrondissement.

En décembre, le « Club Socialiste du IVe Arrondissement » décida pour constituer le comité formant son noyau (composé de 21 membres au maximum) non pas de les porter aux suffrages des membres du club comme auparavant, mais en s'appuyant sur un comité de vigilance d'en faire nommer le bureau par les membres exécutifs de ce dernier. L'objectif recherché à travers la mise en place d'un comité de vigilance était d'unifier en un tout club et comité de vigilance pour faire en sorte de « défendre le principe révolutionnaire socialiste, de professer ce principe et de le répandre dans IVe arrondissement principalement par le moyen des réunions publiques ». En d'autres termes, les relations entre le comité de vigilance et le club ont été redéfinies en ayant à l'esprit qu'on profiterait des réunions publiques pour faire la propagande du club. Structurellement, le « groupe révolutionnaire » (comité de vigilance, 26 membres) qui restait dans l'ombre des activités projetait de former l'opinion publique tout en incitant le peuple à adhérer au club à travers des « réunions » (club) perçues comme activité publique. Il s'agissait en quelque sorte de mettre en pratique une stratégie révolutionnaire en constituant un « groupe révolutionnaire » (26 membres) sous l'égide d'un « conseil révolutionnaire » (6 membres) appelé comité exécutif, par le biais d'un groupe d'activistes populaires nommés par ce comité exécutif formant le noyau des réunions publiques (club).

À la fin de février de l'année suivante, les comités de vigilance de l'ensemble des Ier au XXe arrondissements de Paris tinrent une réunion conjointe où il fut déclaré, pour s'opposer au Gouvernement de Versailles, qu'on plaçait la République au-dessus du droit des majorités ; qu'on ne reconnaissait donc pas à ces majorités le droit de renier le principe de souveraineté populaire soit directement par voie plébiscitaire, soit indirectement par l'Assemblée, organe de ces majorités » ; on conclut à fonder la République sur la souveraineté populaire que les majorités dans l'Assemblée ne pouvaient rejeter. Comme il a été indiqué au début, l'élection du conseil municipal ayant eu lieu préalablement à la formation de la Commune de Paris, ce à quoi visait le peuple était l'émergence d'un régime républicain fondé sur la souveraineté populaire.

Après l'instauration de la Commune de Paris, alors que le peuple en tant qu'organisation sociale participait à la structure administrative de chaque arrondissement et chaque quartier, il fut fait en sorte comme précédemment d'éveiller la prise de conscience populaire à travers des réunions.

Ainsi qu'il a déjà été mentionné à propos de la situation du XIe arrondissement, le club communal qui se tenait au cœur de Paris dans l'église Saint-Nicolas-des-Champs (IIIe arrondissement) prit la décision de demander la création d'un Comité de salut public à l'Assemblée de la Commune (le 30 avril); la demande fut annoncée et exposée au Conseil de la Commune le 3 mai. Soumise à l'appel « au peuple » le 5 mai, il y eut une « Déclaration » qui clarifia le principe selon lequel les relations entre les électeurs et le Conseil de la Commune de Paris (mandataire) se fondaient sur la souveraineté populaire et prônait aussi l'éveil du peuple à la conscience politique.

Dans le VIIIe arrondissement, l'autorité du Comité de salut public délégua ses pouvoirs au Comité de vigilance, dont les membres exerçaient des activités concrètes dans l'administration locale. Nous avons mis en relief la manière dont la souveraineté populaire s'y exerçait par l'examen de la profession et de la couche sociale des citoyens qui constituaient les organisations populaires de ce VIIIe arrondissement.

Nous avons ainsi discuté le processus de la souveraineté populaire sous la Commune de Paris dont le concept avait progressivement mûri sous le Second Empire à partir d'activités populaires avant d'être mise en pratique puis finalement devenir réalité. L'enjeu qui nous a guidé tout au long de nos recherches était de confirmer l'importance de l'existence du peuple et sa prise de conscience en termes d'éducation et de société locale. C'est en même temps une problématique que nous devons aborder aujourd'hui. Les activités populaires sous la Commune nous suggèrent ainsi bien des choses sur la manière dont faire face sincèrement à cette problématique et passer à l'action.

Annexe : *Réflexion sur l'étude de l'instruction publique et les organisations populaires sous la Révolution française – à l'époque de la Convention montagnarde (1793-1794) –*

La demande d'instruction publique par une organisation populaire est consubstantielle de la Commune de Paris et de la Révolution française. En premier lieu, nous évoquons donc dans cette réflexion ce qui n'avait guère attiré l'attention jusqu'à présent dans le processus d'étude de l'instruction publique sous la Révolution française, à savoir la présence du peuple. Dans le même temps, nous mettons en évidence que les projets d'instruction publique n'ont pas été le monopole des dirigeants révolutionnaires tels que les membres du Comité d'instruction publique et ceux de la Convention nationale.

On peut constater que bon nombre de recherches antérieures s'étaient focalisées sur les orientations des assemblées et des comités d'étude à l'initiative d'études sur l'instruction publique et rien ou quasiment concernant le peuple à éduquer/instruire.

Parmi les nombreux projets d'instruction publique mis à l'ordre du jour pendant la Révolution, nous nous penchons dans cette réflexion sur le processus de discussion du « plan Le Peletier », un des plans représentatifs de la période de la Convention, afin d'analyser l'image du peuple chez les conventionnels qui régentaient la Révolution. Nous avons réalisé une étude comparative en vue d'analyser les opinions des membres sur « la gratuité », « l'obligation », « l'idée » d'instruction publique et « l'image du peuple », principaux sujets du plan de Le Peletier. Comme nous l'avons décrit dans la première section, ils cherchaient donc dans un sentiment partagé à convertir le peuple pour en faire des citoyens dignes du nouveau régime d'État, « la République » dont l'instauration constituait l'idéal commun des Conventionnels, tout en allégeant la charge pesant sur les caisses de l'État et faisant de l'instruction publique un moyen de gouvernement des masses. La souveraineté est du côté des gouvernants, c'est-à-dire des Conventionnels, et non pas du peuple.

Robespierre excella dans son argumentation et musela ses opposants en plaçant le débat dans une opposition binaire, sans tenir compte du contenu des discussions périphériques. Il prétendit que « la classe des riches » était opposée au plan Le Peletier et le peuple pour. Il argumenta ainsi en faveur du peuple qui occupait sans doute les tribunes publiques de la Convention. Or, la posture de Robespierre comme homme politique qui cherchait à promouvoir de force le plan Le Peletier (13 août de la même année) est révélatrice de sa volonté de faire du peuple un instrument de lutte pour le pouvoir.

Ce que proposait le plan Le Peletier, c'était de séparer les enfants de leurs familles et de les envoyer dans des internats, les « maisons d'éducation nationale », bien loin de ce à quoi aspirait le peuple, ainsi qu'en témoigne notamment le plan d'éducation de «la Société patriotique du Luxembourg» (adopté le 17 mars 1793).

Concrets, les plans d'instruction publique discutés dans des organisations populaires laissaient transparaître l'influence d'une situation politique changeante et des plans d'instruction publique de la Convention et du Comité, tout en reflétant les liens sociaux dans les sections et les infrastructures économiques et industrielles. Dans cette réflexion, nous ne citons que cinq décisions ou pétitions concernant l'instruction, mais bien d'autres projets furent débattus dans les organisations populaires. Avant et après « la Déclaration des droits de l'homme» de 1793, les revendications portaient sur la mise en place d'une constitution et l'élaboration d'un plan d'instruction publique conforme à ses principes (pétitions présentées par des sections telles que l'Observatoire, le Finistère, les Sans-culottes et le Panthéon-Français, requête de la section des Gravilliers en date du 22 mai). Avant les discussions actives au Comité d'instruction publique après juillet, de nombreux mouvements avaient ainsi délibéré de plans d'instruction publique : le 16 juin, la section des Amis de La Patrie demandait lors de son assemblée générale l'organisation de l'école primaire, le 27 juin, la section du Panthéon-Français «une institution commune et républicaine» et la section des Fédérés « l'instruction nationale d'après les principes populaires», etc. Tout cela nous permet donc de dire qu'en matière d'instruction publique, les relations que le peuple entretenait sous le régime montagnard avec la Convention et le Comité d'instruction publique empruntaient plusieurs circuits.

Nous avons en outre discuté la genèse de la loi Bouquier, un plan d'instruction publique étudié à l'époque de la Convention montagnarde, à partir de la première décade de juin 1793 au cours de laquelle les montagnards s'étaient imposés, discussion parallèlement à laquelle nous avons mené une étude comparative du processus de délibération par les députés de l'Assemblée et des exigences du peuple en matière d'instruction publique.

Ce que nous avons constaté de remarquable dans ce contexte, c'est le concept de « liberté » défini par la loi Bouquier. Cette « liberté » a permis aux municipalités et aux collectivités autonomes d'exercer un contrôle strict des activités éducatives alors que d'autre part, elle disait le « droit pour tous, sans restriction, d'ouvrir une école et d'enseigner pour autant qu'on disposait des capacités minimales ».

Il en résulta pour les écoles une situation où « tout manquait, à la fois locaux, livres et matériels ». Cependant, ces témoignages démontrent assurément les particularités de la loi Bouquier. Cette dernière n'avait en effet pas prévu de clauses stipulant quelles devaient être les entités responsables des bâtiments scolaires et comment se les procurer.

D'un autre côté, G. Bouquier soutenait que les assemblées populaires et les événements autres que scolaires (fêtes nationales, etc.), étaient « les plus belles écoles, les plus utiles, les plus simples » pour l'instruction publique. En déclarant que les municipalités et les collectivités autonomes célèbrent les fêtes nationales etc., dans des établissements qui n'avaient jamais été proposés jusqu'alors pour servir d'école, tels qu'églises ou évêchés etc., (loi additionnelle du 24 germinal an II, section I, article 2), la loi voulait embellir le fait que « l'exaltation du peuple à l'apologie de la répression, subordonnait l'enseignement à l'endoctrinement, substituait la loyauté et l'enthousiasme politique aux compétences et aux capacités », et que « par ses excès démagogiques, par son idéalisation des implications et des retombées culturelles de la Terreur, le plan Bouquier était, du coup, assez révélateur des représentations et pratiques qui faisaient de celle-ci précisément une impasse culturelle » (B. Baczko).

Si la loi Bouquier contenait des clauses (section III, articles 3 et 4) relatives à la rétribution des enseignants par l'État, elle restait silencieuse quant à la gratuité de l'éducation. En fin de compte, le système d'enseignement obligatoire prôné par la loi Bouquier n'accordait pas au peuple le droit à recevoir une éducation, mais constituait un devoir que lui imposait l'État à travers le contrôle des enseignants afin de le diriger. C'est pourquoi elle prévoyait de fortes pénalités pour les contrevenants. Par l'instruction publique, les autorités inculquaient de force au peuple l'esprit républicain par l'acquisition du minimum de connaissances et de techniques pour le contrôler « à leur guise » sous couvert d'instruction publique et en faire une composante du nouveau régime, la « République ». Ainsi s'est révélée l'intention de la loi Bouquier. Ce n'est pas un hasard si, après la réaction thermidorienne, A.F. Fourcroy, auteur d'une proposition de création de l'École Centrale, et Thibaudeau, l'un des membres de la « Commission des Onze » chargée de rédiger la Constitution du 22 août 1795, avaient été les personnages centraux qui avaient défendu l'établissement de la loi Bouquier au début de ses délibérations (décembre 1793).

Les précédentes recherches consacrées à la loi Bouquier tendaient à l'évaluer positivement pour la signification qu'elle portait comme première loi d'éducation à avoir été mise en vigueur dans le maquis des plans d'instruction publique portés par la Révolution française ou pour le rôle éducatif des fêtes nationales. Face à cela, cette réflexion met en lumière des contradictions inhérentes aux orientations politiques sous-jacentes à l'établissement de la loi Bouquier et au projet de loi proprement dit.

Je voudrais exprimer mes remerciements à mon ami, M. Masashi OKABE, pour son aide et ses conseils.

史資料編

プロレテール・クラブ集会議事録（1871 年 5 月 9 日）
国防省文書館所蔵

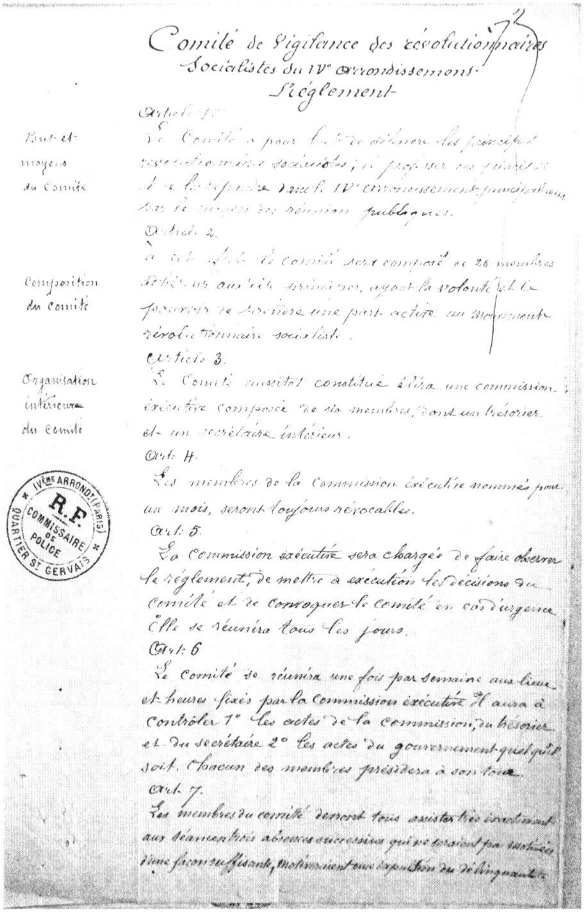

Comité de Vigilance des révolutionnaires
Socialistes du IVe arrondissement
Règlement

Article 1er

But et moyens du Comité

Le Comité a pour but de défendre les principes révolutionnaires socialistes, de professer ces principes et de les répandre dans le IVe arrondissement, principalement par le moyen des réunions publiques.

Article 2.

Composition du comité

À cet effet le comité sera composé de 20 membres [illegible] aux dits principes, ayant la volonté et le pouvoir de prendre une part active au mouvement révolutionnaire socialiste.

Article 3.

Organisation intérieure du comité

Le Comité aussitôt constitué élira une commission exécutive composée de six membres, dont un trésorier et un secrétaire intérieur.

Art. 4.

Les membres de la Commission exécutive nommés pour un mois, seront toujours révocables.

Art. 5.

La Commission exécutive sera chargée de faire observer le règlement, de mettre à exécution les décisions du Comité et de convoquer le comité en cas d'urgence. Elle se réunira tous les jours.

Art. 6

Le Comité se réunira une fois par semaine aux lieux et heures fixés par la Commission exécutive. Il aura à contrôler 1° les actes de la commission, du trésorier et du secrétaire 2° les actes du gouvernement quel qu'il soit. Chacun des membres présidera à son tour.

Art. 7.

Les membres du comité devront tous assister très exactement aux séances. Trois absences successives qui ne seraient pas motivées d'une façon suffisante, motiveraient une expulsion du délinquant.

第４区社会主義革命家監視委員会、規則草稿
国防省文書館所蔵

A. 教育関係資料

A1. コミューン下の設立学校一覧　　（出典、*M.P.F., J.O.,* etc.）

区	発表された 学校名称	学校種別	住所	設置 月日	設置者ほか
声明等において設置が発表された学校（1871 年 3 月〜5 月）					
3	Écoles laïques	（非宗教系学校）	rue Ferdinand-Berthoud	4月23日	Ant.Arnaud, Demay, Clovis Dupont, Pindy.(membres de la Commune)
	Écoles laïques	（非宗教系学校）	10bis, rue Neuve-Bourg-l'Abbé	4月23日	Ant.Arnaud, Demay, Clovis Dupont, Pindy.(membres de la Commune)
	Écoles laïques	（非宗教系学校）	rue de Bearn	4月23日	Ant.Arnaud, Demay, Clovis Dupont, Pindy.(membres de la Commune)
5	une Ecole laïque	聖職者学校の跡地	rue Vieille-du-Temple, 108	5月上旬	不明
	Ecole Professionnelle	職業学校 （ジェズイット聖職者学校跡地） 全区生徒を対象	rue Lhomond, 18	5月6日	Comité des Femmes de la rue d'Arras [created by Jules Allix], office: 8 rue des Écoles. Eug.André, E.Dacosta, J. Manier, Rama, E.Sanglier.(membres de la Commission pour l'organisation de l'enseignement) approuvé par Ed.Vaillant.(Delegué à l'Enseignement)
6	École professionnelle de filles	女子無償職業学校	38 rue de Turenne	4月初旬	Madame Manière (校長)
	Ecole Professionnelle d'Art Industrielle pour Jeunes Filles	女子工芸職業学校 全区生徒を対象	rue Dupuytren	5月12日	Ed.Vaillant.(membre de la Commune delegué à l'Enseignement)
7	Ecole Communal	（公立学校）	187 rue Saint-Dominique	5月17日	Hortense Urbain (校長) , 12 rue des Carrières. Mme. Hortense Dupont(soeur d'Urbain, Une fille d'Endres (sous-maitresse), Geneviève Vivien. 14, rue du Cloitre, Notre-Dame.(home of G. Vivien, official headquarter of Comité des Femmes de la rue d'Arras)

	École des filles	女子学校 (Education Nouvelle の重要性に基づく)	14 rue de la Bienfaisance	5月8日	Geneviève Vivien (校長)、Jules Allix が設置 *43 rue Saint-Paul (4. arr.) Henriette Garoste, L. Lafitte, J. Manier, J. Rama, Rheims, Maria Verdure
8	École professionnelle. Ateliers pour les femmes. École-asile pour orphelins	école professionnelle mixte	14 Rue de Monceau	5月8日	Création par Jules Allix
	Ecole Normale gymnastique	体育師範学校	不明	4月下旬	Jules Allix.(membre de la Commune, faisant fonction de Maire)
9	不 明	不 明	14 rue Condorcet	詳細不明	Hortense Urbain, avait usurpé les fonctions d'institutrice, 14 rue Condorcet
10	Asiles et Écoles professionnelles	孤児院、職業学校	不明	5月中旬	Leroudier.(municipalite), Champy(membre de la Commune)
11	École des filles passage Raoul	不明	15 Rue Breguet	15 mai 1871	Formation d'un syndicat des concierges pendant la Commune
14	Écoles communales complètement gratuites	完全無償公立学校	不明	4月21日	Pouget.(Le Délégué) Billioray, Martelet, Descamps (membres de la Commune)
17	École Communale	公立男子校	rue d'Armaille	5月初旬 再開	Joanny Rama. rue Caroline, 11. 8 avril délégué à l'instruction communale du XVII arrondissement.
	École communale de fille	公立女子学校	rue de Batignolles	4月22日	Mlle Louisa Lamotte による公開無料講座のビラ、草稿があり
18	une école professionnelle gratuite dans l'église	女子職業学校 Atelier de confection militaire. Magasin munitions. École de jeunes filles	2 rue du Mont Cenis (Église Saint Pierre de Montmartre)	詳細不明	Paule Minck crée une école professionnelle gratuite dans l'église
18	École communale. Angle de la rue Becquerel	不明	26 rue du Mont Cenis	詳細不明	École dont Louise Michel était directrice

史資料編　　*249*

A2. 新教育協会声明 (出典、*J.O.*, pp. 129-130. (le 2 avril, 1871))

　「新教育協会」(Société de l'Éducation Nouvelle) の代表者たちが、1871 年 4 月 1 日、パリ市役所の教育委員会を訪れ、請願書を教育委員代表 E. グピルに手渡した。
　この請願書には、こう書かれていた。

　　「パリ・コミューンへ
　　ただちに創出される共和主義教育によって、政府が必要とする若者を育てることが、共和政のもとでは、必要であることに鑑み、
　　教育は、あらゆる政治的、社会的な問題を包含し左右する根本にして包括的な問題であって、教育問題の解決なくしては真の永続的な改革は達成しえないことに鑑み、
　　コミューンや県あるいは国家によって維持される教育機関は、どのような信条で結びあっている集団であろうとも、その成員のすべての子どもに開かれるべきであることに鑑み、
　　新教育協会の代表者である下記署名者は、良心の自由の名において、正義の名において、緊急に要求するものである。
　　宗教的あるいはドグマ的教育はそれぞれの宗派の主導性と一門の独自の指導へと、そっくりそのまま引き渡されること、費用が税金で賄われているすべての学校、すべての施設では、そうした教育は、男女にかかわらず、完全にかつ速やかに、廃止されるべきこと。
　　これらの教育の建物においては、どのような宗派的偶像であっても、どのような宗教画像であっても、生徒や公衆の目の届くところに展示しないこと。
　　祈り、教義、個人の良心に委ねられないことは、公共の場で、教えられ実践されてはならないこと。
　　物質的、物理的、精神的、知的など、どのような事であっても、常にその観察にもとづく実験的あるいは科学的方法がもっぱら採用されるべきこと。
　　すべての公の試験、とくに能力資格免許の試験においては、宗教的領域に関するすべての質問は完全に廃止すること。
　　私的または任意の団体として以外、教育者団体 (les corporations enseignantes) は存在しえないこと。
　　教育の質は、第一に、個人生活、職業生活および政治・社会生活のできるだけ良い徒弟修業となるはずの、理性的、総合的な教育により決まる。
　　なお、新教育協会は、教育が公共事業の第一番目にあること、結果的に、職業的専門性を身につけるための唯一の援助条件として、両性のすべての子ど

もに対して無償かつ完全であるべきことを表明する。

終わりに、教育が義務であることを要求する。つまり、義務教育は、どのような社会的立場であろうとも、すべての子どもの手に入る権利であって、その両親の、保護者の、社会の義務を意味している。

新教育協会の名においてチュルゴ校で、1871年3月26日の会議で選ばれた代表

アンリエット・ガロスト　サン・ポール街43番地、ルイズ・ラフィット　サン・ポール街43番地、J. マニエル　フォブール・サン・マルタン街148番地の2、J. ラマ　カロリーヌ街11番地、レム　ドゥトヴィル街33番地、マリア・ヴェルデュール　サン・マリ・ドュ・タンプル街8番地」

史資料編　*251*

B. 関連史資料

B1. 第4区監視委員会規則（要約）（出典、A.H.G., Ly27, mss.）

第4区監視委員会規則
　　第 4 区 の 監 視 委 員 会 に は、「社 会 主 義 革 命 家 の 」des révolutionnaires socialistes という 名称 が 付 され、25 か条 に 及 ぶ 規則 règlement と 15 か条 から なる 委員会規則 Règlement du Comité があった。

監視委員会規則
第1条　監視委員会の設置目的を、社会主義革命の原理 principe révolutionnaire
　　　　socialiste の 防 衛 と、そ の 原 理 の 表 明、拡 散 を 公 開 集 会 réunion
　　　　publique を通じておこなうこととする。
第2、3条　構成員について 26 名を会員とするが、そのうち 6 名を執行委員と
　　　　する。
第4条　執行委員の任期と罷免について。
第5条　執行委員の責任と義務について。
第6条　委員会の開催頻度、委員会役員、議長選任について。
第7条　会員の出席義務と 3 回連続欠席の場合の除名処分について。
第8条　執行委員は区における公開集会を組織すること。
第9条　公開集会における業務分担について。
第10条　第 9 条で規定した公開集会においてその業務分担からは執行委員は免除
　　　　すること。
第11条　第 9 条に定める業務について執行委員は会員を指名してこれに充てるこ
　　　　とができる。
第12条　委員会は 20 区中央委員会と関係を保持し、執行委員は合同会合に出席
　　　　する。
第13条　執行委員会は監視委員会の経費の収支が赤字にならないようにする。
第14条　会計担当者の職務について。
第15条　会計報告を毎週おこなうことについて。
第16条　会員の欠席、政治的背信、委員会業務の不正についての処分について。
第17条　退会処分者の再入会拒否について。
第18条　退会処分者の補充について。
第19条　週集会、定期集会で議決した事項は出席者数の如何に関わらず有効とみ
　　　　なすことについて。

第20条　集会における議決方法について。

第21条　議決は多数決とすることについて。

第22条　委員会に対する疑問は非公式の委員会で討議し、公開集会に持ち込んだ場合は非難されることについて。

第23条　非公式委員会、公開集会の議事録は記録され、保存されることについて。

第24条　委員会の解散については会員の三分の二以上の決議によっておこなわれることについて。

第25条　本規則の変更は、会員全員の一致があればおこなわれる。

委員会 (クラブ) 規則

第1条　委員会開催日について毎週月、水、金として、必須であることについて。

第2条　会員が上記委員会に出席できない時は事前に届け出をすることについて。

第3条　欠席が3回に及ぶ場合は、以後出席できないことについて。

第4条　各会員は委員会開催時の議長、会計、受付、警備等に輪番で当たることについて。

第5条　上記の当番業務は事務局が一覧表を作り依頼することについて。

第6条　上記輪番業務を拒否した場合は会員を抹消し、委員会に出席できないことについて。

第7条　輪番業務日の変更要望について。

第8条　5名の会員の請求があれば会計、書類の閲覧を求めることができることについて。

第9条　会計担当者は毎月15日、30日締めの会計報告をそれぞれ翌週におこなうことについて。

第10条　会員が策略等により尊厳を損なう時は非難と取り消しを求めることができるについて。

第11条　委員会は現行会員の最大21名によって構成されることについて。

第12条　公開集会にて会員が議長を務められないと委員会が判断した時は、これを友好的に配慮することについて。

第13条　会員の業務についての例外的扱いについて。

第14条　公開集会の開始時間は7時とすることについて。

第15条　当区の他の委員会と併せて本委員会に出席することはできないことについて

史資料編　　*253*

B2. 第8区区役所行政担当者（行政委員会に占める監視委員）8名

(出典、A.H.G., 8 J 10 d548, mss.)

	氏　名	職務	摘　要
	アリクス（Jules Allix）	区長	第8区選出コミューン議員
1	ルバ（Adolphe Lebas）	助役	レース店店員、第8区監視委員会代表、警視を務める、インター会員
2	ブラン（Blanc）	助役	警察、監視代表委員
3	リシャール（Victor Pierre Richard）	委員	乾物商、第8区監視委員会委員、軍事および食糧委員を務める
4	ブルレ（Louis Bourlet）	委員	紳士物衣料品商、第8区監視委員会委員
5	テシエ・ド・マルグリット（Tessier de Margueritte）	委員	貴族出身、第8区監視委員会委員
6	ビゴ（Bigot）	委員	パン焼き職人、軍事事務所および警察中央委員を務める
7	シュミット（Schmitz ou Schmidt）	局長	軍事事務所に勤める
8	コパン（Alfred Hippolite Coppin）	事務長	旧市役所職員、第8区監視委員会委員（3月末）

B3. 第11区プロレテール・クラブ会員　　（出典、A.H.G., Ly22、Ly27, mss.）

氏　名	摘　用	氏　名	摘　用
André	洗濯女	Madré	女性
Baillehache	議長補佐、植字工	Mansiga	
Behlin (Beblin)	弁士	Mativet	
Benjamin	弁士	Missier	オベルカンフ街委員会委員
Bernard		Morel	弁士
Bethan		Mousseron	
Bourget		Muller	
Bourret		Parthenay	家具職人
Carré		Pater(Patey, Nicolas)	
Chassdot(Chasdon)		Piseray	
Chaugnon		Rabaté	クラブ主宰者
Chrfou		Rannay	
Chiourt	女性	Riblé(Riblet, Edouard Bellanger)	建築家、指物師
Citeux		Rouiller	弁士
Coignet	弁士	Roulier	
Cosseaux		Royer	
Courtois		Sallais	弁士
Coussillon		Salles	
Daniel, E.		Saulier	弁士
David	石工　インター派	Schumacker	女性
Demar	弁士	Seltier	
Doudin	議長	Sénécal	
Droliet		Sidot	
Dufour		Sylvain	家具職人
Duros		Thillious(Thiourt)	洗濯女
Gauthier		Uvan(Yvon)	
Guerver	女性	Valentin	女性
Guillaume, Apollon	議長補佐、教師、インター派	xxjueur	読解不能
Jabre	弁士、金箔師、インター派	xxsache	読解不能
Jublin	議長補佐	xxxnintot	読解不能
Langurtin		xxxxve	読解不能
Lapommeri		xxxxxx	読解不能
Lemaitre		xxxxxx	読解不能
Liennmann		xxxxxx	読解不能

B4. 第11区プロレテール・クラブ、集会発言者58名 （出典、A.H.G., Ly27, mss.）

氏　名	発言期日	氏　名	発言期日
André	5.09, 5.17	Lesueur	5.12, 5.22.
André（女性）	5.17	Lullier	5.22
Baillehache	5.14, 5.16, 5.17, 5.18, 5.20, ［5.14議長補佐］	Madré（女性）	5.17
Bauveron	5.14	Mansiga	5.17
Beblin	5.09	Mativet	5.12
Bethan	5.17, 5.20.	Menard	5.17
Bologne	5.17	Missier	5.12
Bourget	5.17, 5.18.	Morel	5.09, 5.17.
Casteau (Cosseaux)	5.22	Moundrey（女性）	5.17
Caurtace	5.22	Mousseron	5.17
Charignon	5.17	Parthenay	5.12, 5.17, 5.20.
Chassedon	5.14, 5.17, 5.20.	Pater	5.17
Citeus	5.17	Patet	5.17
David	5.14, ［［5.17議長］	Peltier	5.17
Demar	5.09	Perrier	5.17
Dureau	［5.14議長補佐］	Quile（女性）	5.17
Duros	5.17, 5.20.	Rabaté	5.14, 5.17, 5.18.
Emmanne	5.17	Roer	5.12
Flourens	5.17	Roullier	5.16, 5.17.
Gauthier	5.17, 5.20,	Sallais	5.09
Guerver（女性）	5.17, 5.18.	Sénécal	5.17, 5.20, 5.22.
Israel	5.14	Sidot	5.17, 5.20.
Jauyer	5.17	Sneur	5.17, 5.18, 5.20.
Jubelin	5.09	Sylvain	5.16, 5.17, 5.20, 5.22.
L'Emmanne	5.17, 5.18.	Thiourt（女性）	5.17
Lang	5.22	Valentin（女性）	5.2
Lapomonsers ?	5.2	Viseray	5.17
Le Seur (Lesueur)	5.22	Voizel	5.17
Lemaître	5.16	Yvon	5.22

B5. 第11区区役所 小委員会 sous-comité 委員24名 （出典、A.H.G., Ly27, mss.）

氏　名	担当、所属
André, Jules	第123大隊、タイル製造職人
Aumont, Eug.	第237大隊
Baux	第232大隊、機械工、インター派
Beziers	経理担当
Cousin	
Couturier	第141大隊
David	代表委員、石工、インター派
Denieau	第67大隊
Dudoit, E.	第141大隊、調査委員会
Feldmayer	第57大隊
Giraud, A.	戸籍担当
Guillaume	庶務担当、教師、インター派
Idjiez	図書館担当、調査委員会、第180大隊
Lesueur, Charles	ペンキ職人
Martin	第58大隊
Martin, Dès.	
Mortier, H.	コミューン議員
Patey, N. (Pater)	武器調達担当
Perier	第180大隊、調査委員会
Petit	第141大隊
Picard, E.	第130大隊
Pouchain	第192大隊
Semblatt	
Stypulkowski	第211大隊

B6. 第11区区役所 行政担当者　10名　　　（出典、A.H.G., Ly27, mss.）

氏　名	担当委員会
Blondeau	中央委員会
Couteille	武器委員会
Gidon	
Giraud, Antoine	
Guillaume	
Jaud, J.	
Magdonel, Paul	
Patey, Jules	
Riblet, E.	行政委員会
Simbozel	武器委員会

史資料編　257

B7.　第13区社会民主主義クラブ規則　　　　（出典、A.H.G., Ly22, mss.）

規　則

第1条　本組織をパリに置く。本組織は、第13区社会民主主義クラブと称する。

第2条　本クラブの会員数は、制限を設けない。

（本クラブの目的）

第3条　第13区社会民主主義クラブは、労働の独立と労働者の解放に関するすべての政治的、社会的問題を研究すること。それを革命的方法によって実現し、社会民主主義共和国の実現を抑制し遅らせかねない王政復古の目論見やいかなる政府のすべての行動に対して反対する労働の反乱を引きおこすために、影響力を行使する。

（本クラブ会員の義務）

第4条　本クラブのすべての会員は、加入という事実だけで、互いに団結し、政治的あるいは社会的危機に際してはいかなる時も、互いに共助し合うことを約する。

（会員への加入）

第5条　人物の高潔さと民主的意見の持ち主であることを保証する2名の会員の推薦なしに、いかなる者も本クラブへ加入することはできない。本推薦は、その人物の姓名、年齢、職業、住所を記した書面をもって議長あてに表明し、議長が集会にて発表する。

第6条　この発表により、反対がなければ、入会が許可され、次回の集会から出席することができるが、規則の条項を遵守しなければならない。

第7条　この発表により、反対がある場合は、入会許可は保留とされ、5名の会員による委員会において反対意見を審査し、2週間以内に、報告しなければならない。

第8条　本クラブが加入を拒否した市民はいずれも、6カ月以内に再び申請することはできない。

（除名）

第9条　除名は有期と無期の2種類とする。有期除名は集会4回を超えないものとする。

第10条　有期除名は、飲酒による酩酊状態で、あるいは集会の規則に違反し妨害した者について、集会に出席しているすべての会員に対して、陪席者より発表する。有期除名が偶発的に発生した場合は、本クラブの会員の判断に委ねる。

第11条　無期除名は、民主的な意見を表明することによって弁解する名誉を放棄するか、恒常的な酩酊状態を呈している会員に対して、クラブにおいて

公表される。クラブから除名され、無防備状態にある市民はすべて、集会による満足な説明がない場合、ただちに福祉事務所に登録される。

第12条　三回の除名、6 カ月に及ぶ有期除名は、無期除名扱いとする。

第13条　除名されたいかなる市民も、6 カ月以内は再登録することはできない。

第14条　会費。本クラブの加入者はすべて、加入した月より会計担当者に 50 サンチームの会費を出席する権利のために、週 10 サンチームを総務経費のために納めなければならない。会費未納が 1 カ月に及んだ時は、会費納入が遅延している会員名簿に登録され、さらに 1 カ月後には無期除名が宣告される。

（集会規則）

第15条　本クラブの集会は、毎週火曜日と金曜日の夜 8 時から開催される。集会所は開催 30 分前に開かれ、終了後閉じられる。会員は各自、入場に際して会員証を提示する。

第16条　本クラブは、臨時集会の開催の必要性についての判断について、いつでも審議する。この場合は、本クラブ会員は自宅に開催通知がなされ、入場料は 5 サンチームとする。

第17条　討論は議長 1 名と書記 1 名からなる事務局の管理のもとでおこなわれる。

第18条　集会の開始に際して、議長は加入申請について報告し、次いで会員へのさまざまな連絡事項、公表、要請をおこない、その後で議事に入る。この公表、要請、連絡事項は極めて端的におこない、集会の時間の四分の一を超えないようにする。

第19条　議長だけが、質問、議事への応答、弁士の登録を受け付ける。ただし、クラブ規則あるいはクラブ内部の運営についての質問に関しては、議長の権限は及ばない。

第20条　いかなる者も、個人的な事柄や動議以外に、登録した順番以外に発言はできない。

第21条　指名された委員会がその報告を集会でおこなう場合は、本クラブの会員が当該委員会の報告者に応答を望むことを拒否できない。

（本クラブの事務局）

第22条　運営の秩序と規則を保証するため、3 カ月ごとに、以下の構成による事務局を指名する。議長 1 名、副議長 1 名、書記 2 名とし、その任期終了後 3 カ月は再任を妨げ、会員 12 名の署名がなされた要求があれば罷免される。集会に議長が欠席した場合は、副議長が議事をおこなう。事務局員の無断欠席は、他の委員の異議がない場合は、1 フランの割金を科す。

第23条　本クラブの管理。本クラブの経理は、1 年任期で選ばれた会計係によっ

て管理され、3カ月ごとに会計報告をしなければならない。会計係は再任してもよい。

第24条　会計係の処理は、経理委員会によって監査される。経理委員会は、適当と判断する時はいつでも帳簿、会計簿を監査する。本委員会は、会員から構成される。

（規則の改定）

第25条　本規則は、7名以上の会員の署名を付した書面の請求に従い、その全部または一部を改定できる。

第26条　本規則の条項では想定しない事態の場合は、会員5名の署名が付された修正意見によって追加もしくは変更され得る。

　　署名：規則委員会会員レオ・ルリエ、オーギュスト・バイエ、シカール、シャルドン、ゴベール、パショ、ルバルール。

B8. 第14区区役所 区委員会　9名　　（出典、A.H.G., Ly27, mss.）

氏　名	所　属
Avoine, Jules	
Boyer	監視委員会委員
Close	
Florent	監視委員会委員
Flourtoule	
Garnier	監視委員会委員
Martelet	コミューン議員
Perrère	監視委員会委員
Peuget	

B9. 第 17 区区役所委員会規則 Règlement de la Commission communale du XVIIe arrondissement.

(出典、A.H.G., 3. Conseil, no. 1309, Dossier E. Bozier, mss., Dossier Martine, mss.)

E.Bozier 文書

第1条　本委員会は、次に掲げる、区役所の主要業務の責任者から構成される。

　　　　1. 調査、統計、選挙　マルティーヌ
　　　　2. 労働　　　　　　　ディアヌー
　　　　3. 財政　　　　　　　ピコ
　　　　4. 食糧　　　　　　　ボンヌフォン
　　　　5. 福祉　　　　　　　ダヴー
　　　　6. 住宅　　　　　　　サッサン
　　　　7. 公安、警察　　　　ミシェル
　　　　8. 公教育　　　　　　ラマ
　　　　9. 国民衛兵　　　　　ジャカン
　　　10. 衛生、保健　　　　ルカン
　　　11. 事務局、文書管理　ボジエ

第2条　本委員会は毎朝、区役所会議室において開催し、会議の議長を務める最低1名のコミューン議員ができる限り出席する。

　　　　コミューン議員が出席できない場合は、本委員会は委員の中から1名を議長として選出する。本委員会は、出席委員の人数にかかわらず、9時ちょうどに開会する。

第3条　この9時の会議は、本委員会のすべての委員の義務とする。正当な理由による事前の届出なしに3回連続して欠席した委員は辞任したものとみなす。その手続きは郵便による本件の通告のみによりおこなうものとする。

第4条　本委員会は、コミューン議員のうち1名による招集があった時は、いつでも開催される。

第5条　各委員は、指示を受けた業務について、コミューン議会に対して責任を負う。

第6条　各委員は、週1回、各委員の業務について書面による報告を、議事録にそれを記録する事務局に提出する。

第7条　[...]会議場入口の外に補助事務局1名を配置し、出席する委員のために用意した緊急の伝言を手渡す。[...]：会議の進行を妨げることがないように。

規則補則

　委員会会議は、各委員は開会された会議の終わりまで出席することが義務であることを決議する。

Martine 文書

第1条～第6条は、E.Bozier 文書と同一。第7条はなく、補則が次のように定められている。

規則補則

委員会会議は、各委員は9時に開会する定例会議の終わりまで出席することが義務であることを決議する。(1871年4月13日会議)

委員会会議は、各委員が根拠のある理由なく、9時ちょうどに開催する会議にきちんと出席しない委員は、厳しい非難を受けること、半月のうち2回目には会議は罷免を要求すること、を決議する。

B10. 女性同盟規約　　　　　　　　　　　　　　　（出典、A.H.G., Ly22）

規約（第7区）

第1条　区委員会の運営　区委員会は、次の事項について特別に任務を負う。

　　　　a．救護もしくは炊事に従事する準備ができている女性の登録業務

　　　　b．各区における自発的な寄付金が生み出す資産の運営業務

　　　　c．それぞれの区に宛てた説明の通信文、文書の作成業務

　　　　d．中央委員会より発せられた命令により実行される招集条件に応じて、登録された女性の恣意的な人数の、緊急事態に従って昼夜を問わず、いつでも行なう場合と、政府の委員会によって要請された場合の、招集業務

　　　　e．担当すべき部署の正確な指示により、割り当てられた職務への各女性の任命業務

　　　　f．宣伝のためにそれぞれの区において実施する、経過と組織化についての中央委員会による定期集会の招集業務

　　　　g．パリの女性の経過と組織化について、中央委員会に対して行う日次報告の実施

第2条　区委員会は、11名より構成され、うち1名は、新たに委員として加わり、旧委員を罷免することによって、中央委員会への代表委員となる。この措置は、委員会開催の事前に通知されることなしに、委員会会員の4分の3以上の同意なしには行われない。

第3条　区委員会は、常設とする。

第4条　区委員会は、昼夜を問わず、3分の1以上が出席しているものとする。

第5条　区委員会は、少なくとも毎日1回は会議をもつこと。この会議には、委員会のすべての委員が出席すること。

第6条　会議の議長は、委員会の委員の交代制とする。

第7条　区委員会は、それぞれの事務局、すなわち、いつでも罷免できる総書記1名、副書記2名、経理1名を任命するものとする。

第8条　区委員会は、2日ごとに中央委員会に対して資金状況について特別に報告し、必要最低限（委員会が運営通信の費用に欠かせないもの）の余剰金については必ず、中央委員会の公庫に納めるものとする。

第9条　区委員会は、それぞれの内部の運営のために、規則を定める。

第10条　区委員会の運営について、第一に要請されることは中央委員会に対して、活動の報告を行なうべきことである。

内部規約（第7区）

第1条　委員会のすべての委員は、昼夜を問わず危険に身を晒すものとする。

第2条　委員会の何人も personnes、区当局に従うものとする。

第3条　委員会の各委員は、特別な事態であろうとも、委員会のためであろうとも、それに　対応するために、事務所においては二人で行動しなければならない。

第4条　朝は8時に任務にあたり、夕方の7時に退出しなければならない時も、2名が順番で夜の9時まで詰めなければならない。

第5条　委員会は、各1名が昼食をとるために最低1時間を確保できるよう、と同時に最低2名が事務所に常駐しなければならないように、その方法を調整しなければならない。

第6条　事務所は、日曜日は一日中、すべての祝日は開かれているものとする。

第7条　集会には、委員のうち最低1名が出席しなければならない。

第8条　特別委員会 (la commission) に任命された委員会委員は、委員会に対して、その報告をしなければならない。

第9条　可能な限り、委員は夕方6時まで勤め、毎日開催される会議に出席しなければならない。

第10条　各会議では議長1名を指名するものとする。

第11条　委員会の各委員は、土曜日は5時まで勤め、その業務に対する報酬を受け取らなければならない。

第12条　書記長は、報酬を受け取るものとし、経理を伴うものとする。

第13条　各委員は、[支払い] 一覧表に自身の署名をし、偽の署名は非難されるべきものとする。

第14条　委員会の委員が辞任または罷免された時、従事した時間については報酬が支払われることとする。

第15条　委員は、毎日3フラン50サンチームを受け取るものとする。

第16条　各人は、委員会の業務はいかなる業務であろうとも行なわなければならない。

中央委員会の運営

第1条　中央委員会は、最低8名以上の要求に基づき、委員の追加と罷免の権限によって、また、中央委員会委員の過半数以上の同意によって、各区委員会からの派遣委員によって構成される。

第2条　中央委員会は、常設とする。

第3条　昼夜を問わず、委員会委員の3分の1以上の出席を、常時、義務とする。

第4条　決議は、招集された委員会における事前の審議と委員会の委員の過半数以上がなければ行なわれない。

第5条　委員会の会議は、24時間に2回以上行われるもとし、委員全員が出席しなければならない。多数の都合が悪い場合もあるので、事前に委員会

の通知を行なう。

第6条　議長は、委員会の委員による交代制とし、会議ごとに更新するものとする。

第7条　すべての提案、すなわち、公開集会の議題を取り上げるためには、委員会の委員10名以上の賛同を得るものとする。

第8条　発言は、最長で10分とし、同じ発言者による同じ質問は1回の会議で2回までとする。

第9条　委員会は、総書記1名、副書記3名、経理1名からなる事務局を任命する。これらの事務局員は罷免され得る。

第10条　中央委員会は、活動の全般について監督する。

第11条　中央委員会は、その内部で、救護と炊事を担当する政府委員会と交渉を行なう7名の委員によって構成される執行委員会を選出し、任命する。この執行委員会は、区委員会に伝達する時には、政府委員会より必要な指示と情報を受け取るものとする。

第12条　中央委員会は、これ以外に、委員会の種々の事業をより実際的に執行するための計画を作成し、提出する任務を負う委員会を任命することができる。

第13条　執行委員会委員は、中央委員会の公印と中央委員会委員の署名のある身分証を携帯することができる。ボタン穴に赤いリボンを着け、女性市民がいつでも求める情報を尋ねることができるようにする。

第14条　印刷、通信、運営の費用は負担され、中央委員会の資金から支払いが可能な限度の額が次の事項について負担される。

　　　　ａ．女性同盟の貧困あるいは病気の委員への支援。

　　　　ｂ．自身の時間を費やすのに、困難なしに行えず、その手段がない委員会委員への報酬支払い。

　　　　ｃ．戦闘を行なう女性市民の石油と武器の購入。万が一の場合は、武器の配布はくじ引きでおこなわれる。

第15条　委員会は、その活動についてあらゆる広告を用いる。

第16条　本規約は、中央委員会委員の過半数の同意を得たうえで、10名による要求があれば、常に補足、改変できる。

同盟会員規約

第1条　当該区の委員会の登録簿に記載される女性市民は、10サンチーム以上の入会金を支払わなければならない。この徴収金は、区の資金を形成するために使用される。

第2条　すべての女性同盟会員は、中央委員会のモラル基準を承認し、それぞれの委員会の指示と命令に従うものとする。

第3条　救護、炊事、当然ではあるが困窮者の会員のための、現金であれ、現物であれ、自発的な寄付はすべて、区の委員会の資金となる。

C. 関連事件表

C1. パリ・コミューン期教育運動関係の動き（1871年3月〜5月）

*この表は、コミューン官報、コミューン議会議事録等の一次資料から採録し、作成した。

日	曜日	パリ・コミューンにおける教育運動	パリ・コミューン全体の動き フランス国内情勢、国際情勢
		3月	
1	水		ドイツ軍パリ入城 国民議会講和条約批准
2	木		
3	金		「国民衛兵・共和主義同盟」結成、規約を採択
4	土		
5	日		
6	月		
7	火		
8	水		
9	木		
10	金		国民議会、ヴェルサイユ移転を決定 賃貸料、商業手形支払い猶予令廃止
11	土		
12	日		
13	月		
14	火		
15	水		国民衛兵中央委員会を構成
16	木		
17	金		
18	土		早朝、モンマルトルにて民衆蜂起
19	日		
20	月		
21	火		
22	水		リヨンでコミューン形成の動き
23	木		マルセイユでコミューン成立 インターパリ支部が宣言を発表
24	金		パリ区長たちの調停が失敗 ナルボンヌでコミューン成立
25	土		国民衛兵中央委員会がパリ市民へアピール発表 リヨンでコミューンが失敗

26	日	第11区社会主義者・民主主義者・共和主義者選挙委員会による教育に関する原則のアピール	パリでコミューン議会選挙実施
27	月		
28	火		パリ市庁舎にて、パリ・コミューン成立の宣言と式典を挙行
29	水	コミューン教育委員会 (J.Vallles, Goupil, Lefevre, Urbain,A. Leroy, Verdure, Demay, Dr. Robinet, Miot の 9 名を任命とその役割について) の設置	パリ・コミューンが 10 委員会を設置 パリ・コミューン布告 (家賃支払猶予令、徴兵の廃止)
30	木		
31	金	第3区ニコラ-デ-シャン教会クラブが民衆の政治教育を提唱	
4月			
1	土	E.Goupil 博士を教育委員会代表に任命 教育委員会と新教育協会代表団と会談、学校を教会から分離し、児童の無償義務教育を要求する請願書を手交 教育問題は基本的問題であり、「この解決がなければ早急に重大な改革は遂行できないであろう」と、請願書は述べている コミューン議員達は、急激な教育改革が必要と声明 マコン市急進派委員会が教育の無償、義務、ライシテと教会と国家の分離、宗教予算の廃止を要求	
2	日	新教育協会声明を発表。ヴェルサイユ側との戦闘で死傷した国民衛兵の家族を扶養することを決定	パリとヴェルサイユ戦闘開始 パリ・コミューンは共和国行政府 A.Thiers たちを起訴 パリ・コミューン布告 (公務員の選挙による任命、公務員の賃金最高額の決定、兼職禁止、贈収賄等は軍法会議に)
3	月	通告 (電信局長が電信学校への生徒募集)	パリ・コミューン布告 (宗教と国家の分離、宗教予算廃止、教会財産を国家財産へ移管) モン・ヴァレリアンでの戦闘、Flourens 戦死
4	火	戦闘にて死亡した家族を扶養することを決定	パリ・コミューン国民衛兵退却、Duval 戦死
5	水	第8区は体育学校にて体育教員、軍事体操等の生徒 (16歳-20歳) を募集	パリ・コミューン布告 (人質に関する) Dombrowski がパリ要塞司令官に
6	木	教師、保護者へ教育問題 (教育課程、方法、法律) についての集会開催 (毎週日曜、木曜) の呼びかけ	
7	金		
8	土	第17区教育委員 Rama 署名による教育改革案	コミューン議会決定 (国民衛兵戦死者家族への年金支払い)
9	日	初等教育機関で働く教師を募集	

10	月	パリ防衛のために死亡したすべての人々の寡婦、孤児に対する年金、教育費と教育、そのための特別委員会、調査委員会の設置を決定	フリーメソン団体がヴェルサイユ側と調停、失敗しコミューン側として活動開始
11	火		
12	水	教育委員 E.Goupil 博士が辞任	パリ・コミューン布告（ヴァンドーム円柱の破壊）
13	木	第 17 区教育委員 Rama 署名による教育改革案を発表	
14	金	教師、保護者へ教育問題（教育課程、方法、法律）についての集会開催（毎週日曜、木曜）を呼びかけ	ドイツ帝国憲法発布、ビスマルク、初代宰相就任
15	土	初等教育について、ライシテの教師の雇用を要請（二十区代表委員会）	ジュネーブのインターナショナル会議、パリ・コミューンに対する声明 ポルトガル・リスボンの『ディアロ・デ・ノティシアシェ』紙にはインターナショナルの活動が記事として掲載
16	日	初等教育について、パリ二十区代表委員会が、ライシテの教師を学校、孤児院が必要としていると、教育委員会へ通知 第 11 区は戦死した国民衛兵の遺児のための特別の学校を設置するため調査、委員会を設置し、物理的精神的に支援することを布告	パリ・コミューン議会補欠選挙実施パリ・コミューン議会決定（支払猶予令　18 日官報に掲載） パリ・コミューン布告（放棄工場の徴発） イギリス・ロンドンのハイドパークにて、民主主義同盟が主宰するパリ・コミューン支持の大衆集会開催
17	月	初等教育について、校長の経歴の提出を要請（教育委員会） 医学校の教師たちが授業を放棄している件について教育委員会が対応策を提案	
18	火		
19	水	新教育協会の集会開催の通知（毎日曜、木曜）議題：公教育の法律について	パリ・コミューン、「フランス人民への宣言」（コミューン綱領）を発表 イギリス・ロンドンの『スタンダード』紙にパリ・コミューンの政策が掲載される
20	木	教育代表委員に E.Vaillant を任命	パリ・コミューン布告（夜業、職業紹介所）
21	金	新執行委員会の教育委員（Courbet, Verdure, Miot, Valles, J.-B. Clement）を任命 第 14 区代表委員は児童の通学証明がない場合は手当を給付しないことを布告	パリ・コミューン執行委員会、再編される
22	土	教育代表委員 E.Vaillant　教育に関する権限は、教育委員会等にあると通知 第 10 区第 10 師団委員会議長 Leroudier が男子校の設置を通知（ライシテの教師による授業、科目について詳細に説明）	ベルギー・ブリュッセルの『リベルテ』誌にパリ・コミューン擁護の記事が掲載される

23	日	第3区議員 (4名) によるライシテの学校を3校設置したことの報告 新教育協会とパリ社会コミューン女性委員会 (Comité des Femmes de la Commune Sociales de Paris) が合同会議 "公共福祉と公教育について" を開催	
24	月		
25	火		パリ・コミューン、空き家の徴発
26	水	第8区コミューン議員 J.Allix、第8区における学校数と児童数、受け入れ体制の必要性「新教育校」の設置と学習課程について、「パリ社会コミューン協会」設置について発表 新教育協会、新しい教育方法に基づく全般的な教育プログラムを提案 (以前に「女性の権利の要求」で提案されたもの)	ヴェルサイユ軍、イシー・レ・ムリーノを占領
27	木	第12区ではキリスト教系学校の修道士と修道女が運営を停止したので、教師を募集 新教育協会教師、保護者への教育問題アピール (教育課程、方法、法律)	パリ・コミューン布告 (労働者への業務上の割金禁止、ブレア教会の破壊)
28	金	議会議事録に『農村の人々へ』が掲載され、教育の平等の基盤になることを訴え 第3区では学用品の無料配布を発表 (コミューン議員4名署名)	
29	土	E.Vaillant は、初等および職業教育の各区での進め方について、「教育組織委員会」を設置し、Rama ら4名を任命	国民衛兵、イシー要塞を放棄したが、すぐにロセルが再占領
30	日	第5区コミューン議員 (3名) が、新聞『ユニヴェール』紙と『パトリ』が第5区の学校について誤った情報を流していることなどについて声明 第5区アラ街にて国民教育プログラムの実施について、集会の呼びかけ (F.David, Langlois, Garnier の3氏)	パリ・コミューン執行委員会はクリュズレ将軍を逮捕し、後任にロセルをあてる 国民議会地方選挙で共和派が多数選出される
5月			
1	月		パリ・コミューン、公安委員会を設置
2	火	第18区にてアルメイユ街の公立学校男子校を5月3日午前8時から再開するので、子弟が授業を受けることを希望する父母は手続きをとることを発表し教師 Lagarde が署名	官報記事「ドイツ・ハノーヴァーにおける3,000名の社会主義者集会においてパリ・コミューン支持のアピール採択」
3	水		ヴェルサイユ軍、ムーラン・サケ稜堡塁占領
4	木		
5	金	第8区、コミューン議員 J.Allix、女子のための新教育学校、職業教育のための特別学校設置、暫定クラスの発足について 第10区 Leroudier、父親が戦死した子弟のための職業学校・施設も開設	

6	土	第5区のローモン街にあったジェズイット教団が使用していた施設を利用し、職業学校を開校、区を問わず、12歳かそれ以上の年齢の入学者希望者を募集	パリ・コミューン布告（公設質屋について）パリ・コミューン教育委員会は職業学校開校（ローモン街）を通知 パリ・コミューン公安委員会決定（ルイ16世贖罪堂の破壊）
7	日		
8	月	第8区の、ビアンフザンス街に新公立学校を設置。女子生徒学校では、5〜7歳、7〜9歳、9〜12歳の女子を受け入れ特別学校を設置し、ここでは男女両性の生徒のためのデッサンを教える。この他、女性のための作業場を設置	パリ・コミューン国民衛兵、イシー要塞から撤退 *A.Thiers はパリ市民に最後通牒通告*
9	火		パリ・コミューン公安委員会を設置 *ヴェルサイユ軍、イシー要塞占領*
10	水	代表委員 E.Vaillant、芸術家連盟の報告書に基づき、美術品の管理についての結論	*ヴェルサイユ政府、フランクフルトにて、独仏講和条約調印*
11	木	代表委員 E.Vaillant、教室に十字架や聖画がある学校に、その撤去を求める	
12	金	代表委員 E..Vaillant、デッサン学校を再開し、「女子のための工芸職業学校」として設置し、学習課程を提案 第4区コミューン議員（5名）第4区は無償の学校を住民に提供し、人件費と、教育の理念（フランス革命において確認された理念を引用）について声明 第8区、母を失った子供は、コミューンの費用で養育され、社会に出るために必要な教育を受けるとの声明	
13	土	代表委員 E.Vaillant、教育委員会は、旧教育委員会により任命された初等学校、声学楽校の視学官を解任すること、新たにコミューンによって管理されること、各区にライシテの教育を行っている教員の一覧表を提出することを要請	*ヴェルサイユ軍、ヴァンヴ要塞を占領*
14	日	代表委員 E.Vaillant は、多くの区では、聖職者たちが抵抗し、ライシテの教育に従っていないが、これを早急に実施することを要請	
15	月	教育代表委員会、音楽コンセルヴァトワールの教師は今月20日に教育委員と会合をもち、今後の件について話し合うこと 教育代表委員、コミューン学校の授業がこの2日間休みだったが、本日から再開 第10区では、両親が戦死し孤児となった生徒のための施設・学校を設置し、その養育、生活に必要な措置を生徒および寡婦に対してとると声明	パリ・コミューン、公安委員会の改編をめぐり、多数派と少数派が対立

16	火	E.Vaillant は、デッサン・塑像教授の教師が、今月 19, 20, 21 に芸術家連盟委員と会合をもち、教育について話し合うことを発表	パリ・コミューン、ヴァンドームの円柱を倒壊 ヴェルサイユの国民議会、独仏講和条約を承認
17	水	教育委員代表委員 E.Vaillant が発言し、ライシテ教育の重要性について述べた後、その実施状況について官報に記載することを提案、了承される 教育代表委員 E.Vaillant は、コミューン革命は社会主義的性格をもつことから、平等を実現するために教育改革の必要性、職業教育のための徒弟修行の実施など、早急に検討すると発表 第 14 区教育代表委員 (Lebrun) は、今月 15 日に受け取った通知に回答し、ライシテの教師一覧表と聖職者教師一覧表を教育代表委員会へ送付	パリ・コミューン教育委員会通知 国民衛兵死傷者への補償金、嫡出と私生児の差別廃止 パリ・ラップ街での爆発事件
18	木	チュルゴ校校長、博物学の教師が不足しているので募集していることを通知 第 3 区コミューン代表委員　学校委員会議長 Bibal の下、3 名の委員を孤児院の管理にあたらせることを布告、48 時間以内にライシテの措置が施行されているか報告し、その状況を官報に記載することを通知	パリ・コミューン公安委員会、10 新聞の発行を禁止 国民議会、フランクフルト条約を批准
19	金	第 3 区コミューン議員のために、事務長 (Léon Jacob)4 月 16 日に決定に従いすべての聖職者教師に代わってライシテの教師にし、第 3 区はこのような変更を約 20 校について実施し、同様に修道女の学校についても実施し、学用品は無償とすること、教師は販売しないことを発表	
20	土		フランクフルトで独仏講和条約正式調印
21	日	教育代表委員 (E.Vaillant) が布告 (女子学校の教育をおこなうための委員会の設置。委員会は Andre Leo, Jaclard, Reclus, Sapia により構成) 教育組織委員会 (Andre, Dacosta, Manier, Rama, Sanglier) を教育代表委員 E.Vaillant が承認 職業学校に登録した青年は今月 22 日月曜日より登校すること。未登録の青年も同様。この徒弟修行の教師として応募する労働者は労働交換委員会、組合会議所に応募するよう要請	ヴェルサイユ軍、無抵抗でパリに突入
22	月		公安委員会、戦闘を呼びかけ Dombrowski 戦死 パリ・コミューン側、人質を処刑 ヴェルサイユ軍、シャンゼリゼを占領、第 15 区、第 16 区を占領

23	火		ヴェルサイユ軍、モンマルトル、バティニョル、第18区占領
24	水		パリ・コミューン、市庁舎を放棄し、第11区役所に撤退 ヴェルサイユ軍、フランス銀行、証券取引所、ルーヴル、パレ・ロワイヤル、パンテオン占領
25	木		パリ・コミューン、第11区役所を撤退、Delescluze 将軍戦死 ヴェルサイユ軍、セーヌ左岸を占領 ドイツ帝国議会で社会民主党代代議士 A. ベーベルがパリ・コミューン擁護の演説
26	金		パリ・コミューン、Millière 銃殺される
27	土		ヴェルサイユ軍ペール・ラシェーズ墓地にて国民衛兵を大量に銃殺 ベルギー政府、入国拒否者リストの発表
28	日		すべての戦闘が終了、Mac-Mahon 将軍「パリは解放された。秩序・労働・安寧は回復されるであろう」とパリ市民へ宣言
29	月		パリ・コミューン、ヴァンセンヌ要塞降伏
30	火		K. マルクスがロンドンにて、「フランスの内乱」を発表
31	水		

D. その他

D1. 区ごとの成年・未成年識字率
（出典、T. LOUA, Atlas statistique de la population de Paris, Paris, 1873, pp. 49-53）

区	区ごとの成年・未成年識字率 （読み書きができない人口）						区ごとの成年・未成年人口				
	6-20歳		20歳以上		計		6-20歳		20歳以上	計	
1	1,467	11.07%	939	1.67%	2,406		13,257	23.59%	56,209	69,466	
2	891	6.67%	2,331	4.20%	3,222		13,356	24.07%	55,491	68,847	
3	1,320	7.12%	4,018	6.23%	5,338		18,542	28.77%	64,454	82,996	
4	1,725	10.02%	5,291	7.72%	7,016		17,215	25.13%	68,497	85,712	
5	1,790	10.04%	7,271	10.24%	9,061		17,837	25.12%	70,997	88,834	
6	758	4.79%	3,400	4.96%	4,158		15,834	23.10%	68,550	84,384	
7	678	5.49%	4,545	8.86%	5,223		12,357	24.08%	51,324	63,681	
8	804	6.64%	779	1.38%	1,583		12,116	21.50%	56,346	68,462	
9	776	4.88%	2,193	2.67%	2,969		15,890	19.33%	82,217	98,107	
10	1,804	8.36%	5,759	5.56%	7,563		21,570	20.81%	103,658	125,228	
11	4,565	13.19%	18,541	15.97%	23,106		34,605	29.81%	116,080	150,685	
12	2,206	11.72%	6,346	11.10%	8,552		18,815	32.91%	57,168	75,983	
13	2,626	18.69%	9,804	21.82%	12,430		14,049	31.26%	44,939	58,988	
14	1,650	12.13%	4,676	10.01%	6,326		13,601	29.11%	46,726	60,327	
15	2,278	14.59%	10,296	19.94%	12,574		15,611	30.24%	51,626	67,237	
16	1,119	12.23%	2,739	9.14%	3,858		9,147	30.51%	29,978	39,125	
17	2,270	11.81%	6,080	8.52%	8,350		19,225	26.93%	71,388	90,613	
18	1,938	7.03%	12,821	13.43%	14,759		27,551	28.86%	95,468	123,019	
19	4,992	23.59%	11,534	19.57%	16,526		21,164	35.91%	58,937	80,101	
20	4,364	20.35%	11,163	18.78%	15,527		21,441	36.07%	59,440	80,881	
	40,021	11.33%	130,526	9.97%	170,547		353,183	26.97%	1,309,493	1,662,676	

あとがき

　本書は、博士論文「パリ・コミューンにおける人民主権の展開——公教育をめぐる区行政組織と民衆運動の考察から」（専修大学大学院文学研究科歴史学専攻、2017年、主査：近江吉明、副査：長井伸仁、日暮美奈子）に大幅に手を加えて改稿し、とくに女性運動に関する章を新たに起こし、民衆運動における女性組織の役割を論じた。

　本書の刊行にあたって、多くの方々に感謝申し上げたい。

　まずは、大学院修士課程、博士課程でお世話になった指導教授の近江吉明先生、また、フランス革命をテーマにしたゼミでは山﨑耕一先生に、日本近代史における民衆史をテーマにしたゼミでは新井勝紘先生に、学会発表については小井髙志先生にご指導をたまわった。深く感謝申し上げたい。

　そして、博士論文の審査については3人の先生方へ、感謝申し上げたい。とりわけ、学外から副査として論文審査にあたられた長井伸仁先生からは、口頭試問のおりに、パリ・コミューンと人民主権、民衆運動について貴重なご指摘をたまわった。

　在仏友人の岡部昌史氏には、パリにおける史料調査にご協力いただいただけでなく、本書の梗概のフランス語訳について校閲をお願いした。改めて感謝申し上げる。

　すずさわ書店の青木大兄氏には、私が神奈川大学に在職中、図書館職員として勤務するかたわら細々と研究を継続し、大学院へ進学後に本格的にパリ・コミューンの研究に着手した時期も、間断なく励ましのお言葉をいただいた。本書の刊行にたどり着いたのはひとえに、畏友青木氏の激励と支援があったからこそである。深く感謝申し上げたい。また、編集部の瀬戸井厚子氏には、拙稿を注意深くお読みくださり、本書全体の構成から用語の統一に至るまで、丁寧なご助言をドさったことに対し、深く感謝申し上げます。

人名索引

Agoustin アグスタン　*110*(脚注86)

Allix, Jules アリクス　*33, 63*(脚注36), *72, 75, 77, 109, 110, 112, 113, 163, 164, 166*

Amouroux, Charles アムルー　*58*(脚注6), *62, 102*

André アンドレ　*114, 116*

André, Eugène　E. アンドレ　*46, 71*

André (Mme.) アンドレ夫人　*125*

André Léo アンドレ・レオ　*48, 146, 163, 164*

Andrieu, Jules Louis アンドリュー　*37, 64*

Arbogast, Louis François Antoine アルボガスト　*208*(脚注106)

Arnold, Georges Léon アルノール　*38*(脚注65)

Arnould, Antoine アルヌール　*24, 38*(脚注65), *41, 44, 45, 58, 62*

Asseline, Louis アセリーヌ　*165*

Astruc アストリュク　*71*

Audebert, Baptiste オードベール　*60*

Avrial, Germain アヴリアル　*116*

Avronsart アヴロンサール　*98*

Babeuf, François Noël バブーフ　*42*(脚注76)

Baczko, Bronislaw バチコ　*198, 200, 210, 212*

Baillehache ベイユアシュ　*125, 126*

Bailly, Onésime ベイリ　*121*

Bauche, Emile ボーシュ　*110*(脚注86), *111, 112*

Baugrand ボグラン　*167*

Baux, Jean ボー　*114, 118, 128*

Berthan ベルタン　*126*

Bertin, Louis Adolphe. ベルタン　*119, 120, 121, 122, 123*

Bethan ベタン　*126*

Bezier, Antoine ブジエ　*114, 115, 116, 130*

Bibal ビバル　*67*

Bigot ビゴー　*109, 110*(脚注85), *111, 112*

Billioray, Alfred Édouard ビリオレ　*33*

Billot ビロ　*110*(脚注85)

Blambert ブランベール　*161*

Blanc ブラン　*109, 110*

Blanc, Louis　L. ブラン　*101, 110*

Blanchet ブランシェ (Pourille, Jean Baptiste)　*27*(脚注18), *44*

Blanqui, Auguste ブランキ　*102*

Bocquet ボケ　*114*

Boucher ブシェ　*63*

Bouquier, Gabriel ブキエ　*195, 197, 198*

Bouraisin ブレザン　*63*

Bourdoul ブルドゥル　*64*

Bourdon, Léonard ブルドン　*180, 181, 187*

Bourlet, Louis ブルレ　*109, 110*(脚注85), *111, 112*

Boyer ボワイエ　*119, 121*

Bréard, Jean Jacques ブレアール　*181, 182, 184, 188*

Bressler, Eugène François ブレスレ　*110, 111, 112*

Breuillé, Alfred ブルイエ　*120*

Bruhat, Jean ブリュア　*87, 106, 108*

Bruit ブリュイ　*67*

Burlot, Jean ビュルロ　*98*

Bussard ビュサール　*167*

Capellaro, Charles Romain カペラロ　*114, 115, 116, 117, 118, 124, 222*

Cartier カルティエ　*165, 167*

Ceytain (Mlle.) セイタン　*164*(脚注67)

Ceytain (Mme.) セイタン夫人　*164*(脚注67)

Champy, Henry Louis シャンピ　*41*

Changeur シャンジュール　*161*

Charlier, Louis Joseph シャルリエ　*181, 185, 195*

Chassdon シャスドン　*127*

Chaudey ショーデイ　*119*

Chaumette, Pierre-Gaspard ショーメット　*203*

Chauvière ショヴィエール　*167*

Clavier クラヴィエ　*115*(脚注109)

Clémant, Jean Baptiste クレマン　*29, 36*(資

料2), *38*(脚注65), *44*, *45*, *82*, *98*

Clémence, Adolphe　クレマンス　*59*, *62*

Clemenceau, Georges　クレマンソー　*102*

Cluseret, Gustave　クリュズレ　*65*(脚注39)

Collas　コラ　*116*

Colleville, Noëmie　コルヴィル　*150*

Collin　コラン　*149*(脚注20), *153*

Collin, Henri　H. コラン　*116*, *118*

Condorcet, Marie Jean Antoine Nicolas de Caritat de　コンドルセ　*177*, *197*, *199*

Constant (Dr.)　コンスタン博士　*60*

Coppin, Alfred Hippolyte　コパン　*110*, *113*

Cordonnier　コルドニエ　*69*

Coupé, Jacques-Michel　クペ　*181*, *198*

Courbet, Gustave　クールベ　*36*(資料2), *38*(脚注65), *44*, *45*, *47*, *65*

Cousin　クザン　*115*, *128*

Dacosta, Eugène　ダコスタ　*46*(脚注93)

Dandeville, Charles　ダンドヴィル　*60*

Danton, Georges Jacques　ダントン　*181*, *182*, *183*, *185*, *186*, *196*, *197*

Dauguet　ドゲ　*167*

Daunou, Pierre Claude François　ドヌー　*179*(脚注19)

David, François　ダヴィッド　*115*, *116*, *125*, *126*, *129*, *130*

Decouflé, André　ドクフレ　*82*

Dediot　ドディオ　*67*

Dedoze　ドドーズ　*78*

Delacroix, Charles　ドラクロワ　*181*, *182*, *183*

Delaruelle, Jules Victor　ドラリュエル　*119*, *120*, *121*

Delauriere　ドロリエル　*110*(脚注86)

Delescluze, Charles　ドレクリューズ　*37*, *102*

Delvainquier, Aimée　A. デルヴァンキエ　*150*

Delvainquier, Céline　C. デルヴァンキエ　*150*

Demar　ドマール　*127*

Demay, Antoine Mathieu　ドメ　*28*(資料1), *30*, *58*

Denneville, Augustin　ダンヌヴィル　*110*(脚注86), *112*

Deraismes, Maria　ドレーム　*163*

Dereure, Louis-Simon　ドルール　*57*, *65*, *102*, *104*

Descamps, Baptiste　B. デカン　*121*

Descamp, Jacques　J. デカン　*60*, *79*

Dmitrieff, Elisabeth　ドミトリエフ　*16*, *148*, *150*, *152*, *153*, *154*, *155*, *169*, *170*

Dommanget, Maurice　ドマンジェ　*69*, *81*

Dorgal　ドルガル　*117*

Dubreuil, Michel　デュブルイユ　*60*

Ducarre, Ferdinand　デュカール　*91*

Dudoit, Edouard　デュドワ　*118*

Dumas　デュマ　*115*

Dupanloup, Félix　デュパンルー　*40*(脚注68)

Dupré　デュプレ　*167*

Dupont, Hortense(Mme.)　デュポン夫人　*69*, *70*

Duros/Duraux/Dureau　デュロ　*126*

Duruy, Victor　デュリュイ　*12*

Edouard　エドゥアール　*71*

Endres, Jules　アンドル　*69*

Fabre　ファーブル　*168*

Falloux, Frédéric Alfred Pierre de　ファルー　*11*(脚注3)

Favre, Claude　C. ファーヴル　*118*

Favre, F.　F. ファーヴル　*116*

Favre, J.　J. ファーヴル　*101*

Feld-Meyer　フェルト-メイエ　*118*, *130*(脚注190)

Fenouillas, Jean → Philippe

Ferré, Théophile　フェレ　*98*, *122*, *123*

Florent　フロラン　*119*

Flotte, Benjamin　フロット　*102*

Fourcroy, Antoine François de　*244*

Fournier, Charles　フルニエ　*69*

Franconi　フランコニ　*60*

Frankel, Léo　フランケル　*148*, *153*

Fruneau, Julien　フリュノー　*57*, *60*, *102*

Furet, François　フュレ　*213*, *214*

Gambetta, Léon　ガンベッタ　*101*, *102*

Gambon, Charles　ガンボン　*104*

Garibaldi, Menotti　ガリバルディ　*101*

Garnier　ガルニエ　*119*

Gaston, Raymond　ガストン　*181*, *184*

Gateau　ガトー　*60*

Gauthier　ゴチエ　*126*

Gentilini, Michel Ange　ジャンティリニ　*93*

Gérardin, Eugène ジェラルダン　62

Giraud, Antoine ジロー　116, 130

Gobel, Jean Baptiste ゴベル(パリ大司教)　210

Goizet ゴワゼ　60

Goupil, Edmond Alfred　グピル　28(資料1), 30, 31, 58, 102

Graix, Sophie グレー　150

Greffe グレフ　164(脚注67)

Grégoire, Henri グレゴワール　181

Grousset, Paschal グルセ　33, 36

Guerver ゲルヴェ　125

Guillaume, Apollon　ギヨーム　114(脚注102), 115, 116, 125

Guiyomar, Pierre Marie Augustin ギヨマール　181, 185

Guyton-Morveau, Louis Bernard ギトン-モルヴォー　208(脚注106)

Hebert, Jacques René エベール　207

Hugo, Victor ユゴー　101, 102

Idjiez, Victor イジエーズ　116

Inge (l'abbé) インゲ神父　122

Jaclard, Anna ジャクラール　48(脚注100)

Jacob, Léon ジャコブ　67

Jacqueline, Charles Gustave ジャクリーヌ 129, 130

Jacquier, Aline ジャキエ　152, 153

Jarry, Aglaé ジャリ　153

Jaud, Joseph . ジョー　116

Jay de Sainte-Foy, Jean ジェ・ド・サント-フォワ　181, 187, 189, 190

Johnson, Martin Phillip ジョンソン　83, 159(脚注48)

Jourde, François ジュルド　38

Kilther キルテ　164(脚注67)

Lacatte, Onésime ラカット　60, 79

Lakanal, Joseph ラカナル　179(脚注19), 181

Lamotte, Louisa ラモット　165

Landeck, Bernard ランデック　107

Lang ラン　126

Langevin, Pierre ランジュヴァン　33

Langlois ラングロワ　162

Lebas, Adolphe ルバ　77, 109, 110(脚注85), 112, 113

Leclerc ルクレル　206

Leclerc (Mme.) ルクレル夫人　70

Lefèvre, Blanche　B. ルフェーヴル　149 (脚注20), 152, 153

Lefèvre, Ernest　E. ルフェーヴル　28(資料1), 30

Lefèvre, G.　G. ルフェーヴル　130

Lefèvre, Victor　V. ルフェーヴル　119

Lefrançais, Gustave ルフランセ　27, 34, 59, 62, 63, 102

Leloup, Marceline ルルプ　149, 153

Lemaine ルメーヌ　167

L'Emanne / Emmanne レマヌ　126

Lemel, Natalie ルメル　152, 153, 163

Lepelletier, Louis-Michel ルペルティエ 180, 182-185, 206

Leroy, Albert　A. ルロワ　28, 30

Leroy, Jean　J. ルロワ　121

Lesueur, Charles ルジュウール　126, 127, 129, 130

Lévêque, E. レヴェク　71, 75, 76, 77, 113

Lévy, Armand レヴィ　97

Lissagaray, Prosper Olivier リサガレー 22(脚注3), 82, 145

Longuet, Charles ロンゲ　102

Louis Capet (Louis XVI) ルイ・カペ　188

Lullier リュリエ　126

Lyaz, Ambroise リアズ　60, 79, 115

Macé, Jean マセ　13(脚注12)

Madré マドレ　125

Magdonel マグドネル　115, 116

Magnin, Jean-Baptiste マニャン ← Maguin 60(脚注18)

Magot, Louis マゴ　60, 79

Maguin マガン→ Magnin, Jean-Baptiste　60

Maillet / Maillot メイエ(女性)　162

Malon, Benoît マロン　33, 59, 62, 102, 149

Manier, J. マニエ　46(脚注93)

Manière, Léonie マニエール　68, 78, 165

Marcand マルカンド　150

Mareille / Mareslle, Elisa マレイユ　162

Maroussig マルシク　121

Martelet, Jules マルトレ　33, 59, 119, 121, 122, 123

Martin, Constant マルタン　51, 71, 72

人名索引　277

Marty, Louis マルティ　*115*

Marx, Karl マルクス　*87, 148, 169, 172, 214*

Mayer メイエ（女性）　*125*

Meillet, Léo メイエ　*44*

Michel, Louise ミシェル　*17, 98*(脚注38)*,
101*(脚注46)*, 163, 166, 167, 169*

Mink, Paule マンク　*163, 167*

Miot, Jules François ミオ　*27*(脚注18)*, 28*
（資料1）*, 36*（資料2）*, 40, 41, 42*(脚注75)*, 44,
45, 102*

Missier ミシエ　*115, 125, 128*

Moilin, Tony モワラン　*60*

Momoro, Antoine François モモロ　*203*

Moreau,　A. モロー　*63*

Morterol, Emile Léopold モルトロル　*110*
(脚注85)

Mortier, Henri モルティエ　*117*

Mottu, Jules モチュ　*93, 114*

Ostyn, François オスタン　*57, 59, 62, 65*

Patey, Nicolas パテ　*116, 125*

Parisel, François Louis パリセル　*105*

Parthenay, Jean パルトネ　*116, 125, 129, 130*

Pépin,　F. ペパン　*39, 71*

Périer ペリエ　*48*(脚注100)

Périer / Pérrier, Michel Louis Pierre
M.L.P. ペリエ　*117, 129*

Perrere ペルール　*119*

Petit, Michel Edme プティ　*208*(脚注106)

Philippe フィリップ　*60*(脚注16,18)*, 79, 153*

Picard, Emile ピカール　*118, 129*

Picquet, Gustave ピケ　*110*(脚注85)*, 111, 112*

Piffault, Eugène ピフォ　*110*(脚注86)*, 112*

Pivet, Louis Charles Stanislas ピヴェ
121(脚注156)

Poulain プラン　*63, 110*(脚注85)

Pratt, Joséphine プラ　*150*

Protot, Louis Charles プロト　*48*(脚注99)

Proudhon, Pierre Joseph プルードン
146(脚注11)

Pyat, Félix ピア　*104*

Quille キュ　*125*

Quinet, Edgard キネ　*102*

Rabaté ラバテ　*125*(脚注175)*, 126*

Raffron du/de Trouillet, Nicolas

ラフロン-デュートルイェ　*181*

Rama, Joanny ラマ　*46*(脚注93)*, 51, 52,
61, 79, 80, 82*

Ranvier, Gabriel ランヴィエ　*26, 110*(脚注85)

Rastoul, Paul ラストゥール　*104*

Rathier, J. ラティエ　*120, 121*(脚注155)

Reclus, Elie ルクリュ　*48*(脚注100)

Regnault ルニョー　*115*

Riblet, Edouard リブレ　*115, 116, 125*

Richard, Victor Pierre リシャール　*63,
109, 110*(脚注85)*, 112*

Rigault, Raoul リゴー　*111, 113, 120, 121*
(脚注162)*, 123*

Robespierre, Maximilien ロベスピエール
129, 176, 180, 181, 183-186, 188-191, 206, 208

Robinet, Jean François ロビネ　*28*（資料1）*, 30*

Rochefort, Henri ロシュフォール　*102*

Rocher, Marie Antoine ロシェ　*93*

Rodem ロダン　*71*

Romme, Charles Gilbert ロンム　*179, 181,
187, 195, 201, 208*(脚注106)

Rougerie, Jacques ルージュリ　*25*(脚注
12)*, 61*(脚注21)*, 81, 82, 104*(脚注58)*, 126*

Rousseau, C. ルソー　*97*

Rudé, George リューデ　*214*

Rùhl, Philippe-Jacques ルール　*181*

Sanglier, Eugène サングリエ　*46*(脚注93)

Sapia (Mme.) サピア夫人　*51, 52, 71, 72*

Sauvage, Nicolas ソヴァージュ　*60, 79*

Schumacker シュマケ　*125*

Schmitz / Schmidt シュミット　*109, 111, 112*

Selmet セルメ　*121*

Sénécal セネカル　*126*

Serraillier, Auguste セライエ　*148*(脚注18)

Sicard, Auguste シカール　*105, 120*

Sieyès, Emmanuel Joseph シイエス　*179, 195*

Simbozel, Alfred サンボゼル　*116*

Simon (Mme. Jules) シモン夫人　*164*

Soboul, Albert ソブール　*52, 200, 215*

Tardif, Octavie タルディフ　*16, 151, 154, 155,
168*

Tessier de Margueritte テシエ・ド・マル
グリット　*109, 110, 112, 129*

Thibaudeau, Antoine Claire チボドー　*195,*

198

Thiers, Adolphe ティエール　31, 101
Thillious / Thiourt ティリウ　125
Thiourt / Thyou (Mme.) ティウル夫人　126
Tinayre, Marguerite ティネール　79
Tirard, Pierre ティラール　165
Urbain, Raoul ユルバン　27(脚注18), 28
　(資料1), 45, 58, 66, 69, 70, 93, 105
Vaillant, Edouard ヴァイヤン　24, 29, 35-
　37, 39-41, 44-46, 47-49, 50-53, 58, 59, 66, 67,
　71, 72, 77, 81-83, 110, 111, 113, 175
Valentin, Adélaïde ヴァランタン　125, 150
Vallès, Jules ヴァーレス　28(資料1), 31,
　33(脚注47), 36(資料2), 40, 41(脚注74),
　44, 45, 97
Varlin, Eugène ヴァルラン　22(脚注3),
　152(脚注34)
Varlet, Jean ヴァルレ　202, 203, 225
Vebert ヴェベール　69, 70
Verdure, Augustin　A. ヴェルデュール
　28(資料1), 31, 36(資料2), 41(脚注74), 45,
　62, 117
Verdure, Maria　M. ヴェルデュール　250
Vesinier, Pierre ヴェジニエ　107
Vivien, Geneviève ヴィヴィアン　71, 72, 74,
　146, 166
Voignier ヴォワニエ　63

天野知恵子　192, 193, 194
井手伸雄　148(脚注15), 154(脚注43)
梅根悟　215
尾上雅信　82
桂圭男　126
川口幸宏　39
小林亜子　199
小松善雄　154(脚注43)
柴田三千雄　22(脚注3), 23(脚注5), 29, 30,
　35(脚注57), 38, 43, 52, 82, 87, 108
杉原泰雄　22(脚注3), 29, 30, 35, 38, 42
竹中幸史　194(脚注68), 199
西岡芳彦　62, 117(脚注134)
松浦義弘　198

事項・団体・機関名索引

91年憲法　*176, 203*
93年憲法　*42, 176, 179, 190, 221*
「1849年の法律」　*24*
「1868年6月6日の法律」　*88*
愛国者協会
　　→リュクサンブール愛国者協会
アンブロワーズ教会　*15, 118, 124, 126, 131*
医学校クラブ(第6区)　*97, 104, 152*
遺族年金　*146*(脚注11)
一般意志　*184, 189, 190, 213*(⇔特殊意志)
一般最高価格法　*208, 215, 216*
委任プログラム(第11区)　*125, 127*
インターナショナル(A.I.T.)　*23*
インターナショナル・ジュネーヴ大会
　　(1866年)　*146*(脚注11)
インターナショナル地区委員会　*98*
インターナショナル派　*16, 22, 30, 44, 45, 88,*
　　92, 97, 99, 100, 102, 105, 106, 114, 126, 148, 153-
　　155, 169, 171
インターナショナル・パリ支部　*23, 33, 59,*
　　80, 93, 97, 120, 149, 151, 163, 166, 168
インターナショナル連合会議　*101*
『ヴァンジュール』紙(新聞)　*68*
ヴィジタシオン修道院　*123*
ウジェーヌ・ナポレオン孤児院　*79*
エベール派　*197*
オベルカンフ街〔56番地の2〕委員会
　　(第11区)　*115*
音楽コンセルヴァトワール　*47*
穏健共和派　*28*
外務委員会　*25*(脚注13)*, 26*(脚注17)*,*
革命クラブ(第18区)　*96, 98*
革命軍の廃止　*197*
革命的コミューン　*92, 100*
革命的社会主義者中央委員会　*102*
革命の統制　*209*
革命的共和主義女性協会(フランス革命期)
　　206, 209
カジノ・クラブ(第9区)　*92*

学校委員会　*67*
学校視学代表委員　*69*
カトリック教会　*12, 13, 127, 139, 178*
寡婦年金調査委員会　*63* →調査委員会
家父の諸権利・自由　*25*
監視委員会　*15, 16, 87, 93-95, 97-100, 104-106, 109-*
　　114, 118-121, 123, 124, 130, 131, 162, 166, 251, 253
管理委員会　*37*
「議会の曲芸師たちへ」(新聞記事)　*118*
義務制　*11, 80, 82, 89, 91, 94, 95, 127, 140, 180, 182-*
　　186, 189, 190, 191, 194, 195, 206, 217
救護・炊事業務職員(第12区)　*162*
急進共和派　*28, 101*
急進左派　*88*
旧制度(アンシャンレジーム)　*73, 83, 176*
教育委員会(パリ・コミューン)　*13, 14, 21,*
　　26, 27, 29-31, 32-34, 38, 40, 41, 44-46, 49-52,
　　77, 81-83 (⇔教育代表委員会)
教育委員会(区)　*14, 66, 67, 69, 72, 78*
教育監督代表委員　*78*
教育行政　*12, 13-15, 29, 39, 66, 67, 69, 71, 72,*
　　77, 78, 80, 82, 83, 113, 131
教育税　*180*
教育組織委員会　*46, 47*
教育代表委員(区)　*69, 71, 77*
教育代表委員会(パリ・コミューン)　*38-40, 41,*
　　46-50, 52, 77, 81, 175 (⇔教育委員会(パリ・コ
　　ミューン))
教育同盟　*13*(脚注12)
教育友の会(第8区、第11区)　*28, 36, 72*
「教育に関する区役所委員会規則」　*79, 80*
教員養成課程　*12*
教皇至上主義　*208*
行政官　*23, 94, 95, 207*
共通教育　*186, 187, 190, 206*
共通知育　*187*
恐怖政治　*210, 213*
共和連盟　*120*(脚注154)
共和国防衛者中央委員会　*103*

共和主義者クラブ(第10区) *104*
共和主義者連盟(第6区) *97*
共和主義連盟委員会 *103*
共和派&社会主義者合同 *102*
共和・民主・社会主義中央選挙委員会
　　(第11区) *114, 128*
ギロチンの焼却処分 *114*(脚注106), *115*(脚
　　注118), *116*(脚注128), *117*(脚注131, 132)
区委員会 *81, 150*
区委員会(第11区) *115, 117*
区委員会(第12区) *60*(脚注20)
区委員会(第14区) *259*
区委員会(女性同盟) *155-159, 161*
区行政委員〔会〕 *16, 57, 59, 66*
区行政委員(第8区) *109, 112, 131*
区行政委員会(第12区、第14区) *59, 60,
　　79, 119, 122, 131*
区行政組織 *13, 57, 62, 117, 128, 130*
区食糧支援所(第8区) *110*(脚注85)
区代表委員会 *66*
区代表委員〔会〕(第8区、第11区) *110*(脚
　　注85), *116, 117*
区長選挙 *21, 114*
クペ案 *195*
区役所 *64, 150*
区役所(第3区、第4区) *68, 147, 170, 175*
区役所(第8区) *72, 74, 109, 112, 222, 253*
区役所(第11区) *114, 117, 125, 256*
区役所(第12区、第14区) *78, 120, 259*
区役所委員会(第17区) *60, 61, 79, 80, 160, 260*
区役所小委員会(第11区) *129, 222, 256*
『クリーデュープープル』紙(新聞) *24, 34, 71*
軍事委員会 *26*(脚注17), *112, 118*(脚注142)
軍事事務所(第8区、第11区) *109*(脚注81),
　　110(脚注83), *112, 114*(脚注104), *118*
軍事代表委員 *64, 65*
警察中央委員(第8区) *109, 110, 111, 112*
警視庁の廃止 *94*
警視庁文民代表 *120*(脚注153)
芸術家連盟委員会 *47*
公安委員 *41-46, 49, 52, 53, 64, 65, 107-
　　109, 111-113, 172, 179, 210*
公安担当警視(第14区) *122*
公役務委員会 *26*(脚注17), *167*

公開集会 *15, 87, 88, 89-92, 94, 95, 99,
　　100, 103, 107, 147, 150, 153, 159, 164*
公開選挙集会 *88, 91, 92*
公開非政治集会 *88, 89*
公教育委員会 *167*(脚注82), *175, 178, 179,
　　180, 181, 191, 192, 194, 197, 198, 201, 204,
　　206, 208, 212, 216*
公教育省 *30, 38, 39*
公教育制度 *14, 177*
公教育体制 *14*
公共精神 *53, 200*
公共倫理 *204*
高等教育学校 *89*
公民 *141, 202, 216*
国民衛兵 *15, 21, 22, 59, 62-64, 97, 103, 104,
　　109, 111, 113, 114, 117, 118, 120, 122-124,
　　128, 129, 131, 150, 151, 161, 168, 169*
国民衛兵家族委員会(第14区) *121*(脚注
　　159), *123*
国民衛兵小委員会(第11区) *115, 116, 117*
国民衛兵中央委員会 *21, 22, 26, 59, 66,
　　97, 104, 130, 221*
国民衛兵中央委員会小委員会 *66*
国民衛兵バフロワ街小委員会(第11区)
　　114(脚注103)
国民学寮 *180, 184*
国民議会 *21, 91, 100, 101, 147, 177, 217,
　　224*
国民議会選挙 *21, 100, 101, 147, 217*
国民教育 *178, 179, 180, 182, 185, 203, 204*
国民教育計画 *180, 203*
国民教育計画案 *180*
国民教育組織法案 *179*
国民公会 *129, 175, 176, 179, 180, 181, 191,
　　194, 198, 200-204, 206, 207, 209-214, 215-217*
国民祭典 *194*(脚注68), *198, 200* →全国祭典
国民主権 *101, 217* ⇔人民主権
穀物最高価格法 *208*
孤児院 *67, 76, 79, 109, 119, 165, 166*
個人教育 *90*
個人教授 *90, 91, 203*
戸籍業務(第11区) *117*
戸籍事務所(第8区) *110*(脚注83), *113*
国家宗教 *94*

事項・団体・機関名索引　　　281

『コミューヌ』紙(新聞)　68, 106, 108
コミューン議会　10, 13-17, 21, 26, 29, 32, 35, 38,
　42, 46, 51, 52, 54, 57, 59-66, 71, 72, 78, 82, 87, 88,
　92, 102, 107, 109, 111, 113, 114, 117, 118, 131, 148,
　151, 152, 160, 166, 169, 171, 175, 222
「コミューン議会議員に告ぐ」(新聞記事)
　129
コミューン〔議会〕選挙　10, 92, 104-106,
　109, 114, 117, 127　(←市議会選挙)
「コミューン綱領」　61
コミュナール・クラブ(第3区)　107, 109
コルベール校　68, 71
コルドリエ・クラブ(フランス革命期)
　203(脚注91), 207(脚注103)
コレージュ－ド－フランス・クラブ(第 5 区)
　92
困窮者支援委員会(第12区)　162
コンドルセ案　177, 193(脚注67)
財務委員会　26(脚注17)
サン－ヴァンサン－ド－ポール教会　122
サン－キュロット　42, 175, 200, 202, 207, 214
サン－タンブロワーズ教会(第11区)　126
　(→アンブロワーズ教会)
サン－テロワ教会クラブ(第12区)　125(脚
　注173)
サン－ピエール(モンマルトル)教会　167
サン－ピエール(モンルージュ)教会　123
サン－ポール教会　122
サン－ルー教会クラブ(第3区)　107(脚注73)
シイエス案　179, 195
視学官　40, 50, 67, 71, 137, 138
識字率　15, 132, 134, 136, 138, 139, 170, 272
市議会　9, 15, 57, 160　(⇔コミューン議会)
市議会選挙　21, 22, 24, 29, 89, 93, 104
私教育　26, 91, 179, 184
市警察の設置　94
「自然と真理に合致した道徳講座」　210
師団委員会(第11区)　118(脚注141), 130(脚
　注190)
自治権　9, 10, 22, 24, 25
執行委員会(コミューン)　26, 29, 36, 38, 43,
　45, 65, 149
執行委員会(女性同盟)　159
執行委員会(第14区)　119

師範学校　12, 74
司法委員会　26(脚注17)
司法官　61(脚注22), 95
市民警視　77(脚注80)
社会革命　22(脚注3), 96　⇔政治革命
社会的幸福　203
社会的コミューン　164(脚注67)
社会民主主義クラブ(第13区)　97, 221, 257
ジャコバン国家論　52
ジャコバン派　28(資料I), 31(脚注30)
宗教界　32, 49, 94, 127, 129, 178
「宗教教育」(教育科目)　11, 12, 140
修道会系公立〔学〕校　12, 32, 80, 137
「自由なフランス人の願望」(ヴァルレ)　202
受動的な会員　98　⇔能動的な会員
受動的市民　203　⇔能動的市民
受任者　29, 108, 203
小委員会(第11区)　66, 117, 128, 129, 130
　⇔小評議会(第11区)
小学校設置法案　179, 201
少数独裁〔論〕　42, 43
少数派　41-44, 52, 65, 107, 108 ⇔多数派
少数派宣言　43(脚注78)
小代表委員会　65
常備軍　94, 95
小評議会(第11区)　62, 117(脚注134)
　⇔小委員会(第11区)
職業教育　16, 25, 35, 39, 46, 47, 48, 68, 75, 80,
　169, 170
食糧委員会　26(脚注17), 41
女権論者　170
「女子学校における教育を組織し、監督す
　るための委員会」　48, 51, 72
女子教育　17, 48, 79, 146, 163, 164, 169, 175
女子工芸職業学校　166
女子職業学校　17, 98, 164, 165, 166, 167
女子職業教育　35, 48
女性委員会　17, 145, 154, 162, 164
女性委員会(第18区)　162
女性解放運動　17, 35, 163
女性軍団　153
女性市民中央委員会　150, 155
女性同盟　16, 113, 147-156, 159-163, 168-170, 262
女性同盟クラブ(第8区)　113

女性同盟中央委員会執行部　16, 154, 155
女性の権利協会　163
女性の組織化と労働のための協会　151
女性の労働のための国際協会　150
女性労働者　150, 151, 153, 161, 170
「女性労働者へのアピール」(5月17日)
　　149(脚注20)，153
女性労働者友愛協会　163
女性労働者連合協議会　152
女性労働者連合組合協議会　153
女性解放運動　16, 35, 48, 163
初等学校　11, 12, 32, 34, 40, 69, 89, 90, 136,
　191, 198, 204, 223
初等教育　11-13, 16, 32, 34, 46, 48, 80, 89, 91,
　94, 128, 136, 138-141, 177, 182, 187, 189, 201,
　208, 211, 216
初等師範学校　74
ジロンド派　179, 204, 209
新教育協会　25, 75(脚注73), 83, 139, 249
人権宣言(1789年)　203
人権宣言(1793年)　129
人身売買　94
新聞メディア　128
人民主権　14, 16, 17, 22, 25, 39, 41, 42, 52, 53, 61,
　65, 66, 100, 101, 108, 109, 123, 124, 128, 129, 163,
　171, 172, 176, 200, 202, 203, 217　⇔国民主権
人民独裁　42, 52
政治革命　96⇔社会革命
聖職者　11, 12, 15, 31-34, 49, 50, 70, 78, 82, 93,
　119, 122, 129, 131, 178, 181, 192, 207
精神革命　96
成人教育　208
「青年市民の道徳学校」　210
石油女(ペトロルーズ)　170
選挙管理委員会　63, 105
全国祭典　195
戦争犠牲者の救護協会　17, 164
戦争犠牲者のための支援協会　146
総合的職業教育　39
総裁政府　42(脚注76), 196(脚注72)
捜索委員会（第3区）　67(脚注50)
総動員令　215
ソルボンヌ体育館　91
第4区社会主義者クラブ　94, 99, 222

「第5区の女性に対する声明」　145
第6区婦人団結協会　145
第11区委員会　115, 117
第11師団委員会　118(脚注141)
第17区区役所委員会規則　60, 260
第18区民主社会主義クラブ　168(脚注86)
第18区女性市民監視共和委員会　98(脚
　注38), 163(脚注65), 166
体育師範学校　74
第一次教育委員会　27, 30, 31, 35, 38, 40, 41,
　44, 51, 69, 81, 102
第二次教育委員会　27, 35, 37-41, 44, 46, 50,
　51, 67, 71, 81
代表委員　30, 35-40, 46-50, 52, 71, 77-79, 81, 113,
　131, 158, 175
代弁人　152, 168
託児所　73
多数派　41-44, 52, 65, 100, 107, 108　⇔少数派
タレイラン案　177, 178
団結協会(第6区)　147
団結クラブ(第3区)　96
男女別学　89
地域行政　14, 58, 109, 124
知育　182, 184, 186-190, 204, 205　⇔徳育
地方祭典　194, 197, 198
地方自治体(コミューン)　34
中等教育学校　89
チュルゴ校　68
調査委員会　62, 63, 96, 120, 121
直接民主制　108
ティヴォリ−ヴォクリル・ホール(第10区)
　103
デュパンルー法案　40(脚注68)
テルミドールの反動　17
「道徳、理性講座」　210
徳育　186-190, 204, 205　⇔知育
特殊意志　184, 189, 190　⇔一般意志
徳の共和国　191
特別教育学校　89
徒弟修業　48, 132, 133, 139, 140
トリアート体育館　113
内務省　23, 24
内務省派遣委員　23
ニコラ−デ−シャン教会クラブ(第3区)

83(第3章扉), 107(脚注73), 266
「二十区委員会マニフェスト」 25, 91
二十区共和主義中央委員会 24
二十区小委員会事務局 162
二十区代表団中央委員会 103
二十区中央委員会クラブ 101
入市税 94
ネオ–ジャコバン派 53
能動的会員 98 ⇔受動的会員
能動的市民 203, 205 ⇔受動的市民
バブーフの陰謀 42
「パリ・コミューン執行部に対する女性市
　民の声明」 149
パリ支部連合評議会 23, 80(脚注96)
パリ市文書館 12, 51, 58(脚注6)
パリ社会コミューン協会(第8区) 75
パリ市歴史図書館 130
パリ二十区選挙クラブ委員会 102
「パリの女性たちへのアピール」 148
「パリ防衛と負傷者看護のための女性同
　盟中央委員会のマニフェスト」 152
パリ民衆蜂起 202
反革命容疑者法 208, 215, 216
反教権運動 60(脚注16)
「パンテオン–フランセ・セクションの自
　由学校の創設を要求する請願」 208
ビアンフザンス街デッサン教習所 71
非キリスト教化運動 192
ピクピュス街衣類工場(第12区) 162
非宗教系公立〔学〕校 12, 32, 69-71, 137, 138
人および市民の権利要求クラブ(第3区)
　96, 104
人および市民の権利要求結社(第3区)
　96, 104
秘密委員会 37, 38, 44
『ビュルタン・コミュナール』紙(新聞) 107
「平等者の論壇」(新聞記事) 128, 129
ファルー法 11, 12, 16, 140, 141(資料4)
ブール–ノワール・クラブ(第18区) 98
フォブール–サンタントワーヌ地区 205, 213
フォブール–モンマルトル・セクション
　174(扉裏), 204-206, 216
フォリーベルジェール・クラブ(第9区) 92
フォリーベルヴィル劇場 89

ブキエ案 17, 176, 191-193, 195, 210, 213
ブキエ法 173, 199, 200, 211, 212, 216
武器事務所(第8区) 111
「扶助委員会の会計報告」(新聞記事) 129
「普通選挙制度」(新聞記事) 129
普通選挙制度(男子) 128
ブランキ主義者 26(脚注15), 36(資料2), 48
　(脚注100), 88, 120(脚注152)
フランス革命 7, 9, 10, 14, 41, 42, 45, 53, 149,
　175, 176, 198-200, 209, 213, 214, 217
「フランス人民への宣言」 34, 61, 95
プレ–オークレル・クラブ(第7区) 15, 69
プレ–オークレル公開集会(第7区) 93, 105
プロイセン 9, 13, 92, 101, 103, 147, 161, 164
プロテスタント 71, 73
プロ・ホール 98
プロレタリア独裁 9
『プロレテール』紙(新聞) 15, 43, 128, 130, 176
プロレテール・クラブ(第11区) 15, 124,
　126, 129, 130, 131, 254, 255
『ペール・デュシェーヌ』紙(新聞) 32, 35, 49
保安委員会 26(脚注17), 122, 123
ボジエ(Bozier)文書 61(脚注21), 260
マルグリット教会(第11区) 129
『マルセイエーズ』紙(新聞) 33(脚注45),
　93(脚注15)
マルセイエーズ・クラブ(第19区)
　42(脚注75)
マルチーヌ(Martine)文書 61(脚注21), 261
民警(第11区) 116
民事代表委員〔会〕(第11区) 114, 115, 125
民衆運動 17, 43, 87, 88, 92, 93, 96, 103, 179,
　198, 201, 202, 208, 213, 214, 217
民衆協会 179, 187, 189, 190, 194, 197, 198, 201,
　202, 209-213, 216
民衆クラブ 15, 41, 45, 83, 87, 108, 124, 130, 163
「民衆へ」(コミュナール・クラブの原則の
　宣言) 107
民兵 94, 95
無償制 11, 80, 91, 94, 95, 127, 136, 182, 186, 191,
　194, 217
命令的委任 14, 21, 38, 42, 43, 88, 89, 203
メゾン–デュ・ホール 104
メゾン–デュ・クラブ(第14区) 120

メニルモンタン地区　*15, 92*
メニルモンタン・クラブ(第20区)　*89*
メニルモンタン民衆協会(第20区)　*89, 95*
モリエール・ホール　*89, 106*
モンターニュ派　*17, 176, 179, 190, 197, 199, 200, 204, 209, 213, 215*
モンタニャール・クラブ(第10区)　*101, 104*
モンマルトル・クラブ(第18区)　*98, 104*
モンマルトル中央委員会　*103*
有権者　*42, 65, 88, 101, 108, 147*
遊動隊　*97*
幼稚園　*34, 70, 71, 73, 76, 78, 121*
予備課程　*74*
ライシテ　*13, 27, 48, 75, 80, 82, 87*
ラゾウスキ民衆協会(フランス革命期)　*210*
ラップ街爆発事件　*154*
リコール制　*61*
リセ　*27*
「理性的モラル」(教育科目)　*136(脚注204), 140*
理性の祭典　*210*
理性の信仰　*209*
立憲王政　*177*
立憲議会　*176, 177*

立法議会　*177, 178*
リュクサンブール愛国者協会(フランス革命期)　*201, 216, 221*
臨時国防政府　*15, 21, 87, 88, 92, 145, 147*
ルキニオ案　*195*
ルドゥト・クラブ(第1区)　*89*
ルペルティエ案　*17, 176, 180, 182, 186, 190, 191, 206, 208, 211, 215, 216*
ルモニエ女子職業学校　*164*
レーヌ-ブランシュ・ホール　*98, 104*
連合主義国家論　*52*
労働運動　*82, 88, 163*
労働組合会議　*23*
労働・交換委員会　*62(脚注29), 148(脚注18), 151, 152, 154, 168, 170*
「労働・交換委員会に対する女性同盟中央委員会の請願」　*154, 170*
労働・産業(工業)・交換委員会　*26(脚注17), 29　→労働・交換委員会*
労働・社会保障省(統計資料)　*70, 135*
労働者政府　*9*
六人委員会　*180, 182, 191, 204*
「わが論壇」(記事)　*129*

著者紹介　**髙橋則雄** (たかはし　のりお)

1949 年生まれ。

神奈川大学外国語学部卒業。

神奈川大学図書館に勤務し、資料蒐集・整理等に従事。

パリ・コミューン関連資料 (Collection des matériaux originaux de Maxime Vuillaume relatifs à la Commune de Paris, 1870-1871) の整理を担当。貴重図書目録『古典逍遥』(1986)「パリ・コミューン風刺画展」展示目録(1989)等の解説を執筆。

『神奈川大学評論』に「パリ・コミューンを生きた人々」を連載 (1990 ～ 2003)。

同大国際交流センター次長、図書館事務部長等を歴任。

退職後、専修大学大学院文学研究科歴史学専攻博士前期・後期課程修了。

主な論文

「フランス革命はわれわれに何を残したのか：ミシェル = ベルンシュタイン文庫の書誌学的考察から」
(「専修総合科学研究」24　専修大学緑鳳学会〔2016〕)

「パリ・コミューンにおける人民主権と民衆：ポピュリズムを超えて」(「専修総合科学研究」25　専修大学緑鳳学会〔2017〕)

「パリ・コミューンの女性たち：「女性同盟」を検討する」
(「専修総合科学研究」26　専修大学緑鳳学会〔2018〕)

学位請求論文「パリ・コミューンにおける人民主権の展開——公教育をめぐる区行政組織と民衆運動の考察から——」で博士号取得 (2018)。博士 (歴史学)。

東京都町田市在住。　Email：shouekiandou@gmail.com

パリ・コミューンにおける人民主権と公教育

発 行 日　2019 年 11 月 23 日　初版 第 1 刷

著　　　者　髙橋則雄
編 集 人　瀬戸井厚子
発 行 人　青木大兄
発　　　行　株式会社すずさわ書店
　　　　　　〒 350-1123
　　　　　　埼玉県川越市脇田本町 26-1
　　　　　　電話：049-293-6031　FAX：049-247-3012
用　　　紙　柏原紙商事株式会社
印刷・製本　株式会社双文社印刷

ISBN978-4-7954-0364-2 C3022
©Takahashi Norio 2019
Printed in Japan
All rights reserved. No part of this publication may be reproduced,
stored in a retrieval system, or transmitted, in any form or by any means,
without the prior permission in writing of
SUZUSAWA Publishing Co., Ltd.

すずさわ書店電子化資料（PDF 形式）のご案内

占領期教育指導者講習基本資料集成

総 1470 頁（付録含む）　定価（本体 48,000 円＋税）　ISBN978-4-7954-0308-6

編集・解説　高橋寛人（横浜市立大学教授：博士［教育学］）

　1945 年の敗戦以降、占領下日本の教育改革は、教育理念、学校制度、教育課程の全般にわたって展開されたが、その核のひとつが IFEL（アイフェル：The Institute For Educational Leadership ＝「教育長等講習」のち「教育指導者講習」）である。

　IFEL は、GHQ ／ SCAP の一部局である CIE（民間情報教育局）の強い指導により 1948 年から 1952 年まで、各地の大学を会場に開催された壮大な講習プロジェクトである。各期とも 6 週間から 12 週間ほどの長期のものが主流であった。講習の主な目的は、新しい日本の教育をになう、教育長・指導主事の養成と、教育学教員の再教育であった。受講者は全国で延べ 9300 余名にのぼり、戦後日本の教育民主化に果たした役割は極めて大きかった。

　しかし、IFEL の重要性に比して、この分野に関する研究は乏しく、基礎資料の体系的な刊行はこれまでほとんどなされてこなかった。IFEL 関連基本資料を集成した本企画は、今日の教育の出発点となった戦後改革期の研究に資するとともに、教員養成を本質的に考える視座をも与える。

本書の主な特色
- 日本側資料（文部省等）はもちろん、GHQ 側の資料も収録、双方の視点から IFEL の全体像を把握できる。
- IFEL 前史である「教員養成のための研究集会」(1947) 関連資料を収録
- 本文および付録の修了者名簿は OS にとらわれない PDF 形式のデータで作成、教育史研究・地方史研究に必須の人物情報である、講習課題別・地域別の修了者名簿（6000 余名）を氏名別・所属機関別等で自在に検索することが可能なデータを新たに付した

戦時期科学技術動員政策基本資料集成

総 3400 余頁　定価（本体 30,000 円＋税）　ISBN978-4-7954-0311-6

監修・解説　大淀昇一（放送大学客員教授・元東洋大学教授）

　第二次世界大戦期、国家総動員体制の一環として行われた、科学技術動員政策の全容を明らかにする基本資料約 3400 余頁を電子化し収録。「自由主義」的な科学技術から、全面戦争遂行のための軍・産・官・学一体となった「統制された『日本的な』科学技術」への転換を目指して、何が行われ、それは何故に失敗したのか？

　本企画は、戦後日本の科学技術研究体制の解明に必須のテーマであるにもかかわらず、今日まで研究対象にされることが少なかった、戦時期科学動員の同時代資料を収めたものである。「総力戦」を遂行するために、軍部主導により「体制化」された科学技術の姿は、今日の国家による科学技術振興政策成立の前史として、批判的に検討・評価されなければならない。

本書の主な特色
- 企画院・技術院・科学動員協会等による諸施策の実態を明らかにする入手困難な極秘資料等を収める
- 監修者による解説「日本における戦時科学技術動員体制の淵源と展開」を収録
- 1915 ～ 45 年「戦時期科学技術動員関連年表」（浅見勉作成）は国家による科学技術政策の理解に必須
- 主な収録資料：『綜合国防技術政策実施綱領』『科学動員協会要項』『国防国家の綱領』『科学技術年報 昭和 17 年版』『科学技術年鑑 昭和 17 年版』『科動要覧』『科動技術協力委員会第 1 回総会会議録』他
- OS にとらわれない PDF 形式を採用、充実した「しおり」機能により検索が極めて容易にできる

　閲覧には Adobe Reader が必要です。必要動作環境は Adobe の web サイトでご確認ください

※書店ルートでは購入できませんので、販売会社や当社にお問い合わせください

すずさわ書店　埼玉県川越市脇田本町26-1　TEL:049-293-6031　FAX:049-247-3012